T&P BOOKS

ARABE

VOCABULAIRE

POUR L'AUTOFORMATION

FRANÇAIS ARABE

Les mots les plus utiles
Pour enrichir votre vocabulaire et aiguiser
vos compétences linguistiques

9000 mots

Vocabulaire Français-Arabe Égyptien pour l'autoformation - 9000 mots
Dictionnaire thématique
Par Andrey Taranov

Les dictionnaires T&P Books ont pour but de vous aider à apprendre, à mémoriser et à réviser votre vocabulaire en langue étrangère. Ce dictionnaire thématique couvre tous les grands domaines du quotidien: l'économie, les sciences, la culture, etc ...

Acquérir du vocabulaire avec les dictionnaires thématiques T&P Books vous offre les avantages suivants:

- Les données d'origine sont regroupées de manière cohérente, ce qui vous permet une mémorisation lexicale optimale
- La présentation conjointe de mots ayant la même racine vous permet de mémoriser des groupes sémantiques entiers (plutôt que des mots isolés)
- Les sous-groupes sémantiques vous permettent d'associer les mots entre eux de manière logique, ce qui facilite votre consolidation du vocabulaire
- Votre maîtrise de la langue peut être évaluée en fonction du nombre de mots acquis

T&P Books Publishing
www.tpbooks.com

ISBN: 978-1-78716-697-4

Ce livre existe également en format électronique.
Pour plus d'informations, veuillez consulter notre site: www.tpbooks.com ou rendez-vous sur ceux des grandes librairies en ligne.

VOCABULAIRE ARABE ÉGYPTIEN POUR L'AUTOFORMATION
Dictionnaire thématique

Les dictionnaires T&P Books ont pour but de vous aider à apprendre, à mémoriser et à réviser votre vocabulaire en langue étrangère. Ce lexique présente, de façon thématique, plus de 9000 mots les plus fréquents de la langue.

- Ce livre comporte les mots les plus couramment utilisés
- Son usage est recommandé en complément de l'étude de toute autre méthode de langue
- Il répond à la fois aux besoins des débutants et à ceux des étudiants en langues étrangères de niveau avancé
- Il est idéal pour un usage quotidien, des séances de révision ponctuelles et des tests d'auto-évaluation
- Il vous permet de tester votre niveau de vocabulaire

Spécificités de ce dictionnaire thématique:

- Les mots sont présentés de manière sémantique, et non alphabétique
- Ils sont répartis en trois colonnes pour faciliter la révision et l'auto-évaluation
- Les groupes sémantiques sont divisés en sous-groupes pour favoriser l'apprentissage
- Ce lexique donne une transcription simple et pratique de chaque mot en langue étrangère

Ce dictionnaire comporte 256 thèmes, dont:

les notions fondamentales, les nombres, les couleurs, les mois et les saisons, les unités de mesure, les vêtements et les accessoires, les aliments et la nutrition, le restaurant, la famille et les liens de parenté, le caractère et la personnalité, les sentiments et les émotions, les maladies, la ville et la cité, le tourisme, le shopping, l'argent, la maison, le foyer, le bureau, la vie de bureau, l'import-export, le marketing, la recherche d'emploi, les sports, l'éducation, l'informatique, l'Internet, les outils, la nature, les différents pays du monde, les nationalités, et bien d'autres encore ...

TABLE DES MATIÈRES

GUIDE DE PRONONCIATION

Alphabet phonétique T&P	Exemple en arabe égyptien	Exemple en français
[a]	[ṭaffa] طفّى	classe
[ā]	[eχtār] إختار	camarade
[e]	[setta] ستّة	équipe
[i]	[minā'] ميناء	stylo
[ī]	[ebrīl] إبريل	industrie
[o]	[oɣosṭos] أغسطس	normal
[ō]	[ḥalazōn] حلزون	tableau
[u]	[kalkutta] كلكتا	boulevard
[ū]	[gamūs] جاموس	sucre
[b]	[bedāya] بداية	bureau
[d]	[sa'āda] سعادة	document
[ḍ]	[waḍ'] وضع	[d] pharyngale
[ʒ]	[arʒantīn] الأرجنتين	jeunesse
[ẓ]	[ẓahar] ظهر	[z] pharyngale
[f]	[χafīf] خفيف	formule
[g]	[bahga] بهجة	gris
[h]	[ettegāh] إتّجاه	[h] aspiré
[ḥ]	[ḥabb] حبّ	[h] pharyngale
[y]	[dahaby] ذهبي	maillot
[k]	[korsy] كرسي	bocal
[l]	[lammaḥ] لمّح	vélo
[m]	[marṣad] مرصد	minéral
[n]	[ganūb] جنوب	ananas
[p]	[kaputʃino] كابتشينو	panama
[q]	[wasaq] وثق	cadeau
[r]	[roḥe] روح	racine, rouge
[s]	[soχreya] سخرية	syndicat
[ṣ]	[me'ṣam] معصم	[s] pharyngale
[ʃ]	['aʃā'] عشاء	chariot
[t]	[tanūb] تنوب	tennis
[ṭ]	[χarīṭa] خريطة	[t] pharyngale
[θ]	[mamūθ] ماموث	consonne fricative dentale sourde
[v]	[vietnām] فيتنام	rivière
[w]	[wadda'] ودّع	iguane
[χ]	[baχīl] بخيل	scots - nicht, allemand - Dach
[ɣ]	[etɣadda] إتغدّى	g espagnol - amigo, magnífico
[z]	[me'za] معزة	gazeuse
['] (ayn)	[sab'a] سبعة	consonne fricative pharyngale voisée
['] (hamza)	[sa'al] سأل	coup de glotte

ABRÉVIATIONS employées dans ce livre

Abréviations en arabe égyptien

du	-	nom (à double) pluriel
f	-	nom féminin
m	-	nom masculin
pl	-	pluriel

Abréviations en français

adj	-	adjective
adv	-	adverbe
anim.	-	animé
conj	-	conjonction
dénombr.	-	dénombrable
etc.	-	et cetera
f	-	nom féminin
f pl	-	féminin pluriel
fam.	-	familiar
fem.	-	féminin
form.	-	formal
inanim.	-	inanimé
indénombr.	-	indénombrable
m	-	nom masculin
m pl	-	masculin pluriel
m, f	-	masculin, féminin
masc.	-	masculin
math	-	mathematics
mil.	-	militaire
pl	-	pluriel
prep	-	préposition
pron	-	pronom
qch	-	quelque chose
qn	-	quelqu'un
sing.	-	singulier
v aux	-	verbe auxiliaire
v imp	-	verbe impersonnel
vi	-	verbe intransitif
vi, vt	-	verbe intransitif, transitif
vp	-	verbe pronominal
vt	-	verbe transitif

CONCEPTS DE BASE

Concepts de base. Partie 1

1. Les pronoms

je	ana	أنا
tu (masc.)	enta	أنت
tu (fem.)	enty	أنت
il	howwa	هوّ
elle	hiya	هي
nous	eḥna	إحنا
vous	antom	أنتم
ils, elles	hamm	همّ

2. Adresser des vœux. Se dire bonjour. Se dire au revoir

Bonjour! (form.)	assalamu ʿalaykum!	السلام عليكم!
Bonjour! (le matin)	ṣabāḥ el χeyr!	صباح الخير!
Bonjour! (après-midi)	neharak saʿīd!	نهارك سعيد!
Bonsoir!	masāʾ el χeyr!	مساء الخير!
dire bonjour	sallem	سلّم
Salut!	ahlan!	أهلاً!
salut (m)	salām (m)	سلام
saluer (vt)	sallem ʿala	سلّم على
Comment ça va?	ezzayek?	إزّيك؟
Quoi de neuf?	aχbārak eyh?	أخبارك ايه؟
Au revoir!	maʿ el salāma!	مع السلامة!
À bientôt!	aʃūfak orayeb!	أشوفك قريب!
Adieu!	maʿ el salāma!	مع السلامة!
dire au revoir	waddaʿ	ودّع
Salut! (À bientôt!)	bay bay!	باي باي!
Merci!	ʃokran!	شكراً!
Merci beaucoup!	ʃokran geddan!	شكراً جداً!
Je vous en prie	el ʿafw	العفو
Il n'y a pas de quoi	la ʃokr ʿala wāgeb	لا شكر على واجب
Pas de quoi	el ʿafw	العفو
Excuse-moi!	ʿan eznak!	عن إذنك!
Excusez-moi!	baʿd ezn ḥadretak!	بعد إذن حضرتك!
excuser (vt)	ʿazar	عذر
s'excuser (vp)	eʿtazar	أعتذر

Mes excuses	ana ʾāsef	أنا آسف
Pardonnez-moi!	ana ʾāsef!	أنا آسف!
pardonner (vt)	ʿafa	عفا
s'il vous plaît	men faḍlak	من فضلك
N'oubliez pas!	ma tensāʃ!	ما تنساش!
Bien sûr!	ṭabʿan!	طبعاً!
Bien sûr que non!	laʾ ṭabʿan!	لأ طبعاً!
D'accord!	ettafaʾna!	إتّفقنا!
Ça suffit!	kefāya!	كفاية!

3. Comment s'adresser à quelqu'un

monsieur	ya ostāz	يا أستاذ
madame	ya madām	يا مدام
madame (mademoiselle)	ya ʾānesa	يا آنسة
jeune homme	ya ostāz	يا أستاذ
petit garçon	yabny	يا ابني
petite fille	ya benty	يا بنتي

4. Les nombres cardinaux. Partie 1

zéro	ṣefr	صفر
un	wāḥed	واحد
une	waḥda	واحدة
deux	etneyn	إتنين
trois	talāta	ثلاثة
quatre	arbaʿa	أربعة
cinq	χamsa	خمسة
six	setta	ستّة
sept	sabʿa	سبعة
huit	tamanya	ثمانية
neuf	tesʿa	تسعة
dix	ʿaʃara	عشرة
onze	ḥedāʃar	حداشر
douze	etnāʃar	إتناشر
treize	talattāʃar	تلاتّاشر
quatorze	arbaʿtāʃer	أربعتاشر
quinze	χamastāʃer	خمستاشر
seize	settāʃar	ستّاشر
dix-sept	sabaʿtāʃar	سبعتاشر
dix-huit	tamantāʃar	تمنتاشر
dix-neuf	tesʿatāʃar	تسعتاشر
vingt	ʿeʃrīn	عشرين
vingt et un	wāḥed we ʿeʃrīn	واحد وعشرين
vingt-deux	etneyn we ʿeʃrīn	إتنين وعشرين
vingt-trois	talāta we ʿeʃrīn	ثلاثة وعشرين
trente	talatīn	ثلاثين

trente et un	wāḥed we talatīn	واحد وتلاتين
trente-deux	etneyn we talatīn	إتنين وتلاتين
trente-trois	talāta we talatīn	ثلاثة وثلاثين
quarante	arbe'īn	أربعين
quarante et un	wāḥed we arbe'īn	واحد وأربعين
quarante-deux	etneyn we arbe'īn	إتنين وأربعين
quarante-trois	talāta we arbe'īn	ثلاثة وأربعين
cinquante	χamsīn	خمسين
cinquante et un	wāḥed we χamsīn	واحد وخمسين
cinquante-deux	etneyn we χamsīn	إتنين وخمسين
cinquante-trois	talāta we χamsīn	ثلاثة وخمسين
soixante	settīn	ستّين
soixante et un	wāḥed we settīn	واحد وستّين
soixante-deux	etneyn we settīn	إتنين وستّين
soixante-trois	talāta we settīn	ثلاثة وستّين
soixante-dix	sab'īn	سبعين
soixante et onze	wāḥed we sab'īn	واحد وسبعين
soixante-douze	etneyn we sab'īn	إتنين وسبعين
soixante-treize	talāta we sab'īn	ثلاثة وسبعين
quatre-vingts	tamanīn	ثمانين
quatre-vingt et un	wāḥed we tamanīn	واحد وتمانين
quatre-vingt deux	etneyn we tamanīn	إتنين وتمانين
quatre-vingt trois	talāta we tamanīn	ثلاثة وثمانين
quatre-vingt-dix	tes'īn	تسعين
quatre-vingt et onze	wāḥed we tes'īn	واحد وتسعين
quatre-vingt-douze	etneyn we tes'īn	إتنين وتسعين
quatre-vingt-treize	talāta we tes'īn	ثلاثة وتسعين

5. Les nombres cardinaux. Partie 2

cent	miya	ميّة
deux cents	meteyn	ميتين
trois cents	toltomiya	تلتميّة
quatre cents	rob'omiya	ربعميّة
cinq cents	χomsomiya	خمسميّة
six cents	sotomiya	ستميّة
sept cents	sob'omiya	سبعميّة
huit cents	tomnome'a	ثمنمئة
neuf cents	tos'omiya	تسعميّة
mille	alf	ألف
deux mille	alfeyn	ألفين
trois mille	talat 'ālāf	ثلاث آلاف
dix mille	'aʃaret 'ālāf	عشرة آلاف
cent mille	mīt alf	ميت ألف
million (m)	millyon (m)	مليون
milliard (m)	millyār (m)	مليار

6. Les nombres ordinaux

premier (adj)	awwel	أوّل
deuxième (adj)	tāny	ثاني
troisième (adj)	tālet	ثالث
quatrième (adj)	rābeʿ	رابع
cinquième (adj)	χāmes	خامس
sixième (adj)	sādes	سادس
septième (adj)	sābeʿ	سابع
huitième (adj)	tāmen	ثامن
neuvième (adj)	tāseʿ	تاسع
dixième (adj)	ʿāʃer	عاشر

7. Nombres. Fractions

fraction (f)	kasr (m)	كسر
un demi	noṣṣ	نص
un tiers	telt	تلت
un quart	robʿ	ربع
un huitième	tomn	تمن
un dixième	ʿoʃr	عشر
deux tiers	teleyn	تلتين
trois quarts	talātet arbāʿ	ثلاثة أرباع

8. Les nombres. Opérations mathématiques

soustraction (f)	ṭarḥ (m)	طرح
soustraire (vt)	ṭaraḥ	طرح
division (f)	ʾesma (f)	قسمة
diviser (vt)	ʾasam	قسم
addition (f)	gamʿ (m)	جمع
additionner (vt)	gamaʿ	جمع
ajouter (vt)	gamaʿ	جمع
multiplication (f)	ḍarb (m)	ضرب
multiplier (vt)	ḍarab	ضرب

9. Les nombres. Divers

chiffre (m)	raqam (m)	رقم
nombre (m)	ʿadad (m)	عدد
adjectif (m) numéral	ʿadady (m)	عددي
moins (m)	nāʾeṣ (m)	ناقص
plus (m)	zāʾed (m)	زائد
formule (f)	moʿadla (f)	معادلة
calcul (m)	ḥesāb (m)	حساب
compter (vt)	ʿadd	عدّ

calculer (vt)	ḥasab	حسب
comparer (vt)	qāran	قارن
Combien?	kām?	كام؟
somme (f)	magmūʿ (m)	مجموع
résultat (m)	natīga (f)	نتيجة
reste (m)	bā'y (m)	باقي
quelques ...	kām	كام
peu de ...	ʃewaya	شوية
reste (m)	el bā'y (m)	الباقي
un et demi	wāḥed w noṣṣ (m)	واحد ونصّ
douzaine (f)	desta (f)	دستة
en deux (adv)	le noṣṣeyn	لنصّين
en parties égales	bel tasāwy	بالتساوى
moitié (f)	noṣṣ (m)	نصّ
fois (f)	marra (f)	مرّة

10. Les verbes les plus importants. Partie 1

aider (vt)	sāʿed	ساعد
aimer (qn)	ḥabb	حبّ
aller (à pied)	meʃy	مشى
apercevoir (vt)	lāḥaẓ	لاحظ
appartenir à ...	χaṣṣ	خصّ
appeler (au secours)	estaɣās	إستغاث
attendre (vt)	estanna	إستنّى
attraper (vt)	mesek	مسك
avertir (vt)	ḥazzar	حذّر
avoir (vt)	malak	ملك
avoir confiance	wasaq	وثق
avoir faim	ʿāyez 'ākol	عايز آكل
avoir peur	χāf	خاف
avoir soif	ʿāyez aʃrab	عايز أشرب
cacher (vt)	χabba	خبّأ
casser (briser)	kasar	كسر
cesser (vt)	baṭṭal	بطّل
changer (vt)	ɣayar	غيّر
chasser (animaux)	eṣṭād	اصطاد
chercher (vt)	dawwar ʿala	دوّر على
choisir (vt)	eχtār	إختار
commander (~ le menu)	ṭalab	طلب
commencer (vt)	bada'	بدأ
comparer (vt)	qāran	قارن
comprendre (vt)	fehem	فهم
compter (dénombrer)	ʿadd	عدّ
compter sur ...	eʿtamad ʿala ...	إعتمد على...
confondre (vt)	etlaχbaṭ	إتلخبط

connaître (qn)	ʿeref	عرف
conseiller (vt)	naṣaḥ	نصح
continuer (vt)	wāṣel	واصل
contrôler (vt)	et-ḥakkem	إتحكّم
courir (vi)	gery	جري
coûter (vt)	kallef	كلّف
créer (vt)	ʿamal	عمل
creuser (vt)	ḥafar	حفر
crier (vi)	ṣarrax	صرّخ

11. Les verbes les plus importants. Partie 2

décorer (~ la maison)	zayen	زيّن
défendre (vt)	dāfaʿ	دافع
déjeuner (vi)	etɣadda	إتغدّى
demander (~ l'heure)	saʾal	سأل
demander (de faire qch)	ṭalab	طلب
descendre (vi)	nezel	نزل
deviner (vt)	xammen	خمّن
dîner (vi)	etʿaʃa	إتعشّى
dire (vt)	ʾāl	قال
diriger (~ une usine)	adār	أدار
discuter (vt)	nāʾeʃ	ناقش
donner (vt)	edda	إدّى
donner un indice	edda lamḥa	إدّى لمحة
douter (vt)	ʃakk fe	شكّ في
écrire (vt)	katab	كتب
entendre (bruit, etc.)	semeʿ	سمع
entrer (vi)	daxal	دخل
envoyer (vt)	arsal	أرسل
espérer (vi)	tamanna	تمنّى
essayer (vt)	ḥāwel	حاول
être (vi)	kān	كان
être d'accord	ettafaʾ	إتّفق
être nécessaire	maṭlūb	مطلوب
être pressé	estaʿgel	إستعجل
étudier (vt)	daras	درس
exiger (vt)	ṭāleb	طالب
exister (vi)	kān mawgūd	كان موّجود
expliquer (vt)	ʃaraḥ	شرح
faire (vt)	ʿamal	عمل
faire tomber	waʾʾaʿ	وقّع
finir (vt)	xallaṣ	خلّص
garder (conserver)	ḥafaẓ	حفظ
gronder, réprimander (vt)	wabbex	وبّخ
informer (vt)	ʾāl ly	قال لي
insister (vi)	aṣarr	أصرّ

insulter (vt)	ahān	أهان
inviter (vt)	ʿazam	عزم
jouer (s'amuser)	leʿeb	لعب

12. Les verbes les plus importants. Partie 3

libérer (ville, etc.)	ḥarrar	حرّر
lire (vi, vt)	ʾara	قرأ
louer (prendre en location)	estʾgar	إستأجر
manquer (l'école)	ɣāb	غاب
menacer (vt)	hadded	هدّد
mentionner (vt)	zakar	ذكر
montrer (vt)	warra	ورّى
nager (vi)	ʿām	عام
objecter (vt)	eʿtaraḍ	إعترض
observer (vt)	rāqab	راقب
ordonner (mil.)	amar	أمر
oublier (vt)	nesy	نسي
ouvrir (vt)	fataḥ	فتح
pardonner (vt)	ʿafa	عفا
parler (vi, vt)	kallem	كلّم
participer à ...	ʃārek	شارك
payer (régler)	dafaʿ	دفع
penser (vi, vt)	fakkar	فكّر
permettre (vt)	samaḥ	سمح
plaire (être apprécié)	ʿagab	عجب
plaisanter (vi)	hazzar	هزّر
planifier (vt)	xaṭṭeṭ	خطّط
pleurer (vi)	baka	بكى
posséder (vt)	malak	ملك
pouvoir (v aux)	ʾeder	قدر
préférer (vt)	faḍḍal	فضّل
prendre (vt)	axad	أخد
prendre en note	katab	كتب
prendre le petit déjeuner	feṭer	فطر
préparer (le dîner)	ḥaḍḍar	حضّر
prévoir (vt)	tanabbaʾ	تنبّأ
prier (~ Dieu)	ṣalla	صلّى
promettre (vt)	waʿad	وعد
prononcer (vt)	naṭaʾ	نطق
proposer (vt)	ʿaraḍ	عرض
punir (vt)	ʿāqab	عاقب

13. Les verbes les plus importants. Partie 4

recommander (vt)	naṣaḥ	نصح
regretter (vt)	nedem	ندم

répéter (dire encore)	karrar	كرّر
répondre (vi, vt)	gāwab	جاوب
réserver (une chambre)	ḥagaz	حجز
rester silencieux	seket	سكت
réunir (regrouper)	waḥḥed	وحّد
rire (vi)	ḍeḥek	ضحك
s'arrêter (vp)	wa''af	وقّف
s'asseoir (vp)	'a'ad	قعد
sauver (la vie à qn)	anqaz	أنقذ
savoir (qch)	'eref	عرف
se baigner (vp)	sebeḥ	سبح
se plaindre (vp)	ʃaka	شكا
se refuser (vp)	rafaḍ	رفض
se tromper (vp)	ɣeleṭ	غلط
se vanter (vp)	tabāha	تباهى
s'étonner (vp)	etfāge'	إتفاجئ
s'excuser (vp)	e'tazar	إعتذر
signer (vt)	waqqa'	وقّع
signifier (vt)	'aṣad	قصد
s'intéresser (vp)	ehtamm be	إهتمّ بـ
sortir (aller dehors)	χarag	خرج
sourire (vi)	ebtasam	إبتسم
sous-estimer (vt)	estaχaff	إستخفّ
suivre ... (suivez-moi)	tatabba'	تتبّع
tirer (vi)	ḍarab bel nār	ضرب بالنار
tomber (vi)	we'e'	وقع
toucher (avec les mains)	lamas	لمس
tourner (~ à gauche)	ḥād	حاد
traduire (vt)	targem	ترجم
travailler (vi)	eʃtaɣal	إشتغل
tromper (vt)	χada'	خدع
trouver (vt)	la'a	لقى
tuer (vt)	'atal	قتل
vendre (vt)	bā'	باع
venir (vi)	weṣel	وصل
voir (vt)	ʃāf	شاف
voler (avion, oiseau)	ṭār	طار
voler (qch à qn)	sara'	سرق
vouloir (vt)	'āyez	عايز

14. Les couleurs

couleur (f)	lone (m)	لون
teinte (f)	daraget el lōn (m)	درجة اللون
ton (m)	ṣabɣet lōn (f)	صبغة اللون
arc-en-ciel (m)	qose qozaḥ (m)	قوس قزح
blanc (adj)	abyaḍ	أبيض

noir (adj)	aswad	أسود
gris (adj)	romādy	رمادي
vert (adj)	axḍar	أخضر
jaune (adj)	aṣfar	أصفر
rouge (adj)	aḥmar	أحمر
bleu (adj)	azra'	أزرق
bleu clair (adj)	azra' fāteḥ	أزرق فاتح
rose (adj)	wardy	وردي
orange (adj)	bortoqāly	برتقاليّ
violet (adj)	banaffsegy	بنفسجي
brun (adj)	bonny	بنّي
d'or (adj)	dahaby	ذهبي
argenté (adj)	feḍḍy	فضي
beige (adj)	bɛ:ʒ	بيج
crème (adj)	'āgy	عاجي
turquoise (adj)	fayrūzy	فيروزي
rouge cerise (adj)	aḥmar karazy	أحمر كرزي
lilas (adj)	laylaky	ليّلكي
framboise (adj)	qormozy	قرمزي
clair (adj)	fāteḥ	فاتح
foncé (adj)	ɣāme'	غامق
vif (adj)	zāhy	زاهي
de couleur (adj)	melawwen	ملوّن
en couleurs (adj)	melawwen	ملوّن
noir et blanc (adj)	abyaḍ we aswad	أبيض وأسوّد
unicolore (adj)	sāda	سادة
multicolore (adj)	mota'added el alwān	متعددّ الألوان

15. Les questions

Qui?	mīn?	مين؟
Quoi?	eyh?	ايه؟
Où? (~ es-tu?)	feyn?	فين؟
Où? (~ vas-tu?)	feyn?	فين؟
D'où?	meneyn?	منين؟
Quand?	emta	امتى؟
Pourquoi? (~ es-tu venu?)	'aʃān eyh?	عشان ايه؟
Pourquoi? (~ t'es pâle?)	leyh?	ليه؟
À quoi bon?	l eyh?	لـ ليه؟
Comment?	ezāy?	إزاي؟
Quel? (à ~ prix?)	eyh?	ايه؟
Lequel?	ayī?	أيّ؟
À qui? (pour qui?)	le mīn?	لمين؟
De qui?	'an mīn?	عن مين؟
De quoi?	'an eyh?	عن ايه؟
Avec qui?	ma' mīn?	مع مين؟

Combien?	kām?	كام؟
À qui? (~ est ce livre?)	betā'et mīn?	بتاعت مين؟

16. Les prépositions

avec (~ toi)	ma'	مع
sans (~ sucre)	men ɣeyr	من غير
à (aller ~ ...)	ela	إلى
de (au sujet de)	'an	عن
avant (~ midi)	'abl	قبل
devant (~ la maison)	'oddām	قدّام
sous (~ la commode)	taḥt	تحت
au-dessus de ...	fo'e	فوق
sur (dessus)	'ala	على
de (venir ~ Paris)	men	من
en (en bois, etc.)	men	من
dans (~ deux heures)	ba'd	بعد
par dessus	men 'ala	من على

17. Les mots-outils. Les adverbes. Partie 1

Où? (~ es-tu?)	feyn?	فين؟
ici (c'est ~)	hena	هنا
là-bas (c'est ~)	henāk	هناك
quelque part (être)	fe makānen ma	في مكان ما
nulle part (adv)	meʃ fi ayī makān	مش في أيّ مكان
près de ...	ganb	جنب
près de la fenêtre	ganb el ʃebbāk	جنب الشبّاك
Où? (~ vas-tu?)	feyn?	فين؟
ici (Venez ~)	hena	هنا
là-bas (j'irai ~)	henāk	هناك
d'ici (adv)	men hena	من هنا
de là-bas (adv)	men henāk	من هناك
près (pas loin)	'arīb	قريب
loin (adv)	be'īd	بعيد
près de (~ Paris)	'and	عند
tout près (adv)	'arīb	قريب
pas loin (adv)	meʃ be'īd	مش بعيد
gauche (adj)	el ʃemāl	الشمال
à gauche (être ~)	'alal ʃemāl	على الشمال
à gauche (tournez ~)	lel ʃemāl	للشمال
droit (adj)	el yemīn	اليمين
à droite (être ~)	'alal yemīn	على اليمين

à droite (tournez ~)	lel yemīn	لليمين
devant (adv)	ʾoddām	قدّام
de devant (adj)	amāmy	أمامي
en avant (adv)	ela el amām	إلى الأمام
derrière (adv)	waraʾ	وراء
par derrière (adv)	men wara	من ورّا
en arrière (regarder ~)	le wara	لورّا
milieu (m)	wasaṭ (m)	وسط
au milieu (adv)	fel wasat	في الوسط
de côté (vue ~)	ʿala ganb	على جنب
partout (adv)	fe kol makān	في كل مكان
autour (adv)	ḥawaleyn	حوالين
de l'intérieur	men gowwah	من جوّه
quelque part (aller)	le ʾayī makān	لأي مكان
tout droit (adv)	ʿala ṭūl	على طول
en arrière (revenir ~)	rogūʿ	رجوع
de quelque part (n'import d'où)	men ayī makān	من أيّ مكان
de quelque part (on ne sait pas d'où)	men makānen mā	من مكان ما
premièrement (adv)	awwalan	أوّلاً
deuxièmement (adv)	sāneyan	ثانياً
troisièmement (adv)	sālesan	ثالثاً
soudain (adv)	fagʾa	فجأة
au début (adv)	fel bedāya	في البداية
pour la première fois	le ʾawwel marra	لأوّل مرّة
bien avant ...	ʾabl ... be modda ṭawīla	قبل... بمدة طويلة
de nouveau (adv)	men gedīd	من جديد
pour toujours (adv)	lel abad	للأبد
jamais (adv)	abadan	أبداً
de nouveau, encore (adv)	tāny	تاني
maintenant (adv)	delwaʾty	دلوقتي
souvent (adv)	ketīr	كثير
alors (adv)	waʾtaha	وقتها
d'urgence (adv)	ʿala ṭūl	على طول
d'habitude (adv)	ʿādatan	عادةً
à propos, ...	ʿala fekra ...	على فكرة...
c'est possible	momken	ممكن
probablement (adv)	momken	ممكن
peut-être (adv)	momken	ممكن
en plus, ...	bel eḍāfa ela ...	بالإضافة إلى...
c'est pourquoi ...	ʿaʃān keda	عشان كده
malgré ...	bel raɣm men ...	بالرغم من...
grâce à ...	be faḍl ...	بفضل...
quoi (pron)	elly	إللي
que (conj)	ennu	إنّه

quelque chose (Il m'est arrivé ~)	ḥāga (f)	حاجة
quelque chose (peut-on faire ~)	ayī ḥāga (f)	أيّ حاجة
rien (m)	wala ḥāga	ولا حاجة
qui (pron)	elly	إللي
quelqu'un (on ne sait pas qui)	ḥadd	حدّ
quelqu'un (n'importe qui)	ḥadd	حدّ
personne (pron)	wala ḥadd	ولا حدّ
nulle part (aller ~)	meʃ le wala makān	مش لـ ولا مكان
de personne	wala ḥadd	ولا حدّ
de n'importe qui	le ḥadd	لحدّ
comme ça (adv)	geddan	جداً
également (adv)	kamān	كمان
aussi (adv)	kamān	كمان

18. Les mots-outils. Les adverbes. Partie 2

Pourquoi?	leyh?	ليه؟
pour une certaine raison	le sabeben ma	لسبب ما
parce que ...	ʿaʃān ...	عشان ...
pour une raison quelconque	le hadafen mā	لهدف ما
et (conj)	w	و
ou (conj)	walla	ولّا
mais (conj)	bass	بسّ
pour ... (prep)	ʿaʃān	عشان
trop (adv)	ketīr geddan	كتير جدّاً
seulement (adv)	bass	بسّ
précisément (adv)	bel ḍabṭ	بالضبط
près de ... (prep)	naḥw	نحو
approximativement	naḥw	نحو
approximatif (adj)	taqrīby	تقريبي
presque (adv)	taʾrīban	تقريباً
reste (m)	el bāʾy (m)	الباقي
chaque (adj)	koll	كلّ
n'importe quel (adj)	ayī	أيّ
beaucoup (adv)	ketīr	كتير
plusieurs (pron)	nās ketīr	ناس كتير
tous	koll el nās	كلّ الناس
en échange de ...	fi moqābel ...	في مقابل ...
en échange (adv)	fe moqābel	في مقابل
à la main (adv)	bel yad	باليد
peu probable (adj)	bel kād	بالكاد
probablement (adv)	momken	ممكن
exprès (adv)	bel ʾaṣd	بالقصد

par accident (adv)	bel ṣodfa	بالصدفة
très (adv)	'awy	قويّ
par exemple (adv)	masalan	مثلاً
entre (prep)	beyn	بين
parmi (prep)	wesṭ	وسط
autant (adv)	ketīr	كتير
surtout (adv)	χāṣṣa	خاصّة

Concepts de base. Partie 2

19. Les jours de la semaine

lundi (m)	el etneyn (m)	الإتنين
mardi (m)	el talāt (m)	التلات
mercredi (m)	el arbe'ā' (m)	الأربعاء
jeudi (m)	el χamīs (m)	الخميس
vendredi (m)	el gom'a (m)	الجمعة
samedi (m)	el sabt (m)	السبت
dimanche (m)	el aḥad (m)	الأحد
aujourd'hui (adv)	el naharda	النهارده
demain (adv)	bokra	بكرة
après-demain (adv)	ba'd bokra (m)	بعد بكرة
hier (adv)	embāreḥ	امبارح
avant-hier (adv)	awwel embāreḥ	أوّل امبارح
jour (m)	yome (m)	يوم
jour (m) ouvrable	yome 'amal (m)	يوم عمل
jour (m) férié	agāza rasmiya (f)	أجازة رسميّة
jour (m) de repos	yome el agāza (m)	يوم أجازة
week-end (m)	nehāyet el osbū' (f)	نهاية الأسبوع
toute la journée	ṭūl el yome	طول اليوم
le lendemain	fel yome elly ba'dīh	في اليوم اللي بعديه
il y a 2 jours	men yomeyn	من يومين
la veille	fel yome elly 'ablo	في اليوم اللي قبله
quotidien (adj)	yawmy	يومي
tous les jours	yawmiyan	يومياً
semaine (f)	osbū' (m)	أسبوع
la semaine dernière	el esbū' elly fāt	الأسبوع اللي فات
la semaine prochaine	el esbū' elly gayī	الأسبوع اللي جاي
hebdomadaire (adj)	osbū'y	أسبوعي
chaque semaine	osbū'iyan	أسبوعياً
2 fois par semaine	marreteyn fel osbū'	مرّتين في الأسبوع
tous les mardis	koll solasā'	كلّ ثلاثاء

20. Les heures. Le jour et la nuit

matin (m)	ṣobḥ (m)	صبح
le matin	fel ṣobḥ	في الصبح
midi (m)	ẓohr (m)	ظهر
dans l'après-midi	ba'd el ḍohr	بعد الظهر
soir (m)	leyl (m)	ليل
le soir	bel leyl	بالليل

nuit (f)	leyl (m)	ليل
la nuit	bel leyl	بالليل
minuit (f)	noṣṣ el leyl (m)	نصّ الليل
seconde (f)	sanya (f)	ثانية
minute (f)	deʾīʾa (f)	دقيقة
heure (f)	sāʿa (f)	ساعة
demi-heure (f)	noṣṣ sāʿa (m)	نصّ ساعة
un quart d'heure	robʿ sāʿa (f)	ربع ساعة
quinze minutes	χamastāʃer deʾīʾa	خمستاشر دقيقة
vingt-quatre heures	arbaʿa we ʿeʃrīn sāʿa	أربعة وعشرين ساعة
lever (m) du soleil	ʃorūʾ el ʃams (m)	شروق الشمس
aube (f)	fagr (m)	فجر
point (m) du jour	ṣobḥ badry (m)	صبح بدري
coucher (m) du soleil	ɣorūb el ʃams (m)	غروب الشمس
tôt le matin	el ṣobḥ badry	الصبح بدري
ce matin	el naharda el ṣobḥ	النهاردة الصبح
demain matin	bokra el ṣobḥ	بكرة الصبح
cet après-midi	el naharda baʿd el ḍohr	النهاردة بعد الظهر
dans l'après-midi	baʿd el ḍohr	بعد الظهر
demain après-midi	bokra baʿd el ḍohr	بكرة بعد الظهر
ce soir	el naharda bel leyl	النهاردة بالليل
demain soir	bokra bel leyl	بكرة بالليل
à 3 heures précises	es sāʿa talāta bel ḍabṭ	الساعة تلاتة بالضبط
autour de 4 heures	es sāʿa arbaʿa taʾrīban	الساعة أربعة تقريبا
vers midi	ḥatt es sāʿa etnāʃar	حتى الساعة إتناشر
dans 20 minutes	fe χelāl ʿeʃrīn deʿeeʿa	في خلال عشرين دقيقة
dans une heure	fe χelāl sāʿa	في خلال ساعة
à temps	fe mawʿedo	في موعده
... moins le quart	ella robʿ	إلّا ربع
en une heure	χelāl sāʿa	خلال ساعة
tous les quarts d'heure	koll robʿ sāʿa	كلّ ربع ساعة
24 heures sur 24	leyl nahār	ليل نهار

21. Les mois. Les saisons

janvier (m)	yanāyer (m)	يناير
février (m)	febrāyer (m)	فبراير
mars (m)	māres (m)	مارس
avril (m)	ebrīl (m)	إبريل
mai (m)	māyo (m)	مايو
juin (m)	yonyo (m)	يونيو
juillet (m)	yolyo (m)	يوليو
août (m)	oɣosṭos (m)	أغسطس
septembre (m)	sebtamber (m)	سبتمبر
octobre (m)	oktober (m)	أكتوبر
novembre (m)	november (m)	نوفمبر

décembre (m)	desember (m)	ديسمبر
printemps (m)	rabee' (m)	ربيع
au printemps	fel rabee'	في الربيع
de printemps (adj)	rabee'y	ربيعي
été (m)	ṣeyf (m)	صيف
en été	fel ṣeyf	في الصيف
d'été (adj)	ṣeyfy	صيفي
automne (m)	χarīf (m)	خريف
en automne	fel χarīf	في الخريف
d'automne (adj)	χarīfy	خريفي
hiver (m)	ʃetā' (m)	شتاء
en hiver	fel ʃetā'	في الشتاء
d'hiver (adj)	ʃetwy	شتوي
mois (m)	ʃahr (m)	شهر
ce mois	fel ʃahr da	في الشهر ده
le mois prochain	el ʃahr el gayī	الشهر الجايّ
le mois dernier	el ʃahr elly fāt	الشهر اللي فات
il y a un mois	men ʃahr	من شهر
dans un mois	ba'd ʃahr	بعد شهر
dans 2 mois	ba'd ʃahreyn	بعد شهرين
tout le mois	el ʃahr kollo	الشهر كلّه
tout un mois	ṭawāl el ʃahr	طوال الشهر
mensuel (adj)	ʃahry	شهري
mensuellement	ʃahry	شهري
chaque mois	koll ʃahr	كلّ شهر
2 fois par mois	marreteyn fel ʃahr	مرّتين في الشهر
année (f)	sana (f)	سنة
cette année	el sana di	السنة دي
l'année prochaine	el sana el gaya	السنة الجايّة
l'année dernière	el sana elly fātet	السنة اللي فاتت
il y a un an	men sana	من سنة
dans un an	ba'd sana	بعد سنة
dans 2 ans	ba'd sanateyn	بعد سنتين
toute l'année	el sana kollaha	السنة كلّها
toute une année	ṭūl el sana	طول السنة
chaque année	koll sana	كلّ سنة
annuel (adj)	sanawy	سنوي
annuellement	koll sana	كلّ سنة
4 fois par an	arba' marrāt fel sana	أربع مرات في السنة
date (f) (jour du mois)	tarīχ (m)	تاريخ
date (f) (~ mémorable)	tarīχ (m)	تاريخ
calendrier (m)	natīga (f)	نتيجة
six mois	noṣṣ sana	نصّ سنة
semestre (m)	settet aʃ-hor (f)	ستّة أشهر
saison (f)	faṣl (m)	فصل
siècle (m)	qarn (m)	قرن

22. La notion de temps. Divers

temps (m)	wa't (m)	وقت
moment (m)	laḥza (f)	لحظة
instant (m)	laḥza (f)	لحظة
instantané (adj)	laḥza	لحظة
laps (m) de temps	fatra (f)	فترة
vie (f)	ḥayah (f)	حياة
éternité (f)	abadiya (f)	أبديّة
époque (f)	ʿahd (m)	عهد
ère (f)	ʿaṣr (m)	عصر
cycle (m)	dawra (f)	دورة
période (f)	fatra (f)	فترة
délai (m)	fatra (f)	فترة
avenir (m)	el mostaqbal (m)	المستقبل
prochain (adj)	elly gayī	اللي جاي
la fois prochaine	el marra el gaya	المرّة الجايّة
passé (m)	el māḍy (m)	الماضي
passé (adj)	elly fāt	اللي فات
la fois passée	el marra elly fātet	المرّة اللي فاتت
plus tard (adv)	baʿdeyn	بعدين
après (prep)	baʿd	بعد
à présent (adv)	el ayām di	الأيام دي
maintenant (adv)	delwa'ty	دلوقتي
immédiatement	ḥālan	حالاً
bientôt (adv)	'arīb	قريب
d'avance (adv)	mo'addaman	مقدّماً
il y a longtemps	men zamān	من زمان
récemment (adv)	men 'orayeb	من قريّب
destin (m)	maṣīr (m)	مصير
souvenirs (m pl)	zekra (f)	ذكرى
archives (f pl)	arʃīf (m)	أرشيف
pendant ... (prep)	esnā'...	إثناء...
longtemps (adv)	modda ṭawīla	مدّة طويلة
pas longtemps (adv)	le fatra 'aṣīra	لفترة قصيرة
tôt (adv)	badry	بدري
tard (adv)	met'akχer	متأخر
pour toujours (adv)	lel abad	للأبد
commencer (vt)	bada'	بدأ
reporter (retarder)	aggel	أجّل
en même temps (adv)	fe nafs el waqt	في نفس الوقت
en permanence (adv)	be ʃakl dā'em	بشكل دائم
constant (bruit, etc.)	mostamerr	مستمرّ
temporaire (adj)	mo'akkatan	مؤقّتاً
parfois (adv)	saʿāt	ساعات
rarement (adv)	nāderan	نادراً
souvent (adv)	ketīr	كثير

23. Les contraires

| riche (adj) | ɣany | غني |
| pauvre (adj) | faˈīr | فقير |

| malade (adj) | marīḍ | مريض |
| en bonne santé | salīm | سليم |

| grand (adj) | kebīr | كبير |
| petit (adj) | ṣaɣīr | صغير |

| vite (adv) | bosorˈa | بسرعة |
| lentement (adv) | bo boṭˈ | ببطء |

| rapide (adj) | sareeˁ | سريع |
| lent (adj) | baṭīˈ | بطيء |

| joyeux (adj) | farḥān | فرحان |
| triste (adj) | ḥazīn | حزين |

| ensemble (adv) | maˁ baˁḍ | مع بعض |
| séparément (adv) | le waḥdo | لوحده |

| à haute voix | beṣote ˁāly | بصوت عالي |
| en silence | beṣamt | بصمت |

| haut (adj) | ˁāly | عالي |
| bas (adj) | wāṭy | واطي |

| profond (adj) | ˁamīq | عميق |
| peu profond (adj) | ḍaḥl | ضحل |

| oui (adv) | aywa | أيوه |
| non (adv) | laˈ | لأ |

| lointain (adj) | beˁīd | بعيد |
| proche (adj) | ˈarīb | قريب |

| loin (adv) | beˁīd | بعيد |
| près (adv) | ˈarīb | قريب |

| long (adj) | ṭawīl | طويل |
| court (adj) | ˈaṣīr | قصير |

| bon (au bon cœur) | ṭayeb | طيّب |
| méchant (adj) | ʃerrīr | شرير |

| marié (adj) | metgawwez | متجوّز |
| célibataire (adj) | aˁzab | أعزب |

| interdire (vt) | manaˁ | منع |
| permettre (vt) | samaḥ | سمح |

| fin (f) | nehāya (f) | نهاية |
| début (m) | bedāya (f) | بداية |

gauche (adj)	el ʃemāl	الشمال
droit (adj)	el yemīn	اليمين
premier (adj)	awwel	أوّل
dernier (adj)	ʾāχer	آخر
crime (m)	garīma (f)	جريمة
punition (f)	ʿeqāb (m)	عقاب
ordonner (vt)	amar	أمر
obéir (vt)	ṭāʿ	طاع
droit (adj)	mostaqīm	مستقيم
courbé (adj)	monḥany	منحني
paradis (m)	el ganna (f)	الجنّة
enfer (m)	el gaḥīm (f)	الجحيم
naître (vi)	etwalad	إتولّد
mourir (vi)	māt	مات
fort (adj)	ʾawy	قويّ
faible (adj)	ḍaʿīf	ضعيف
vieux (adj)	ʿagūz	عجوز
jeune (adj)	ʃāb	شاب
vieux (adj)	ʾadīm	قديم
neuf (adj)	gedīd	جديد
dur (adj)	ṣalb	صلب
mou (adj)	ṭary	طري
chaud (tiède)	dāfy	دافي
froid (adj)	bāred	بارد
gros (adj)	teχīn	تخين
maigre (adj)	rofayaʿ	رفيّع
étroit (adj)	ḍayeʾ	ضيّق
large (adj)	wāseʿ	واسع
bon (adj)	kewayes	كويّس
mauvais (adj)	weḥeʃ	وحش
vaillant (adj)	ʃogāʿ	شجاع
peureux (adj)	gabān	جبان

24. Les lignes et les formes

carré (m)	morabbaʿ (m)	مربّع
carré (adj)	morabbaʿ	مربع
cercle (m)	dayra (f)	دايرة
rond (adj)	medawwar	مدوّر

triangle (m)	mosallas (m)	مثلّث
triangulaire (adj)	mosallasy el ʃakl	مثلّثي الشكل
ovale (m)	bayḍawy (m)	بيضوّي
ovale (adj)	bayḍawy	بيضوّي
rectangle (m)	mostaṭīl (m)	مستطيل
rectangulaire (adj)	mostaṭīly	مستطيلي
pyramide (f)	haram (m)	هرم
losange (m)	moʿayen (m)	معيّن
trapèze (m)	ʃebh el monḥaref (m)	شبه المنحرف
cube (m)	mokaʿab (m)	مكعّب
prisme (m)	manʃūr (m)	منشور
circonférence (f)	moḥīṭ monḥany moɣlaq (m)	محيط منحنى مغلق
sphère (f)	kora (f)	كرة
globe (m)	kora (f)	كرة
diamètre (m)	qaṭr (m)	قطر
rayon (m)	noṣṣ qaṭr (m)	نصّ قطر
périmètre (m)	moḥīṭ (m)	محيط
centre (m)	wasaṭ (m)	وسط
horizontal (adj)	ofoqy	أفقي
vertical (adj)	ʿamūdy	عمودي
parallèle (f)	motawāz (m)	متواز
parallèle (adj)	motawāzy	متوازي
ligne (f)	xaṭṭ (m)	خطّ
trait (m)	ḥaraka (m)	حركة
ligne (f) droite	xaṭṭ mostaqīm (m)	خطّ مستقيم
courbe (f)	xaṭṭ monḥany (m)	خطّ منحني
fin (une ~ ligne)	rofayaʿ	رفيّع
contour (m)	kontūr (m)	كنتور
intersection (f)	taqāṭoʿ (m)	تقاطع
angle (m) droit	zawya mostaqīma (f)	زاوية مستقيمة
segment (m)	ʾeṭʿa (f)	قطعة
secteur (m)	qaṭāʿ (m)	قطاع
côté (m)	gāneb (m)	جانب
angle (m)	zawya (f)	زاوية

25. Les unités de mesure

poids (m)	wazn (m)	وزن
longueur (f)	ṭūl (m)	طول
largeur (f)	ʿarḍ (m)	عرض
hauteur (f)	ertefāʿ (m)	إرتفاع
profondeur (f)	ʿomq (m)	عمق
volume (m)	ḥagm (m)	حجم
aire (f)	mesāḥa (f)	مساحة
gramme (m)	gram (m)	جرام
milligramme (m)	milligrām (m)	ملّيغرام
kilogramme (m)	kilogrām (m)	كيلوغرام

tonne (f)	ṭenn (m)	طنّ
livre (f)	reṭl (m)	رطل
once (f)	onṣa (f)	أونصة
mètre (m)	metr (m)	متر
millimètre (m)	millimetr (m)	ملّيمتر
centimètre (m)	santimetr (m)	سنتيمتر
kilomètre (m)	kilometr (m)	كيلومتر
mille (m)	mīl (m)	ميل
pouce (m)	boṣa (f)	بوصة
pied (m)	'adam (m)	قدم
yard (m)	yarda (f)	ياردة
mètre (m) carré	metr morabba' (m)	متر مربّع
hectare (m)	hektār (m)	هكتار
litre (m)	litre (m)	لتر
degré (m)	daraga (f)	درجة
volt (m)	volt (m)	فولت
ampère (m)	ambere (m)	أمبير
cheval-vapeur (m)	ḥoṣān (m)	حصان
quantité (f)	kemiya (f)	كميّة
un peu de ...	ʃewayet ...	شويّة...
moitié (f)	noṣṣ (m)	نصّ
douzaine (f)	desta (f)	دستة
pièce (f)	waḥda (f)	وحدة
dimension (f)	ḥagm (m)	حجم
échelle (f) (de la carte)	me'yās (m)	مقياس
minimal (adj)	el adna	الأدنى
le plus petit (adj)	el aṣɣar	الأصغر
moyen (adj)	motawasseṭ	متوّسط
maximal (adj)	el aqṣa	الأقصى
le plus grand (adj)	el akbar	الأكبر

26. Les récipients

bocal (m) en verre	barṭamān (m)	برطمان
boîte, canette (f)	kanz (m)	كانز
seau (m)	gardal (m)	جردل
tonneau (m)	barmīl (m)	برميل
bassine, cuvette (f)	ḥoḍe lel ɣasīl (m)	حوض للغسيل
cuve (f)	χazzān (m)	خزّان
flasque (f)	zamzamiya (f)	زمزميّة
jerrican (m)	ʒerken (m)	جركن
citerne (f)	χazzān (m)	خزّان
tasse (f), mug (m)	mugg (m)	ماجّ
tasse (f)	fengān (m)	فنجان
soucoupe (f)	ṭaba' fengān (m)	طبق فنجان

verre (m) (~ d'eau)	kobbāya (f)	كوبّاية
verre (m) à vin	kāsa (f)	كاسة
faitout (m)	ḥalla (f)	حلّة
bouteille (f)	ezāza (f)	إزازة
goulot (m)	ʿonq (m)	عنق
carafe (f)	dawraʾ zogāgy (m)	دورّق زجاجي
pichet (m)	ebrīʾ (m)	إبريق
récipient (m)	weʿāʾ (m)	وعاء
pot (m)	aṣīṣ (m)	أصيص
vase (m)	vāza (f)	فازة
flacon (m)	ezāza (f)	إزازة
fiole (f)	ezāza (f)	إزازة
tube (m)	anbūba (f)	أنبوبة
sac (m) (grand ~)	kīs (m)	كيس
sac (m) (~ en plastique)	kīs (m)	كيس
paquet (m) (~ de cigarettes)	ʿelba (f)	علبة
boîte (f)	ʿelba (f)	علبة
caisse (f)	ṣandūʾ (m)	صندوق
panier (m)	salla (f)	سلّة

27. Les matériaux

matériau (m)	madda (f)	مادّة
bois (m)	χaʃab (m)	خشب
en bois (adj)	χaʃaby	خشبي
verre (m)	ezāz (m)	إزاز
en verre (adj)	ezāz	إزاز
pierre (f)	ḥagar (m)	حجر
en pierre (adj)	ḥagary	حجري
plastique (m)	blastik (m)	بلاستيك
en plastique (adj)	men el blastik	من البلاستيك
caoutchouc (m)	maṭṭāṭ (m)	مطّاط
en caoutchouc (adj)	maṭṭāṭy	مطّاطي
tissu (m)	ʾomāʃ (m)	قماش
en tissu (adj)	men el ʾomāʃ	من القماش
papier (m)	waraʾ (m)	ورق
de papier (adj)	waraʾy	ورقي
carton (m)	kartōn (m)	كرتون
en carton (adj)	kartony	كرتوني
polyéthylène (m)	bolyetylen (m)	بولي ايثيلين
cellophane (f)	sellofān (m)	سيلوفان

contreplaqué (m)	ablakāʃ (m)	أبلكاش
porcelaine (f)	borsalīn (m)	بورسلين
de porcelaine (adj)	men el borsalīn	من البورسلين
argile (f)	ṭīn (m)	طين
de terre cuite (adj)	fokχāry	فخّاري
céramique (f)	seramīk (m)	سيراميك
en céramique (adj)	men el seramik	من السيراميك

28. Les métaux

métal (m)	maʿdan (m)	معدن
métallique (adj)	maʿdany	معدني
alliage (m)	sebīka (f)	سبيكة
or (m)	dahab (m)	ذهب
en or (adj)	dahaby	ذهبي
argent (m)	faḍḍa (f)	فضّة
en argent (adj)	feḍḍy	فضّي
fer (m)	ḥadīd (m)	حديد
en fer (adj)	ḥadīdy	حديدي
acier (m)	fulāz (m)	فولاذ
en acier (adj)	folāzy	فولاذي
cuivre (m)	neḥās (m)	نحاس
en cuivre (adj)	neḥāsy	نحاسي
aluminium (m)	aluminyum (m)	الومينيوم
en aluminium (adj)	aluminyum	الومينيوم
bronze (m)	bronze (m)	برونز
en bronze (adj)	bronzy	برونزي
laiton (m)	neḥās aṣfar (m)	نحاس أصفر
nickel (m)	nikel (m)	نيكل
platine (f)	blatīn (m)	بلاتين
mercure (m)	ze'baq (m)	زئبق
étain (m)	'aṣdīr (m)	قصدير
plomb (m)	roṣāṣ (m)	رصاص
zinc (m)	zink (m)	زنك

L'HOMME

L'homme. Le corps humain

29. L'homme. Notions fondamentales

être (m) humain	ensān (m)	إنسان
homme (m)	rāgel (m)	راجل
femme (f)	set (f)	ست
enfant (m, f)	ṭefl (m)	طفل
fille (f)	bent (f)	بنت
garçon (m)	walad (m)	ولد
adolescent (m)	morāheq (m)	مراهق
vieillard (m)	ʿagūz (m)	عجوز
vieille femme (f)	ʿagūza (f)	عجوزة

30. L'anatomie humaine

organisme (m)	ʿoḍw (m)	عضو
cœur (m)	ʾalb (m)	قلب
sang (m)	damm (m)	دم
artère (f)	ʃeryān (m)	شريان
veine (f)	ʿerʾ (m)	عرق
cerveau (m)	mokχ (m)	مخّ
nerf (m)	ʿaṣab (m)	عصب
nerfs (m pl)	aʿṣāb (pl)	أعصاب
vertèbre (f)	faqra (f)	فقرة
colonne (f) vertébrale	ʿamūd faqry (m)	عمود فقري
estomac (m)	meʿda (f)	معدة
intestins (m pl)	amʿāʾ (pl)	أمعاء
intestin (m)	maʿy (m)	معى
foie (m)	kebd (f)	كبد
rein (m)	kelya (f)	كلية
os (m)	ʿaḍm (m)	عظم
squelette (f)	haykal ʿazmy (m)	هيكل عظمي
côte (f)	ḍelʿ (m)	ضلع
crâne (m)	gomgoma (f)	جمجمة
muscle (m)	ʿaḍala (f)	عضلة
biceps (m)	biseps (f)	بايسبس
triceps (m)	triseps (f)	ترايسبس
tendon (m)	watar (m)	وتر
articulation (f)	mefṣal (m)	مفصل

poumons (m pl)	re'ateyn (du)	رئتين
organes (m pl) génitaux	a'ḍā' tanasoliya (pl)	أعضاء تناسلية
peau (f)	boʃra (m)	بشرة

31. La téte

tête (f)	ra's (m)	رأس
visage (m)	weʃ (m)	وش
nez (m)	manaχīr (m)	مناخير
bouche (f)	bo' (m)	بوء
œil (m)	'eyn (f)	عين
les yeux	'oyūn (pl)	عيون
pupille (f)	ḥad'a (f)	حدقة
sourcil (m)	ḥāgeb (m)	حاجب
cil (m)	remʃ (m)	رمش
paupière (f)	gefn (m)	جفن
langue (f)	lesān (m)	لسان
dent (f)	senna (f)	سنّة
lèvres (f pl)	ʃafāyef (pl)	شفايف
pommettes (f pl)	'aḍmet el χadd (f)	عضمة الخدّ
gencive (f)	lassa (f)	لثّة
palais (m)	ḥanak (m)	حنك
narines (f pl)	manaχer (pl)	مناخر
menton (m)	da''n (m)	دقن
mâchoire (f)	fakk (m)	فكّ
joue (f)	χadd (m)	خدّ
front (m)	gabha (f)	جبهة
tempe (f)	ṣedɣ (m)	صدغ
oreille (f)	wedn (f)	ودن
nuque (f)	'afa (m)	قفا
cou (m)	ra'aba (f)	رقبة
gorge (f)	zore (m)	زور
cheveux (m pl)	ʃa'r (m)	شعر
coiffure (f)	tasrīḥa (f)	تسريحة
coupe (f)	tasrīḥa (f)	تسريحة
perruque (f)	barūka (f)	باروكة
moustache (f)	ʃanab (pl)	شنب
barbe (f)	leḥya (f)	لحية
porter (~ la barbe)	'ando	عنده
tresse (f)	ḍefīra (f)	ضفيرة
favoris (m pl)	sawālef (pl)	سوالف
roux (adj)	aḥmar el ʃa'r	أحمر الشعر
gris, grisonnant (adj)	ʃa'r abyaḍ	شعر أبيض
chauve (adj)	aṣla'	أصلع
calvitie (f)	ṣala' (m)	صلع
queue (f) de cheval	deyl ḥoṣān (m)	ديل حصان
frange (f)	'oṣṣa (f)	قصّة

32. Le corps humain

main (f)	yad (m)	يد
bras (m)	derā' (f)	دراع
doigt (m)	ṣobā' (m)	صباع
orteil (m)	ṣobā' el 'adam (m)	صباع القدم
pouce (m)	ebhām (m)	إبهام
petit doigt (m)	χonṣor (m)	خنصر
ongle (m)	ḍefr (m)	ضفر
poing (m)	qabḍa (f)	قبضة
paume (f)	kaff (f)	كفّ
poignet (m)	me'ṣam (m)	معصم
avant-bras (m)	sā'ed (m)	ساعد
coude (m)	kū' (m)	كوع
épaule (f)	ketf (f)	كتف
jambe (f)	regl (f)	رجل
pied (m)	qadam (f)	قدم
genou (m)	rokba (f)	ركبة
mollet (m)	semmāna (f)	سمّانة
hanche (f)	faχd (f)	فخد
talon (m)	ka'b (m)	كعب
corps (m)	gesm (m)	جسم
ventre (m)	baṭn (m)	بطن
poitrine (f)	ṣedr (m)	صدر
sein (m)	sady (m)	ثدي
côté (m)	ganb (m)	جنب
dos (m)	ḍahr (m)	ضهر
reins (région lombaire)	asfal el ḍahr (m)	أسفل الضهر
taille (f) (~ de guêpe)	wesṭ (f)	وسط
nombril (m)	sorra (f)	سرّة
fesses (f pl)	ardāf (pl)	أرداف
derrière (m)	debr (m)	دبر
grain (m) de beauté	ʃāma (f)	شامة
tache (f) de vin	waḥma	وحمة
tatouage (m)	waʃm (m)	وشم
cicatrice (f)	nadba (f)	ندبة

Les vêtements & les accessoires

33. Les vêtements d'extérieur

vêtement (m)	malābes (pl)	ملابس
survêtement (m)	malābes fo'aniya (pl)	ملابس فوقانيّة
vêtement (m) d'hiver	malābes ʃetwiya (pl)	ملابس شتويّة
manteau (m)	balṭo (m)	بالطو
manteau (m) de fourrure	balṭo farww (m)	بالطو فروّ
veste (f) de fourrure	ʒaket farww (m)	جاكيت فروّ
manteau (m) de duvet	balṭo maḥʃy rīʃ (m)	بالطو محشي ريش
veste (f) (~ en cuir)	ʒæket (m)	جاكيت
imperméable (m)	ʒæket lel maṭar (m)	جاكيت للمطر
imperméable (adj)	wāqy men el maya	واقي من الميّة

34. Les vêtements

chemise (f)	'amīṣ (m)	قميص
pantalon (m)	banṭalone (f)	بنطلون
jean (m)	ʒeans (m)	جينز
veston (m)	ʒæket (f)	جاكت
complet (m)	badla (f)	بدلة
robe (f)	fostān (m)	فستان
jupe (f)	ʒība (f)	جيبة
chemisette (f)	bloza (f)	بلوزة
veste (f) en laine	kardigan (m)	كارديجن
jaquette (f), blazer (m)	ʒæket (m)	جاكيت
tee-shirt (m)	ti ʃirt (m)	تي شيرت
short (m)	ʃort (m)	شورت
costume (m) de sport	treneng (m)	ترينينج
peignoir (m) de bain	robe el ḥammām (m)	روب حمّام
pyjama (m)	beʒāma (f)	بيجاما
chandail (m)	blover (f)	بلوفر
pull-over (m)	blover (m)	بلوفر
gilet (m)	vest (m)	فيست
queue-de-pie (f)	badlet sahra ṭawīla (f)	بدلة سهرة طويلة
smoking (m)	badla (f)	بدلة
uniforme (m)	zayī muwaḥḥad (m)	زيّ موحّد
tenue (f) de travail	lebs el ʃoɣl (m)	لبس الشغل
salopette (f)	overall (m)	اوفر اول
blouse (f) (d'un médecin)	balṭo (m)	بالطو

35. Les sous-vêtements

sous-vêtements (m pl)	malābes dāχeliya (pl)	ملابس داخلية
boxer (m)	sirwāl dāχly rigāly (m)	سروال داخلي رجالي
slip (m) de femme	sirwāl dāχly nisā'y (m)	سروال داخلي نسائي
maillot (m) de corps	fanella (f)	فانلّا
chaussettes (f pl)	ʃarāb (m)	شراب
chemise (f) de nuit	'amīṣ nome (m)	قميص نوم
soutien-gorge (m)	setyāna (f)	ستيانة
chaussettes (f pl) hautes	ʃarabāt ṭawīla (pl)	شرابات طويلة
collants (m pl)	klone (m)	كلون
bas (m pl)	gawāreb (pl)	جوارب
maillot (m) de bain	mayo (m)	مايّوه

36. Les chapeaux

chapeau (m)	ṭa'iya (f)	طاقيّة
chapeau (m) feutre	borneyṭa (f)	برنيطة
casquette (f) de base-ball	base bāl kāb (m)	بيس بول كاب
casquette (f)	ṭa'iya mosaṭṭaḥa (f)	طاقيّة مسطحة
béret (m)	bereyh (m)	بيريه
capuche (f)	γaṭa' (f)	غطاء
panama (m)	qobba'et banama (f)	قبّعة بناما
bonnet (m) de laine	ays kāb (m)	آيس كاب
foulard (m)	eʃarb (m)	إيشارب
chapeau (m) de femme	borneyṭa (f)	برنيطة
casque (m) (d'ouvriers)	χawza (f)	خوذة
calot (m)	kāb (m)	كاب
casque (m) (~ de moto)	χawza (f)	خوذة
melon (m)	qobba'a (f)	قبّعة
haut-de-forme (m)	qobba'a rasmiya (f)	قبّعة رسمية

37. Les chaussures

chaussures (f pl)	gezam (pl)	جزم
bottines (f pl)	gazma (f)	جزمة
souliers (m pl) (~ plats)	gazma (f)	جزمة
bottes (f pl)	būt (m)	بوت
chaussons (m pl)	ʃebʃeb (m)	شبشب
tennis (m pl)	kotʃy tennis (m)	كوتشي تنس
baskets (f pl)	kotʃy (m)	كوتشي
sandales (f pl)	ṣandal (pl)	صندل
cordonnier (m)	eskāfy (m)	إسكافي
talon (m)	ka'b (m)	كعب

paire (f)	goze (m)	جوز
lacet (m)	ʃerī't (m)	شريط
lacer (vt)	rabaṭ	ربط
chausse-pied (m)	labbāsa el gazma (f)	لبّاسة الجزمة
cirage (m)	warnīʃ el gazma (m)	ورنيش الجزمة

38. Le textile. Les tissus

coton (m)	'oṭn (m)	قطن
de coton (adj)	'oṭny	قطني
lin (m)	kettān (m)	كتّان
de lin (adj)	men el kettān	من الكتّان
soie (f)	ḥarīr (m)	حرير
de soie (adj)	ḥarīry	حريري
laine (f)	ṣūf (m)	صوف
en laine (adj)	ṣūfiya	صوفية
velours (m)	moχmal (m)	مخمل
chamois (m)	geld maz'abar (m)	جلد مزأبر
velours (m) côtelé	'oṭṭn 'aṭīfa (f)	قطن قطيفة
nylon (m)	nylon (m)	نايلون
en nylon (adj)	men el naylon	من النيلون
polyester (m)	bolyester (m)	بوليستر
en polyester (adj)	men el bolyastar	من البوليستر
cuir (m)	geld (m)	جلد
en cuir (adj)	men el geld	من الجلد
fourrure (f)	farww (m)	فروّ
en fourrure (adj)	men el farww	من الفروّ

39. Les accessoires personnels

gants (m pl)	gwanty (m)	جوانتي
moufles (f pl)	gwanty men ɣeyr aṣābe' (m)	جوانتي من غير أصابع
écharpe (f)	skarf (m)	سكارف
lunettes (f pl)	naḍḍāra (f)	نظّارة
monture (f)	eṭār (m)	إطار
parapluie (m)	ʃamsiya (f)	شمسيّة
canne (f)	'aṣāya (f)	عصاية
brosse (f) à cheveux	forʃet ʃa'r (f)	فرشة شعر
éventail (m)	marwaḥa (f)	مروّحة
cravate (f)	karavetta (f)	كرافتة
nœud papillon (m)	bebyona (m)	بيبيونة
bretelles (f pl)	ḥammala (f)	حمّالة
mouchoir (m)	mandīl (m)	منديل
peigne (m)	meʃṭ (m)	مشط
barrette (f)	dabbūs (m)	دبّوس

épingle (f) à cheveux	bensa (m)	بنسة
boucle (f)	bokla (f)	بكلة
ceinture (f)	ḥezām (m)	حزام
bandoulière (f)	ḥammalet el ketf (f)	حمّالة الكتف
sac (m)	ʃanṭa (f)	شنطة
sac (m) à main	ʃanṭet yad (f)	شنطة يد
sac (m) à dos	ʃanṭet ḍahr (f)	شنطة ظهر

40. Les vêtements. Divers

mode (f)	mūḍa (f)	موضة
à la mode (adj)	fel moḍa	في الموضة
couturier, créateur de mode	moṣammem azyā' (m)	مصمّم أزياء
col (m)	yā'a (f)	ياقة
poche (f)	geyb (m)	جيب
de poche (adj)	geyb	جيب
manche (f)	komm (m)	كمّ
bride (f)	ʿelāqa (f)	علّاقة
braguette (f)	lesān (m)	لسان
fermeture (f) à glissière	sosta (f)	سوستة
agrafe (f)	maʃbak (m)	مشبك
bouton (m)	zerr (m)	زرّ
boutonnière (f)	ʿarwa (f)	عروة
s'arracher (bouton)	we'eʿ	وقع
coudre (vi, vt)	χayaṭ	خيّط
broder (vt)	ṭarraz	طرّز
broderie (f)	taṭrīz (m)	تطريز
aiguille (f)	ebra (f)	إبرة
fil (m)	χeyṭ (m)	خيط
couture (f)	derz (m)	درز
se salir (vp)	ettwassaχ	إتّوسّخ
tache (f)	bo'ʿa (f)	بقعة
se froisser (vp)	takarmaʃ	تكرمش
déchirer (vt)	'aṭaʿ	قطع
mite (f)	ʿetta (f)	عثّة

41. L'hygiène corporelle. Les cosmétiques

dentifrice (m)	maʿgūn asnān (m)	معجون أسنان
brosse (f) à dents	forʃet senān (f)	فرشة أسنان
se brosser les dents	naḍḍaf el asnān	نظّف الأسنان
rasoir (m)	mūs (m)	موس
crème (f) à raser	krīm ḥelā'a (m)	كريم حلاقة
se raser (vp)	ḥala'	حلق
savon (m)	ṣabūn (m)	صابون

shampooing (m)	ʃambū (m)	شامبو
ciseaux (m pl)	ma'aṣ (m)	مقص
lime (f) à ongles	mabrad (m)	مبرد
pinces (f pl) à ongles	mel'aṭ (m)	ملقط
pince (f) à épiler	mel'aṭ (m)	ملقط
produits (m pl) de beauté	mawād tagmīl (pl)	مواد تجميل
masque (m) de beauté	mask (m)	ماسك
manucure (f)	monekīr (m)	مونيكير
se faire les ongles	'amal monikīr	عمل مونيكير
pédicurie (f)	badikīr (m)	باديكير
trousse (f) de toilette	ʃanṭet mekyāʒ (f)	شنطة مكياج
poudre (f)	bodret weʃ (f)	بودرة وش
poudrier (m)	'elbet bodra (f)	علبة بودرة
fard (m) à joues	aḥmar χodūd (m)	أحمر خدود
parfum (m)	barfān (m)	بارفان
eau (f) de toilette	kolonya (f)	كولونيا
lotion (f)	loʃion (m)	لوشن
eau de Cologne (f)	kolonya (f)	كولونيا
fard (m) à paupières	eyeʃadow (m)	ايّ شادو
crayon (m) à paupières	koḥl (m)	كحل
mascara (m)	maskara (f)	ماسكارا
rouge (m) à lèvres	rūʒ (m)	روج
vernis (m) à ongles	monekīr (m)	مونيكير
laque (f) pour les cheveux	mosabbet el ʃa'r (m)	مثبّت الشعر
déodorant (m)	mozīl 'ara' (m)	مزيل عرق
crème (f)	krīm (m)	كريم
crème (f) pour le visage	krīm lel weʃ (m)	كريم للوش
crème (f) pour les mains	krīm eyd (m)	كريم أيد
crème (f) anti-rides	krīm moḍād lel taga'īd (m)	كريم مضاد للتجاعيد
crème (f) de jour	krīm en nahār (m)	كريم النهار
crème (f) de nuit	krīm el leyl (m)	كريم الليل
de jour (adj)	nahāry	نهاري
de nuit (adj)	layly	ليّلي
tampon (m)	tambon (m)	تانبون
papier (m) de toilette	wara' twalet (m)	ورق تواليت
sèche-cheveux (m)	seʃwār (m)	سشوار

42. Les bijoux. La bijouterie

bijoux (m pl)	mogawharāt (pl)	مجوّهرات
précieux (adj)	ɣāly	غالي
poinçon (m)	damɣa (f)	دمغة
bague (f)	χātem (m)	خاتم
alliance (f)	deblet el faraḥ (m)	دبلة الفرح
bracelet (m)	eswera (m)	إسوّرة
boucles (f pl) d'oreille	ḥala' (m)	حلق

collier (m) (de perles)	ʻo'd (m)	عقد
couronne (f)	tāg (m)	تاج
collier (m) (en verre, etc.)	ʻo'd χaraz (m)	عقد خرز
diamant (m)	almāz (m)	ألماز
émeraude (f)	zomorrod (m)	زمرّد
rubis (m)	ya'ūt aḥmar (m)	ياقوت أحمر
saphir (m)	ya'ūt azra' (m)	ياقوت أزرق
perle (f)	lo'lo' (m)	لؤلؤ
ambre (m)	kahramān (m)	كهرمان

43. Les montres. Les horloges

montre (f)	sāʻa (f)	ساعة
cadran (m)	wag-h el sāʻa (m)	وجه الساعة
aiguille (f)	ʻa'rab el sāʻa (m)	عقرب الساعة
bracelet (m)	ʃerī'ṭ sāʻa maʻdaniya (m)	شريط ساعة معدنية
bracelet (m) (en cuir)	ʃerī'ṭ el sāʻa (m)	شريط الساعة
pile (f)	baṭṭariya (f)	بطّاريّة
être déchargé	χelṣet	خلصت
changer de pile	ɣayar el baṭṭariya	غيّر البطّاريّة
avancer (vi)	saba'	سبق
retarder (vi)	ta'akχar	تأخّر
pendule (f)	sāʻet ḥeyṭa (f)	ساعة حيطة
sablier (m)	sāʻa ramliya (f)	ساعة رمليّة
cadran (m) solaire	sāʻa ʃamsiya (f)	ساعة شمسيّة
réveil (m)	monabbeh (m)	منبّه
horloger (m)	saʻāty (m)	ساعاتي
réparer (vt)	ṣallaḥ	صلّح

Les aliments. L'alimentation

44. Les aliments

viande (f)	laḥma (f)	لحمة
poulet (m)	ferāχ (m)	فراخ
poulet (m) (poussin)	farrūg (m)	فرّوج
canard (m)	baṭṭa (f)	بطّة
oie (f)	wezza (f)	وزّة
gibier (m)	ṣeyd (m)	صيد
dinde (f)	dīk rūmy (m)	ديك رومي
du porc	laḥm el χanazīr (m)	لحم الخنزير
du veau	laḥm el ʿegl (m)	لحم العجل
du mouton	laḥm ḍāny (m)	لحم ضاني
du bœuf	laḥm baqary (m)	لحم بقري
lapin (m)	laḥm arāneb (m)	لحم أرانب
saucisson (m)	sogo'' (m)	سجق
saucisse (f)	sogo'' (m)	سجق
bacon (m)	bakon (m)	بيكون
jambon (m)	hām(m)	هام
cuisse (f)	faχd χanzīr (m)	فخد خنزير
pâté (m)	maʿgūn laḥm (m)	معجون لحم
foie (m)	kebda (f)	كبدة
farce (f)	hamburger (m)	هامبورجر
langue (f)	lesān (m)	لسان
œuf (m)	beyḍa (f)	بيضة
les œufs	beyḍ (m)	بيض
blanc (m) d'œuf	bayāḍ el beyḍ (m)	بياض البيض
jaune (m) d'œuf	ṣafār el beyḍ (m)	صفار البيض
poisson (m)	samak (m)	سمك
fruits (m pl) de mer	sīfūd (pl)	سي فود
caviar (m)	kaviar (m)	كافيار
crabe (m)	kaboria (m)	كابوريا
crevette (f)	gammbary (m)	جمبري
huître (f)	maḥār (m)	محار
langoustine (f)	estakoza (m)	استاكوزا
poulpe (m)	aχṭabūṭ (m)	أخطبوط
calamar (m)	kalmāry (m)	كالماري
esturgeon (m)	samak el ḥafʃ (m)	سمك الحفش
saumon (m)	salamon (m)	سلمون
flétan (m)	samak el halbūt (m)	سمك الهلبوت
morue (f)	samak el qadd (m)	سمك القد
maquereau (m)	makerel (m)	ماكريل

thon (m)	tuna (f)	تونة
anguille (f)	ḥankalīs (m)	حنكليس
truite (f)	salamon mera''aṭ (m)	سلمون مرقّط
sardine (f)	sardīn (m)	سردين
brochet (m)	samak el karāky (m)	سمك الكراكي
hareng (m)	renga (f)	رنجة
pain (m)	ʿeyʃ (m)	عيش
fromage (m)	gebna (f)	جبنة
sucre (m)	sokkar (m)	سكّر
sel (m)	melḥ (m)	ملح
riz (m)	rozz (m)	رزّ
pâtes (m pl)	makaruna (f)	مكرونة
nouilles (f pl)	nūdles (f)	نودلز
beurre (m)	zebda (f)	زبدة
huile (f) végétale	zeyt (m)	زيت
huile (f) de tournesol	zeyt ʿabbād el ʃams (m)	زيت عبّاد الشمس
margarine (f)	margarīn (m)	مارجرين
olives (f pl)	zaytūn (m)	زيتون
huile (f) d'olive	zeyt el zaytūn (m)	زيت الزيتون
lait (m)	laban (m)	لبن
lait (m) condensé	ḥalīb mokassaf (m)	حليب مكثّف
yogourt (m)	zabādy (m)	زبادي
crème (f) aigre	kreyma ḥamḍa (f)	كريمة حامضة
crème (f) (de lait)	krīma (f)	كريمة
sauce (f) mayonnaise	mayonnɛ:z (m)	مايونيز
crème (f) au beurre	krīmet zebda (f)	كريمة زبدة
gruau (m)	ḥobūb 'amḥ (pl)	حبوب قمح
farine (f)	de'ī' (m)	دقيق
conserves (f pl)	moʿallabāt (pl)	معلّبات
pétales (m pl) de maïs	korn fleks (m)	كورن فليكس
miel (m)	ʿasal (m)	عسل
confiture (f)	mrabba (m)	مربّى
gomme (f) à mâcher	lebān (m)	لبان

45. Les boissons

eau (f)	meyāh (f)	مياه
eau (f) potable	mayet ʃorb (m)	ميّة شرب
eau (f) minérale	maya maʿdaniya (f)	ميّة معدنية
plate (adj)	rakeda	راكدة
gazeuse (l'eau ~)	kanz	كانز
pétillante (adj)	kanz	كانز
glace (f)	talg (m)	ثلج
avec de la glace	bel talg	بالتلج

sans alcool	men ɣeyr koḥūl	من غير كحول
boisson (f) non alcoolisée	maʃrūb ɣāzy (m)	مشروب غازي
rafraîchissement (m)	ḥāga sa"a (f)	حاجة ساقعة
limonade (f)	limonāta (f)	ليموناتة
boissons (f pl) alcoolisées	maʃrūbāt koḥūliya (pl)	مشروبات كحولية
vin (m)	χamra (f)	خمرة
vin (m) blanc	nebīz abyaḍ (m)	نبيذ أبيض
vin (m) rouge	nebī aḥmar (m)	نبيذ أحمر
liqueur (f)	liqure (m)	ليكيور
champagne (m)	ʃambania (f)	شمبانيا
vermouth (m)	vermote (m)	فيرموت
whisky (m)	wiski (m)	ويسكي
vodka (f)	vodka (f)	فودكا
gin (m)	ʒin (m)	جين
cognac (m)	konyāk (m)	كونياك
rhum (m)	rum (m)	رم
café (m)	'ahwa (f)	قهوة
café (m) noir	'ahwa sāda (f)	قهوة سادة
café (m) au lait	'ahwa bel ḥalīb (f)	قهوة بالحليب
cappuccino (m)	kaputʃino (m)	كابتشينو
café (m) soluble	neskafe (m)	نيسكافيه
lait (m)	laban (m)	لبن
cocktail (m)	koktayl (m)	كوكتيل
cocktail (m) au lait	milk ʃejk (m)	ميلك شيك
jus (m)	'aṣīr (m)	عصير
jus (m) de tomate	'aṣīr ṭamāṭem (m)	عصير طماطم
jus (m) d'orange	'aṣīr bortoqāl (m)	عصير برتقال
jus (m) pressé	'aṣīr freʃ (m)	عصير فريش
bière (f)	bīra (f)	بيرة
bière (f) blonde	bīra χafīfa (f)	بيرة خفيفة
bière (f) brune	bīra ɣam'a (f)	بيرة غامقة
thé (m)	ʃāy (m)	شاي
thé (m) noir	ʃāy aḥmar (m)	شاي أحمر
thé (m) vert	ʃāy aχḍar (m)	شاي أخضر

46. Les légumes

légumes (m pl)	χoḍār (pl)	خضار
verdure (f)	χoḍrawāt waraqiya (pl)	خضروات ورقية
tomate (f)	ṭamāṭem (f)	طماطم
concombre (m)	χeyār (m)	خيار
carotte (f)	gazar (m)	جزر
pomme (f) de terre	baṭāṭes (f)	بطاطس
oignon (m)	baṣal (m)	بصل
ail (m)	tūm (m)	ثوم

chou (m)	koronb (m)	كرنب
chou-fleur (m)	ʾarnabīṭ (m)	قرنبيط
chou (m) de Bruxelles	koronb broksel (m)	كرنب بروكسل
brocoli (m)	brokkoli (m)	بركولي
betterave (f)	bangar (m)	بنجر
aubergine (f)	bātengān (m)	باذنجان
courgette (f)	kōsa (f)	كوسة
potiron (m)	qarʿ ʿasaly (m)	قرع عسلي
navet (m)	left (m)	لفت
persil (m)	baʾdūnes (m)	بقدونس
fenouil (m)	ʃabat (m)	شبت
laitue (f) (salade)	χass (m)	خس
céleri (m)	karfas (m)	كرفس
asperge (f)	helione (m)	هليون
épinard (m)	sabāneχ (m)	سبانخ
pois (m)	besella (f)	بسلّة
fèves (f pl)	fūl (m)	فول
maïs (m)	dora (f)	ذرة
haricot (m)	faṣolya (f)	فاصوليا
poivron (m)	felfel (m)	فلفل
radis (m)	fegl (m)	فجل
artichaut (m)	χarʃūf (m)	خرشوف

47. Les fruits. Les noix

fruit (m)	faχa (f)	فاكهة
pomme (f)	toffāḥa (f)	تفّاحة
poire (f)	komettra (f)	كمّثرى
citron (m)	lymūn (m)	ليمون
orange (f)	bortoqāl (m)	برتقال
fraise (f)	farawla (f)	فراولة
mandarine (f)	yosfy (m)	يوسفي
prune (f)	barʾūʾ (m)	برقوق
pêche (f)	χawχa (f)	خوخة
abricot (m)	meʃmeʃ (f)	مشمش
framboise (f)	tūt el ʿalīʾ el aḥmar (m)	توت العليق الأحمر
ananas (m)	ananās (m)	أناناس
banane (f)	moze (m)	موز
pastèque (f)	baṭṭīχ (m)	بطّيخ
raisin (m)	ʿenab (m)	عنب
merise (f), cerise (f)	karaz (m)	كرز
melon (m)	ʃammām (f)	شمّام
pamplemousse (m)	grabe frūt (m)	جريب فروت
avocat (m)	avokado (f)	افوكاتو
papaye (f)	babāya (m)	ببايا
mangue (f)	manga (m)	مانجة
grenade (f)	rommān (m)	رمان

groseille (f) rouge	keʃmeʃ aḥmar (m)	كشمش أحمر
cassis (m)	keʃmeʃ aswad (m)	كشمش أسود
groseille (f) verte	ʿenab el saʿlab (m)	عنب الثعلب
myrtille (f)	ʿenab al aḥrāg (m)	عنب الأحراج
mûre (f)	tūt aswad (m)	توت أسود
raisin (m) sec	zebīb (m)	زبيب
figue (f)	tīn (m)	تين
datte (f)	tamr (m)	تمر
cacahuète (f)	fūl sudāny (m)	فول سوداني
amande (f)	loze (m)	لوز
noix (f)	ʿeyn gamal (f)	عين الجمل
noisette (f)	bondo' (m)	بندق
noix (f) de coco	goze el hend (m)	جوز هند
pistaches (f pl)	fosto' (m)	فستق

48. Le pain. Les confiseries

confiserie (f)	ḥalawīāt (pl)	حلويّات
pain (m)	ʿeyʃ (m)	عيش
biscuit (m)	baskawīt (m)	بسكويت
chocolat (m)	ʃokolāta (f)	شكولاتة
en chocolat (adj)	bel ʃokolāṭa	بالشكولاتة
bonbon (m)	bonbony (m)	بونبوني
gâteau (m), pâtisserie (f)	keyka (f)	كيكة
tarte (f)	torta (f)	تورتة
gâteau (m)	feṭīra (f)	فطيرة
garniture (f)	ḥaʃwa (f)	حشوة
confiture (f)	mrabba (m)	مربّى
marmelade (f)	marmalād (f)	مرملاد
gaufre (f)	waffles (pl)	وافلز
glace (f)	'ays krīm (m)	آيس كريم
pudding (m)	būding (m)	بودنج

49. Les plats cuisinés

plat (m)	wagba (f)	وجبة
cuisine (f)	maṭbaχ (m)	مطبخ
recette (f)	waṣfa (f)	وصفة
portion (f)	naṣīb (m)	نصيب
salade (f)	solṭa (f)	سلطة
soupe (f)	ʃorba (f)	شوربة
bouillon (m)	mara'a (m)	مرقة
sandwich (m)	sandawitʃ (m)	ساندويتش
les œufs brouillés	beyḍ ma'ly (m)	بيض مقلي
hamburger (m)	hamburger (m)	هامبورجر

steak (m)	steak laḥm (m)	ستيك لحم
garniture (f)	ṭaba' gāneby (m)	طبق جانبي
spaghettis (m pl)	spaɣetti (m)	سباجيتي
purée (f)	baṭāṭes mahrūsa (f)	بطاطس مهروسة
pizza (f)	bītza (f)	بيتزا
bouillie (f)	'aṣīda (f)	عصيدة
omelette (f)	omlette (m)	أومليت
cuit à l'eau (adj)	maslū'	مسلوق
fumé (adj)	modakχen	مدخّن
frit (adj)	ma'ly	مقلي
sec (adj)	mogaffaf	مجفّف
congelé (adj)	mogammad	مجمّد
mariné (adj)	meχallel	مخلّل
sucré (adj)	mesakkar	مسكّر
salé (adj)	māleḥ	مالح
froid (adj)	bāred	بارد
chaud (adj)	soχn	سخن
amer (adj)	morr	مرّ
bon (savoureux)	ḥelw	حلو
cuire à l'eau	sala'	سلق
préparer (le dîner)	ḥaḍḍar	حضّر
faire frire	'ala	قلي
réchauffer (vt)	sakχan	سخّن
saler (vt)	rasʃ malḥ	رشّ ملح
poivrer (vt)	rasʃ felfel	رشّ فلفل
râper (vt)	baraʃ	برش
peau (f)	'eʃra (f)	قشرة
éplucher (vt)	'asʃar	قشّر

50. Les épices

sel (m)	melḥ (m)	ملح
salé (adj)	māleḥ	مالح
saler (vt)	rasʃ malḥ	رشّ ملح
poivre (m) noir	felfel aswad (m)	فلفل أسوّد
poivre (m) rouge	felfel aḥmar (m)	فلفل أحمر
moutarde (f)	mosṭarda (m)	مسطردة
raifort (m)	fegl ḥār (m)	فجل حار
condiment (m)	bahār (m)	بهار
épice (f)	bahār (m)	بهار
sauce (f)	ṣalṣa (f)	صلصة
vinaigre (m)	χall (m)	خلّ
anis (m)	yansūn (m)	ينسون
basilic (m)	rīḥān (m)	ريحان
clou (m) de girofle	'oronfol (m)	قرنفل
gingembre (m)	zangabīl (m)	زنجبيل
coriandre (m)	kozbora (f)	كزبرة

cannelle (f)	'erfa (f)	قرفة
sésame (m)	semsem (m)	سمسم
feuille (f) de laurier	wara' el ɣār (m)	ورق الغار
paprika (m)	babrika (f)	بابريكا
cumin (m)	karawya (f)	كراوية
safran (m)	za'farān (m)	زعفران

51. Les repas

nourriture (f)	akl (m)	أكل
manger (vi, vt)	akal	أكل
petit déjeuner (m)	foṭūr (m)	فطور
prendre le petit déjeuner	feṭer	فطر
déjeuner (m)	ɣada' (m)	غداء
déjeuner (vi)	etɣadda	إتغدّى
dîner (m)	'aʃā' (m)	عشاء
dîner (vi)	et'asʃa	إتعشّى
appétit (m)	ʃahiya (f)	شهيّة
Bon appétit!	bel hana wel ʃefa!	!بالهنا والشفا
ouvrir (vt)	fataḥ	فتح
renverser (liquide)	dala'	دلق
se renverser (liquide)	dala'	دلق
bouillir (vi)	ɣely	غلي
faire bouillir	ɣely	غلي
bouilli (l'eau ~e)	maɣly	مغلي
refroidir (vt)	barrad	برّد
se refroidir (vp)	barrad	برّد
goût (m)	ṭa'm (m)	طعم
arrière-goût (m)	ṭa'm ma ba'd el mazāq (m)	طعم ما بعد المذاق
suivre un régime	χass	خسّ
régime (m)	reʒīm (m)	رجيم
vitamine (f)	vitamīn (m)	فيتامين
calorie (f)	so'ra ḥarāriya (f)	سعرة حراريّة
végétarien (m)	nabāty (m)	نباتي
végétarien (adj)	nabāty	نباتي
lipides (m pl)	dohūn (pl)	دهون
protéines (f pl)	brotenāt (pl)	بروتينات
glucides (m pl)	naʃawīāt (pl)	نشويّات
tranche (f)	ʃarīḥa (f)	شريحة
morceau (m)	'eṭ'a (f)	قطعة
miette (f)	fattāta (f)	فتاتة

52. Le dressage de la table

cuillère (f)	ma'la'a (f)	معلقة
couteau (m)	sekkīna (f)	سكّينة

fourchette (f)	ʃawka (f)	شوكة
tasse (f)	fengān (m)	فنجان
assiette (f)	ṭaba' (m)	طبق
soucoupe (f)	ṭaba' fengān (m)	طبق فنجان
serviette (f)	mandīl wara' (m)	منديل ورق
cure-dent (m)	χallet senān (f)	خلة سنان

53. Le restaurant

restaurant (m)	maṭ'am (m)	مطعم
salon (m) de café	'ahwa (f), kaféih (m)	قهوة, كافيه
bar (m)	bār (m)	بار
salon (m) de thé	ṣalone ʃāy (m)	صالون شاي
serveur (m)	garsone (m)	جرسون
serveuse (f)	garsona (f)	جرسونة
barman (m)	bārman (m)	بارمان
carte (f)	qā'emet el ṭa'ām (f)	قائمة طعام
carte (f) des vins	qā'emet el χomūr (f)	قائمة خمور
réserver une table	ḥagaz sofra	حجز سفرة
plat (m)	wagba (f)	وجبة
commander (vt)	ṭalab	طلب
faire la commande	ṭalab	طلب
apéritif (m)	ʃarāb (m)	شراب
hors-d'œuvre (m)	moqabbelāt (pl)	مقبّلات
dessert (m)	ḥalawīāt (pl)	حلويّات
addition (f)	ḥesāb (m)	حساب
régler l'addition	dafa' el ḥesāb	دفع الحساب
rendre la monnaie	edda el bā'y	ادّي الباقي
pourboire (m)	ba'ʃīʃ (m)	بقشيش

La famille. Les parents. Les amis

54. Les données personnelles. Les formulaires

prénom (m)	esm (m)	اسم
nom (m) de famille	esm el 'a'ela (m)	اسم العائلة
date (f) de naissance	tarīχ el melād (m)	تاريخ الميلاد
lieu (m) de naissance	makān el melād (m)	مكان الميلاد
nationalité (f)	gensiya (f)	جنسيّة
domicile (m)	maqarr el eqāma (m)	مقرّ الإقامة
pays (m)	balad (m)	بلد
profession (f)	mehna (f)	مهنة
sexe (m)	ginss (m)	جنس
taille (f)	ṭūl (m)	طول
poids (m)	wazn (m)	وزن

55. La famille. Les liens de parenté

mère (f)	walda (f)	والدة
père (m)	wāled (m)	والد
fils (m)	walad (m)	ولد
fille (f)	bent (f)	بنت
fille (f) cadette	el bent el saɣīra (f)	البنت الصغيرة
fils (m) cadet	el ebn el saɣīr (m)	الابن الصغير
fille (f) aînée	el bent el kebīra (f)	البنت الكبيرة
fils (m) aîné	el ebn el kabīr (m)	الابن الكبير
frère (m)	aχ (m)	أخ
frère (m) aîné	el aχ el kibīr (m)	الأخ الكبير
frère (m) cadet	el aχ el ṣoɣeyyir (m)	الأخ الصغير
sœur (f)	oχt (f)	أخت
sœur (f) aînée	el uχt el kibīra (f)	الأخت الكبيرة
sœur (f) cadette	el uχt el ṣoɣeyyira (f)	الأخت الصغيرة
cousin (m)	ibn 'amm (m), ibn χāl (m)	إبن عمّ, إبن خال
cousine (f)	bint 'amm (f), bint χāl (f)	بنت عم, بنت خال
maman (f)	mama (f)	ماما
papa (m)	baba (m)	بابا
parents (m pl)	waldeyn (du)	والدين
enfant (m, f)	ṭefl (m)	طفل
enfants (pl)	aṭfāl (pl)	أطفال
grand-mère (f)	gedda (f)	جدّة
grand-père (m)	gadd (m)	جدّ
petit-fils (m)	ḥafīd (m)	حفيد

petite-fille (f)	ḥafīda (f)	حفيدة
petits-enfants (pl)	aḥfād (pl)	أحفاد

oncle (m)	ʿamm (m), χāl (m)	عمّ, خال
tante (f)	ʿamma (f), χāla (f)	عمة, خالة
neveu (m)	ibn el aχ (m), ibn el uχt (m)	إبن الأخ, إبن الأخت
nièce (f)	bint el aχ (f), bint el uχt (f)	بنت الأخ, بنت الأخت
belle-mère (f)	ḥamah (f)	حماة
beau-père (m)	ḥama (m)	حما
gendre (m)	goze el bent (m)	جوز البنت
belle-mère (f)	merāt el abb (f)	مرات الأب
beau-père (m)	goze el omm (m)	جوز الأم

nourrisson (m)	ṭefl raḍeeʿ (m)	طفل رضيع
bébé (m)	mawlūd (m)	موّلود
petit (m)	walad ṣaɣīr (m)	ولد صغير

femme (f)	goza (f)	جوزة
mari (m)	goze (m)	جوز
époux (m)	goze (m)	جوز
épouse (f)	goza (f)	جوزة

marié (adj)	metgawwez	متجوّز
mariée (adj)	metgawweza	متجوّزة
célibataire (adj)	aʿzab	أعزب
célibataire (m)	aʿzab (m)	أعزب
divorcé (adj)	moṭallaq (m)	مطلّق
veuve (f)	armala (f)	أرملة
veuf (m)	armal (m)	أرمل

parent (m)	ʾarīb (m)	قريب
parent (m) proche	nesīb ʾarīb (m)	نسيب قريب
parent (m) éloigné	nesīb beʿīd (m)	نسيب بعيد
parents (m pl)	aqāreb (pl)	أقارب

orphelin (m), orpheline (f)	yatīm (m)	يتيم
tuteur (m)	walyī amr (m)	وليّ أمر
adopter (un garçon)	tabanna	تبنّى
adopter (une fille)	tabanna	تبنّى

56. Les amis. Les collègues

ami (m)	ṣadīq (m)	صديق
amie (f)	ṣadīqa (f)	صديقة
amitié (f)	ṣadāqa (f)	صداقة
être ami	ṣādaq	صادق

copain (m)	ṣāḥeb (m)	صاحب
copine (f)	ṣaḥba (f)	صاحبة
partenaire (m)	rafīʾ (m)	رفيق

chef (m)	raʾīs (m)	رئيس
supérieur (m)	el arfaʿ maqāman (m)	الأرفع مقاماً
propriétaire (m)	ṣāḥib (m)	صاحب

subordonné (m)	tābeʿ (m)	تابع
collègue (m, f)	zamīl (m)	زميل
connaissance (f)	maʿrefa (m)	معرفة
compagnon (m) de route	rafīʾ safar (m)	رفيق سفر
copain (m) de classe	zamīl fel ṣaff (m)	زميل في الصفّ
voisin (m)	gār (m)	جار
voisine (f)	gāra (f)	جارة
voisins (m pl)	gerān (pl)	جيران

57. L'homme. La femme

femme (f)	set (f)	ست
jeune fille (f)	bent (f)	بنت
fiancée (f)	ʿarūsa (f)	عروسة
belle (adj)	gamīla	جميلة
de grande taille	ṭawīla	طويلة
svelte (adj)	raʃīqa	رشيقة
de petite taille	ʾaṣīra	قصيرة
blonde (f)	ʃaʾra (f)	شقراء
brune (f)	zāt al ʃaʿr el dāken (f)	ذات الشعر الداكن
de femme (adj)	sayedāt	سيّدات
vierge (f)	ʿazrāʾ (f)	عذراء
enceinte (adj)	ḥāmel	حامل
homme (m)	rāgel (m)	راجل
blond (m)	aʃʾar (m)	أشقر
brun (m)	zu el ʃaʿr el dāken (m)	ذو الشعر الداكن
de grande taille	ṭawīl	طويل
de petite taille	ʾaṣīr	قصير
rude (adj)	waqeḥ	وقح
trapu (adj)	malyān	مليان
robuste (adj)	matīn	متين
fort (adj)	ʾawy	قوّي
force (f)	ʾowwa (f)	قوّة
gros (adj)	teχīn	تخين
basané (adj)	asmar	أسمر
svelte (adj)	raʃīq	رشيق
élégant (adj)	anīq	أنيق

58. L'age

âge (m)	ʿomr (m)	عمر
jeunesse (f)	ʃabāb (m)	شباب
jeune (adj)	ʃāb	شاب
plus jeune (adj)	aṣɣar	أصغر

plus âgé (adj)	akbar	أكبر
jeune homme (m)	ʃāb (m)	شاب
adolescent (m)	morāheq (m)	مراهق
gars (m)	ʃāb (m)	شاب
vieillard (m)	ʻagūz (m)	عجوز
vieille femme (f)	ʻagūza (f)	عجوزة
adulte (m)	rāʃed (m)	راشد
d'âge moyen (adj)	fe montaṣaf el ʻomr	في منتصف العمر
âgé (adj)	ʻagūz	عجوز
vieux (adj)	ʻagūz	عجوز
retraite (f)	maʻāʃ (m)	معاش
prendre sa retraite	oḥīl ʻala el maʻāʃ	أحيل على المعاش
retraité (m)	motaqāʻed (m)	متقاعد

59. Les enfants. Les adolescents

enfant (m, f)	ṭefl (m)	طفل
enfants (pl)	aṭfāl (pl)	أطفال
jumeaux (m pl)	taw'am (du)	تواْم
berceau (m)	mahd (m)	مهد
hochet (m)	χoʃχeyʃa (f)	خشخيشة
couche (f)	bambarz, ḥaffāḍ (m)	بامبرز, حفاض
tétine (f)	bazzāza (f)	بزّازة
poussette (m)	ʻarabet aṭfāl (f)	عربة أطفال
école (f) maternelle	rawḍet aṭfāl (f)	روضة أطفال
baby-sitter (m, f)	dāda (f)	دادة
enfance (f)	ṭofūla (f)	طفولة
poupée (f)	ʻarūsa (f)	عروسة
jouet (m)	leʻba (f)	لعبة
jeu (m) de construction	mokaʻʻabāt (pl)	مكعّبات
bien élevé (adj)	mo'addab	مؤدّب
mal élevé (adj)	'alīl el adab	قليل الأدب
gâté (adj)	metdallaʻ	متدلّع
faire le vilain	ʃefy	شقي
vilain (adj)	laʻūb	لعوب
espièglerie (f)	ezʻāg (m)	إزعاج
vilain (m)	ṭefl laʻūb (m)	طفل لعوب
obéissant (adj)	moṭeeʻ	مطيع
désobéissant (adj)	ʻāq	عاق
sage (adj)	ʻā'el	عاقل
intelligent (adj)	zaky	ذكي
l'enfant prodige	ṭefl moʻgeza (m)	طفل معجزة

60. Les couples mariés. La vie de famille

embrasser (sur les lèvres)	bās	باس
s'embrasser (vp)	bās	باس
famille (f)	'eyla (f)	عيلة
familial (adj)	'ā'ely	عائلي
couple (m)	gozeyn (du)	جوزين
mariage (m) (~ civil)	gawāz (m)	جواز
foyer (m) familial	beyt (m)	بيت
dynastie (f)	solāla ḥākema (f)	سلالة حاكمة
rendez-vous (m)	maw'ed (m)	موّعد
baiser (m)	bosa (f)	بوسة
amour (m)	ḥobb (m)	حبّ
aimer (qn)	ḥabb	حبّ
aimé (adj)	ḥabīb	حبيب
tendresse (f)	ḥanān (m)	حنان
tendre (affectueux)	ḥanūn	حنون
fidélité (f)	el eχlāṣ (m)	الإخلاص
fidèle (adj)	moχleṣ	مخلص
soin (m) (~ de qn)	'enāya (f)	عناية
attentionné (adj)	mohtamm	مهتمّ
jeunes mariés (pl)	'arūseyn (du)	عروسين
lune (f) de miel	ʃahr el 'asal (m)	شهر العسل
se marier (prendre pour époux)	tagawwaz	تجوّز
se marier (prendre pour épouse)	tagawwaz	تجوّز
mariage (m)	faraḥ (m)	فرح
les noces d'or	el zekra el χamsīn lel gawāz (f)	الذكرى الخمسين للجواز
anniversaire (m)	zekra sanawiya (f)	ذكرى سنوية
amant (m)	ḥabīb (m)	حبيب
maîtresse (f)	ḥabība (f)	حبيبة
adultère (m)	χeyāna zawgiya (f)	خيانة زوّجية
commettre l'adultère	χān	خان
jaloux (adj)	ɣayūr	غيّور
être jaloux	ɣār	غار
divorce (m)	ṭalā' (m)	طلاق
divorcer (vi)	ṭalla'	طلّق
se disputer (vp)	etχāne'	إتخانق
se réconcilier (vp)	taṣālaḥ	تصالح
ensemble (adv)	ma' ba'ḍ	مع بعض
sexe (m)	ginss (m)	جنس
bonheur (m)	sa'āda (f)	سعادة
heureux (adj)	sa'īd	سعيد
malheur (m)	moṣība (m)	مصيبة
malheureux (adj)	ta'īs	تعيس

Le caractère. Les émotions

61. Les sentiments. Les émotions

sentiment (m)	ʃoʿūr (m)	شعور
sentiments (m pl)	maʃāʿer (pl)	مشاعر
sentir (vt)	ʃaʿar	شعر
faim (f)	gūʿ (m)	جوع
avoir faim	ʿāyez ʾākol	عايز آكل
soif (f)	ʿaṭaʃ (m)	عطش
avoir soif	ʿāyez aʃrab	عايز أشرب
somnolence (f)	neʿās (m)	نعاس
avoir sommeil	neʿes	نعس
fatigue (f)	taʿab (m)	تعب
fatigué (adj)	taʿbān	تعبان
être fatigué	teʿeb	تعب
humeur (f) (de bonne ~)	mazāg (m)	مزاج
ennui (m)	malal (m)	ملل
s'ennuyer (vp)	zeheʾ	زهق
solitude (f)	ʿozla (f)	عزلة
s'isoler (vp)	ʿazal	عزل
inquiéter (vt)	aʾlaʾ	أقلق
s'inquiéter (vp)	ʾeleʾ	قلق
inquiétude (f)	ʾalaʾ (m)	قلق
préoccupation (f)	ʾalaʾ (m)	قلق
soucieux (adj)	maʃɣūl el bāl	مشغول البال
s'énerver (vp)	etwattar	إتوّتر
paniquer (vi)	etχaḍḍ	إتخضّ
espoir (m)	amal (m)	أمل
espérer (vi)	tamanna	تمنّى
certitude (f)	yaqīn (m)	يقين
certain (adj)	motaʾakked	متأكّد
incertitude (f)	ʿadam el taʾakkod (m)	عدم التأكّد
incertain (adj)	meʃ motaʾakked	مش متأكّد
ivre (adj)	sakrān	سكران
sobre (adj)	ṣāḥy	صاحي
faible (adj)	ḍaʿīf	ضعيف
heureux (adj)	saʿīd	سعيد
faire peur	χawwef	خوّف
fureur (f)	ɣaḍab ʃedīd (m)	غضب شديد
rage (f), colère (f)	ɣaḍab (m)	غضب
dépression (f)	ekteʾāb (m)	إكتئاب
inconfort (m)	ʿadam erteyāḥ (m)	عدم إرتياح

confort (m)	rāḥa (f)	راحة
regretter (vt)	nedem	ندم
regret (m)	nadam (m)	ندم
malchance (f)	sū' ḥaẓẓ (m)	سوء حظ
tristesse (f)	ḥozn (f)	حزن
honte (f)	χagal (m)	خجل
joie, allégresse (f)	faraḥ (m)	فرح
enthousiasme (m)	ḥamās (m)	حماس
enthousiaste (m)	motaḥammes (m)	متحمّس
avoir de l'enthousiasme	taḥammas	تحمّس

62. Le caractère. La personnalité

caractère (m)	ʃaχṣiya (f)	شخصية
défaut (m)	ʻeyb (m)	عيب
esprit (m), raison (f)	ʻa'l (m)	عقل
conscience (f)	ḍamīr (m)	ضمير
habitude (f)	ʻāda (f)	عادة
capacité (f)	qodra (f)	قدرة
savoir (faire qch)	ʻeref	عرف
patient (adj)	ṣabūr	صبور
impatient (adj)	'alīl el ṣabr	قليل الصبر
curieux (adj)	foḍūly	فضولي
curiosité (f)	foḍūl (m)	فضول
modestie (f)	tawāḍoʻ (m)	تواضع
modeste (adj)	motawāḍeʻ	متواضع
vaniteux (adj)	meʃ motawāḍeʻ	مش متواضع
paresse (f)	kasal (m)	كسل
paresseux (adj)	kaslān	كسلان
paresseux (m)	kaslān (m)	كسلان
astuce (f)	makr (m)	مكر
rusé (adj)	makkār	مكّار
méfiance (f)	ʻadam el seqa (m)	عدم الثقة
méfiant (adj)	ʃakkāk	شكّاك
générosité (f)	karam (m)	كرم
généreux (adj)	karīm	كريم
doué (adj)	mawhūb	موهوب
talent (m)	mawheba (f)	موهبة
courageux (adj)	ʃogāʻ	شجاع
courage (m)	ʃagāʻa (f)	شجاعة
honnête (adj)	amīn	أمين
honnêteté (f)	amāna (f)	أمانة
prudent (adj)	ḥazer	حذر
courageux (adj)	ʃogāʻ	شجاع
sérieux (adj)	gād	جاد

sévère (adj)	ṣārem	صارم
décidé (adj)	ḥāsem	حاسم
indécis (adj)	motaradded	متردّد
timide (adj)	χagūl	خجول
timidité (f)	χagal (m)	خجل
confiance (f)	seqa (f)	ثقة
croire (qn)	wasaq	وثق
confiant (adj)	saree' el taṣdīq	سريع التصديق
sincèrement (adv)	beṣarāḥa	بصراحة
sincère (adj)	moχleṣ	مخلص
sincérité (f)	eχlāṣ (m)	إخلاص
ouvert (adj)	ṣarīḥ	صريح
calme (adj)	hady	هادئ
franc (sincère)	ṣarīḥ	صريح
naïf (adj)	sāzeg	ساذج
distrait (adj)	ʃāred el fekr	شارد الفكر
drôle, amusant (adj)	moḍḥek	مضحك
avidité (f)	boχl (m)	بخل
avare (adj)	ṭammā'	طماع
radin (adj)	baχīl	بخيل
méchant (adj)	ʃerrīr	شرير
têtu (adj)	'anīd	عنيد
désagréable (adj)	karīh	كريه
égoïste (m)	anāny (m)	أناني
égoïste (adj)	anāny	أناني
peureux (m)	gabān (m)	جبان
peureux (adj)	gabān	جبان

63. Le sommeil. Les rêves

dormir (vi)	nām	نام
sommeil (m)	nome (m)	نوم
rêve (m)	ḥelm (m)	حلم
rêver (en dormant)	ḥelem	حلم
endormi (adj)	na'sān	نعسان
lit (m)	serīr (m)	سرير
matelas (m)	martaba (f)	مرتبة
couverture (f)	baṭṭaniya (f)	بطّانيّة
oreiller (m)	maχadda (f)	مخدّة
drap (m)	melāya (f)	ملاية
insomnie (f)	araq (m)	أرق
sans sommeil (adj)	bodūn nome	بدون نوم
somnifère (m)	monawwem (m)	منوّم
prendre un somnifère	aχad monawwem	اخد منوّم
avoir sommeil	ne'es	نعس
bâiller (vi)	ettāweb	إتّاوب

aller se coucher	rāḥ lel serīr	راح للسرير
faire le lit	waḍḍab el serīr	وضّب السرير
s'endormir (vp)	nām	نام
cauchemar (m)	kabūs (m)	كابوس
ronflement (m)	ʃexīr (m)	شخير
ronfler (vi)	ʃakxar	شخّر
réveil (m)	monabbeh (m)	منبّه
réveiller (vt)	ṣaḥḥa	صحّى
se réveiller (vp)	ṣeḥy	صحي
se lever (tôt, tard)	'ām	قام
se laver (le visage)	ɣasal	غسل

64. L'humour. Le rire. La joie

humour (m)	hezār (m)	هزار
sens (m) de l'humour	ḥess fokāhy (m)	حسّ فكاهي
s'amuser (vp)	estamta'	إستمتع
joyeux (adj)	farḥān	فرحان
joie, allégresse (f)	bahga (f)	بهجة
sourire (m)	ebtesāma (f)	إبتسامة
sourire (vi)	ebtasam	إبتسم
se mettre à rire	bada' yeḍḥak	بدأ يضحك
rire (vi)	ḍeḥek	ضحك
rire (m)	ḍeḥka (f)	ضحكة
anecdote (f)	ḥekāya (f)	حكاية
drôle, amusant (adj)	moḍḥek	مضحك
comique, ridicule (adj)	moḍḥek	مضحك
plaisanter (vi)	hazzar	هزّر
plaisanterie (f)	nokta (f)	نكتة
joie (f) (émotion)	sa'āda (f)	سعادة
se réjouir (vp)	mereḥ	مرح
joyeux (adj)	sa'īd	سعيد

65. Dialoguer et communiquer. Partie 1

communication (f)	tawāṣol (m)	تواصل
communiquer (vi)	tawāṣal	تواصل
conversation (f)	moḥadsa (f)	محادثة
dialogue (m)	ḥewār (m)	حوار
discussion (f) (débat)	mona'ʃa (f)	مناقشة
débat (m)	xelāf (m)	خلاف
discuter (vi)	xālef	خالف
interlocuteur (m)	muḥāwer (m)	محاوّر
sujet (m)	mawḍū' (m)	موضوع
point (m) de vue	weg-het naẓar (f)	وجهة نظر

opinion (f)	ra'yī (m)	رأي
discours (m)	χeṭāb (m)	خطاب
discussion (f) (d'un rapport)	mona'ʃa (f)	مناقشة
discuter (vt)	nā'eʃ	ناقش
conversation (f)	ḥadīs (m)	حديث
converser (vi)	dardeʃ	دردش
rencontre (f)	leqā' (m)	لقاء
se rencontrer (vp)	'ābel	قابل
proverbe (m)	masal (m)	مثل
dicton (m)	maqūla (f)	مقولة
devinette (f)	loɣz (m)	لغز
poser une devinette	toʃakkel loɣz	تشكّل لغز
mot (m) de passe	kelmet el morūr (f)	كلمة مرور
secret (m)	serr (m)	سِر
serment (m)	qasam (m)	قسم
jurer (de faire qch)	aqsam	أقسم
promesse (f)	wa'd (m)	وعد
promettre (vt)	wa'ad	وعد
conseil (m)	naṣīḥa (f)	نصيحة
conseiller (vt)	naṣaḥ	نصح
suivre le conseil (de qn)	tatabba' naṣīḥa	تتبّع نصيحة
écouter (~ ses parents)	aṭā'	أطاع
nouvelle (f)	aχbār (m)	أخبار
sensation (f)	ḍagga (f)	ضجّة
renseignements (m pl)	ma'lumāt (pl)	معلومات
conclusion (f)	estentāg (f)	إستنتاج
voix (f)	ṣote (m)	صوت
compliment (m)	madḥ (m)	مدح
aimable (adj)	laṭīf	لطيف
mot (m)	kelma (f)	كلمة
phrase (f)	'ebāra (f)	عبارة
réponse (f)	gawāb (m)	جواب
vérité (f)	ḥa'ī'a (f)	حقيقة
mensonge (m)	kezb (m)	كذب
pensée (f)	fekra (f)	فكرة
idée (f)	fekra (f)	فكرة
fantaisie (f)	χayāl (m)	خيال

66. Dialoguer et communiquer. Partie 2

respecté (adj)	moḥtaram	محترم
respecter (vt)	eḥtaram	إحترم
respect (m)	eḥterām (m)	إحترام
Cher ...	'azīzy ...	عزيزي...
présenter (faire connaître)	'arraf	عرّف
faire la connaissance	ta'arraf	تعرّف

intention (f)	niya (f)	نيّة
avoir l'intention	nawa	نوى
souhait (m)	omniya (f)	أمنية
souhaiter (vt)	tamanna	تمنّى
étonnement (m)	mofag'a (f)	مفاجأة
étonner (vt)	fāga'	فاجئ
s'étonner (vp)	etfāge'	إتفاجئ
donner (vt)	edda	أدّى
prendre (vt)	aχad	أخد
rendre (vt)	radd	ردّ
retourner (vt)	ragga'	رجّع
s'excuser (vp)	e'tazar	إعتذر
excuse (f)	e'tezār (m)	إعتذار
pardonner (vt)	'afa	عفا
parler (~ avec qn)	etkallem	إتكلّم
écouter (vt)	seme'	سمع
écouter jusqu'au bout	seme'	سمع
comprendre (vt)	fehem	فهم
montrer (vt)	'araḍ	عرض
regarder (vt)	baṣṣ	بصّ
appeler (vt)	nāda	نادى
distraire (déranger)	ʃaɣal	شغل
ennuyer (déranger)	az'ag	أزعج
passer (~ le message)	sallem	سلّم
prière (f) (demande)	ṭalab (m)	طلب
demander (vt)	ṭalab	طلب
exigence (f)	maṭlab (m)	مطلب
exiger (vt)	ṭāleb	طالب
taquiner (vt)	ɣāẓ	غاظ
se moquer (vp)	saχar	سخر
moquerie (f)	soχreya (f)	سخرية
surnom (m)	esm el ʃohra (m)	اسم الشهرة
allusion (f)	talmīḥ (m)	تلميح
faire allusion	lammaḥ	لمّح
sous-entendre (vt)	'aṣad	قصد
description (f)	waṣf (m)	وصف
décrire (vt)	waṣaf	وصف
éloge (m)	madḥ (m)	مدح
louer (vt)	madaḥ	مدح
déception (f)	χeybet amal (f)	خيبة أمل
décevoir (vt)	χayab	خيّب
être déçu	χābet 'āmalo	خابت آماله
supposition (f)	efterāḍ (m)	إفتراض
supposer (vt)	eftaraḍ	إفترض
avertissement (m)	taḥzīr (m)	تحذير
prévenir (vt)	ḥazzar	حذّر

67. Dialoguer et communiquer. Partie 3

convaincre (vt)	aqna'	أقنع
calmer (vt)	ṭam'an	طمأن
silence (m) (~ est d'or)	sokūt (m)	سكوت
rester silencieux	seket	سكت
chuchoter (vi, vt)	hamas	همس
chuchotement (m)	hamsa (f)	همسة
sincèrement (adv)	beṣarāḥa	بصراحة
à mon avis ...	fi ra'yi ...	... في رأيي
détail (m) (d'une histoire)	tafṣīl (m)	تفصيل
détaillé (adj)	mofaṣṣal	مفصّل
en détail (adv)	bel tafṣīl	بالتفصيل
indice (m)	talmīḥ (m)	تلميح
donner un indice	edda lamḥa	أدى لمحة
regard (m)	naẓra (f)	نظرة
jeter un coup d'oeil	alqa nazra	ألقى نظرة
fixe (un regard ~)	sābet	ثابت
clignoter (vi)	ramaʃ	رمش
cligner de l'oeil	ɣamaz	غمز
hocher la tête	haz rāso	هزّ رأسه
soupir (m)	tanhīda (f)	تنهيدة
soupirer (vi)	tanahhad	تنهّد
tressaillir (vi)	erta'aʃ	ارتعش
geste (m)	eʃāret yad (f)	إشارة يد
toucher (de la main)	lamas	لمس
saisir (par le bras)	mesek	مسك
taper (sur l'épaule)	ḥazz	حزّ
Attention!	χally bālak!	خللي بالك!
Vraiment?	fe'lan	فعلاً؟
Tu es sûr?	enta mota'akked?	أنت متأكّد؟
Bonne chance!	bel tawfī'!	بالتوفيق!
Compris!	wāḍeḥ!	واضح!
Dommage!	ya χesāra!	يا خسارة!

68. L'accord. Le refus

accord (m)	mowaf'a (f)	موافقة
être d'accord	wāfe'	وافق
approbation (f)	'obūl (m)	قبول
approuver (vt)	'abal	قبل
refus (m)	rafḍ (m)	رفض
se refuser (vp)	rafaḍ	رفض
Super!	'azīm!	عظيم!
Bon!	tamām!	تمام!

D'accord!	ettafa'na!	إتّفقنا!
interdit (adj)	mamnū'	ممنوع
c'est interdit	mamnū'	ممنوع
c'est impossible	mostaḥīl	مستحيل
incorrect (adj)	ɣeleṭ	غلط
décliner (vt)	rafaḍ	رفض
soutenir (vt)	ayed	أيّد
accepter (condition, etc.)	'abal	قبل
confirmer (vt)	akkad	أكّد
confirmation (f)	ta'kīd (m)	تأكيد
permission (f)	samāḥ (m)	سماح
permettre (vt)	samaḥ	سمح
décision (f)	qarār (m)	قرار
ne pas dire un mot	ṣamt	صمت
condition (f)	ʃarṭ (m)	شرط
excuse (f) (prétexte)	'ozr (m)	عذر
éloge (m)	madḥ (m)	مدح
louer (vt)	madaḥ	مدح

69. La réussite. La chance. L'échec

succès (m)	nagāḥ (m)	نجاح
avec succès (adv)	be nagāḥ	بنجاح
réussi (adj)	nāgeḥ	ناجح
chance (f)	ḥazz (m)	حظّ
Bonne chance!	bel tawfī'!	بالتوفيق!
de chance (jour ~)	maḥẓūẓ	محظوظ
chanceux (adj)	maḥẓūẓ	محظوظ
échec (m)	faʃal (m)	فشل
infortune (f)	sū' el ḥazz (m)	سوء الحظّ
malchance (f)	sū' el ḥazz (m)	سوء الحظّ
raté (adj)	ɣayr nāgeḥ	غير ناجح
catastrophe (f)	karsa (f)	كارثة
fierté (f)	faχr (m)	فخر
fier (adj)	faχūr	فخور
être fier	eftaχar	إفتخر
gagnant (m)	fā'ez (m)	فائز
gagner (vi)	fāz	فاز
perdre (vi)	χeser	خسر
tentative (f)	moḥawla (f)	محاولة
essayer (vt)	ḥāwel	حاول
chance (f)	forṣa (f)	فرصة

70. Les disputes. Les émotions négatives

cri (m)	ṣarχa (f)	صرخة
crier (vi)	ṣarraχ	صرّخ

se mettre à crier	ṣarraχ	صرّخ
dispute (f)	χenā'a (f)	خناقة
se disputer (vp)	etχāne'	إتخانق
scandale (m) (dispute)	χenā'a (f)	خناقة
faire un scandale	taʃāgar	تشاجر
conflit (m)	χelāf (m)	خلاف
malentendu (m)	sū' tafāhom (m)	سوء تفاهم
insulte (f)	ehāna (f)	إهانة
insulter (vt)	ahān	أهان
insulté (adj)	mohān	مهان
offense (f)	esteyā' (m)	إستياء
offenser (vt)	ahān	أهان
s'offenser (vp)	estā'	إستاء
indignation (f)	saχṭ (m)	سخط
s'indigner (vp)	estā'	إستاء
plainte (f)	ʃakwa (f)	شكوَى
se plaindre (vp)	ʃaka	شكا
excuse (f)	e'tezār (m)	إعتذار
s'excuser (vp)	e'tazar	إعتذر
demander pardon	e'tazar	إعتذر
critique (f)	naqd (m)	نقد
critiquer (vt)	naqad	نقد
accusation (f)	ettehām (m)	إتّهام
accuser (vt)	ettaham	إتّهم
vengeance (f)	enteqām (m)	إنتقام
se venger (vp)	entaqam	إنتقم
faire payer (qn)	radd	ردّ
mépris (m)	ezderā' (m)	إزدراء
mépriser (vt)	eḥtaqar	إحتقر
haine (f)	korh (f)	كره
haïr (vt)	kereh	كره
nerveux (adj)	'aṣaby	عصبي
s'énerver (vp)	etwattar	إتوتّر
fâché (adj)	ɣaḍbān	غضبان
fâcher (vt)	narfez	نرفز
humiliation (f)	ezlāl (m)	إذلال
humilier (vt)	zallel	ذلّل
s'humilier (vp)	tazallal	تذلّل
choc (m)	ṣadma (f)	صدمة
choquer (vt)	ṣadam	صدم
ennui (m) (problème)	moʃkela (f)	مشكلة
désagréable (adj)	karīh	كريه
peur (f)	χofe (m)	خوف
terrible (tempête, etc.)	ʃedīd	شديد
effrayant (histoire ~e)	moχīf	مخيف

horreur (f)	roʿb (m)	رعب
horrible (adj)	baʃeʿ	بشع
commencer à trembler	ertaʿaʃ	إرتعش
pleurer (vi)	baka	بكى
se mettre à pleurer	badaʾ yebky	بدأ يبكي
larme (f)	damaʿa (f)	دمعة
faute (f)	ɣalṭa (f)	غلطة
culpabilité (f)	zanb (m)	ذنب
déshonneur (m)	ʿār (m)	عار
protestation (f)	eḥtegāg (m)	إحتجاج
stress (m)	tawattor (m)	توتّر
déranger (vt)	azʿag	أزعج
être furieux	ɣeḍeb	غضب
en colère, fâché (adj)	ɣaḍbān	غضبان
rompre (relations)	anha	أنهى
réprimander (vt)	ʃatam	شتم
prendre peur	χāf	خاف
frapper (vt)	ḍarab	ضرب
se battre (vp)	χāneʾ	خانق
régler (~ un conflit)	sawwa	سوّى
mécontent (adj)	meʃ rāḍy	مش راضي
enragé (adj)	ɣaḍbān	غضبان
Ce n'est pas bien!	keda meʃ kwayes!	!كده مش كويّس
C'est mal!	keda weḥeʃ!	كده وحش!

La médecine

71. Les maladies

maladie (f)	marad̩ (m)	مرض
être malade	mered̩	مرض
santé (f)	ṣeḥḥa (f)	صحة
rhume (m) (coryza)	raʃ-ḥ fel anf (m)	رشح في الأنف
angine (f)	eltehāb el lawzateyn (m)	إلتهاب اللوزتين
refroidissement (m)	zokām (m)	زكام
prendre froid	gālo bard	جاله برد
bronchite (f)	eltehāb ʃoʿaby (m)	إلتهاب شعبيّ
pneumonie (f)	eltehāb raʾawy (m)	إلتهاب رئوي
grippe (f)	influenza (f)	إنفلونزا
myope (adj)	ʾaṣīr el naẓar	قصير النظر
presbyte (adj)	beʿīd el naẓar	بعيد النظر
strabisme (m)	ḥawal (m)	حوَل
strabique (adj)	aḥwal	أحوَل
cataracte (f)	katarakt (f)	كاتاراكت
glaucome (m)	glawkoma (f)	جلوكوما
insulte (f)	sakta (f)	سكتة
crise (f) cardiaque	azma ʾalbiya (f)	أزمة قلبية
infarctus (m) de myocarde	nawba ʾalbiya (f)	نوبة قلبية
paralysie (f)	ʃalal (m)	شلل
paralyser (vt)	ʃall	شلّ
allergie (f)	ḥasasiya (f)	حساسيّة
asthme (m)	rabw (m)	ربو
diabète (m)	dāʾ el sokkary (m)	داء السكّري
mal (m) de dents	alam asnān (m)	ألم الأسنان
carie (f)	naχr el asnān (m)	نخر الأسنان
diarrhée (f)	es-hāl (m)	إسهال
constipation (f)	emsāk (m)	إمساك
estomac (m) barbouillé	ed̩ṭrāb el meʿda (m)	إضطراب المعدة
intoxication (f) alimentaire	tasammom (m)	تسمم
être intoxiqué	etsammem	إتسمّم
arthrite (f)	eltehāb el mafāṣel (m)	إلتهاب المفاصل
rachitisme (m)	kosāḥ el aṭfāl (m)	كساح الأطفال
rhumatisme (m)	rheumatism (m)	روماتزم
athérosclérose (f)	taṣṣallob el ʃarayīn (m)	تصلّب الشرايين
gastrite (f)	eltehāb el meʿda (m)	إلتهاب المعدة
appendicite (f)	eltehāb el zayda el dūdiya (m)	إلتهاب الزائدة الدودية

cholécystite (f)	eltehāb el marāra (m)	إلتهاب المرارة
ulcère (m)	qorḥa (f)	قرحة
rougeole (f)	maraḍ el ḥaṣba (m)	مرض الحصبة
rubéole (f)	el ḥaṣba el almaniya (f)	الحصبة الألمانية
jaunisse (f)	yaraqān (m)	يرقان
hépatite (f)	eltehāb el kabed el vayrūsy (m)	إلتهاب الكبد الفيروسي
schizophrénie (f)	fuṣām (m)	فصام
rage (f) (hydrophobie)	dā' el kalb (m)	داء الكلب
névrose (f)	edṭrāb 'aṣaby (m)	إضطراب عصبي
commotion (f) cérébrale	ertegāg el moχ (m)	إرتجاج المخ
cancer (m)	saraṭān (m)	سرطان
sclérose (f)	taṣṣallob (m)	تصلّب
sclérose (f) en plaques	taṣṣallob mota'added (m)	تصلّب متعدّد
alcoolisme (m)	edmān el χamr (m)	إدمان الخمر
alcoolique (m)	modmen el χamr (m)	مدمن الخمر
syphilis (f)	syfilis el zehry (m)	سفلس الزهري
SIDA (m)	el eydz (m)	الايدز
tumeur (f)	waram (m)	ورم
maligne (adj)	χabīs	خبيث
bénigne (adj)	ḥamīd (m)	حميد
fièvre (f)	ḥomma (f)	حمّى
malaria (f)	malaria (f)	ملاريا
gangrène (f)	ɣanɣarīna (f)	غنغرينا
mal (m) de mer	dawār el baḥr (m)	دوار البحر
épilepsie (f)	maraḍ el ṣara' (m)	مرض الصرع
épidémie (f)	wabā' (m)	وباء
typhus (m)	tyfus (m)	تيفوس
tuberculose (f)	maraḍ el soll (m)	مرض السلّ
choléra (m)	kōlīra (f)	كوليرا
peste (f)	ṭa'ūn (m)	طاعون

72. Les symptômes. Le traitement. Partie 1

symptôme (m)	'araḍ (m)	عرض
température (f)	ḥarāra (f)	حرارة
fièvre (f)	ḥomma (f)	حمّى
pouls (m)	nabḍ (m)	نبض
vertige (m)	dawχa (f)	دوخة
chaud (adj)	soχn	سخن
frisson (m)	ra'ʃa (f)	رعشة
pâle (adj)	aṣfar	أصفر
toux (f)	koḥḥa (f)	كحّة
tousser (vi)	kaḥḥ	كحّ
éternuer (vi)	'aṭas	عطس

évanouissement (m)	dawχa (f)	دوخة
s'évanouir (vp)	oɣma ʿaleyh	أغمي عليه
bleu (m)	kadma (f)	كدمة
bosse (f)	tawarrom (m)	تورّم
se heurter (vp)	etχabaṭ	إتخبط
meurtrissure (f)	raḍḍa (f)	رضّة
se faire mal	etkadam	إتكدم
boiter (vi)	ʿarag	عرج
foulure (f)	χalʿ (m)	خلع
se démettre (l'épaule, etc.)	χalaʿ	خلع
fracture (f)	kasr (m)	كسر
avoir une fracture	enkasar	إنكسر
coupure (f)	garḥ (m)	جرح
se couper (~ le doigt)	garaḥ nafsoh	جرح نفسه
hémorragie (f)	nazīf (m)	نزيف
brûlure (f)	ḥarʾ (m)	حرق
se brûler (vp)	et-ḥaraʾ	إتحرق
se piquer (le doigt)	waχaz	وخز
se piquer (vp)	waχaz nafso	وخز نفسه
blesser (vt)	aṣāb	أصاب
blessure (f)	eṣāba (f)	إصابة
plaie (f) (blessure)	garḥ (m)	جرح
trauma (m)	ṣadma (f)	صدمة
délirer (vi)	haza	هذى
bégayer (vi)	talaʿsam	تلعثم
insolation (f)	ḍarabet ʃams (f)	ضربة شمس

73. Les symptômes. Le traitement. Partie 2

douleur (f)	alam (m)	ألم
écharde (f)	ʃazya (f)	شظية
sueur (f)	ʿerʾ (m)	عرق
suer (vi)	ʿereʾ	عرق
vomissement (m)	targeeʿ (m)	ترجيع
spasmes (m pl)	taʃonnogāt (pl)	تشنّجات
enceinte (adj)	ḥāmel	حامل
naître (vi)	etwalad	اتولّد
accouchement (m)	welāda (f)	ولادة
accoucher (vi)	walad	ولد
avortement (m)	eg-hāḍ (m)	إجهاض
respiration (f)	tanaffos (m)	تنفّس
inhalation (f)	estenʃāq (m)	إستنشاق
expiration (f)	zafīr (m)	زفير
expirer (vi)	zafar	زفر
inspirer (vi)	estanʃaq	إستنشق

invalide (m)	mo'āq (m)	معاق
handicapé (m)	moq'ad (m)	مقعد
drogué (m)	modmen moχaddarāt (m)	مدمن مخدّرات
sourd (adj)	aṭraʃ	أطرش
muet (adj)	aχras	أخرس
sourd-muet (adj)	aṭraʃ aχras	أطرش أخرس
fou (adj)	magnūn (m)	مجنون
fou (m)	magnūn (m)	مجنون
folle (f)	magnūna (f)	مجنونة
devenir fou	etgannen	اتجنّن
gène (m)	ʒīn (m)	جين
immunité (f)	manā'a (f)	مناعة
héréditaire (adj)	werāsy	وراثي
congénital (adj)	χolqy men el welāda	خلقي من الولادة
virus (m)	virūs (m)	فيروس
microbe (m)	mikrūb (m)	ميكروب
bactérie (f)	garsūma (f)	جرثومة
infection (f)	'adwa (f)	عدوى

74. Les symptômes. Le traitement. Partie 3

hôpital (m)	mostaʃfa (m)	مستشفى
patient (m)	marīḍ (m)	مريض
diagnostic (m)	taʃχīṣ (m)	تشخيص
cure (f) (faire une ~)	ʃefā' (m)	شفاء
traitement (m)	'elāg ṭebby (m)	علاج طبي
se faire soigner	et'āleg	اتعالج
traiter (un patient)	'ālag	عالج
soigner (un malade)	marraḍ	مرّض
soins (m pl)	'enāya (f)	عناية
opération (f)	'amaliya grāḥiya (f)	عمليّة جراحية
panser (vt)	ḍammad	ضمّد
pansement (m)	taḍmīd (m)	تضميد
vaccination (f)	talqīḥ (m)	تلقيح
vacciner (vt)	laqqaḥ	لقّح
piqûre (f)	ḥo'na (f)	حقنة
faire une piqûre	ḥa'an ebra	حقن إبرة
crise, attaque (f)	nawba (f)	نوبة
amputation (f)	batr (m)	بتر
amputer (vt)	batr	بتر
coma (m)	ɣaybūba (f)	غيبوبة
être dans le coma	kān fi ḥālet ɣaybūba	كان في حالة غيبوبة
réanimation (f)	el 'enāya el morakkaza (f)	العناية المركّزة
se rétablir (vp)	ʃefy	شفي
état (m) (de santé)	ḥāla (f)	حالة

conscience (f)	waʿy (m)	وعي
mémoire (f)	zākera (f)	ذاكرة
arracher (une dent)	χalaʿ	خلع
plombage (m)	ḥaʃww (m)	حشو
plomber (vt)	ḥaʃa	حشا
hypnose (f)	el tanwīm el meɣnaṭīsy (m)	التنويم المغناطيسي
hypnotiser (vt)	nawwem	نوّم

75. Les médecins

médecin (m)	doktore (m)	دكتور
infirmière (f)	momarreḍa (f)	ممرّضة
médecin (m) personnel	doktore ʃaχṣy (m)	دكتور شخصي
dentiste (m)	doktore asnān (m)	دكتور أسنان
ophtalmologiste (m)	doktore el ʿoyūn (m)	دكتور العيون
généraliste (m)	ṭabīb baṭna (m)	طبيب باطنة
chirurgien (m)	garrāḥ (m)	جرّاح
psychiatre (m)	doktore nafsāny (m)	دكتور نفساني
pédiatre (m)	doktore aṭfāl (m)	دكتور أطفال
psychologue (m)	aχeṣāʾy ʿelm el nafs (m)	أخصائي علم النفس
gynécologue (m)	doktore nesa (m)	دكتور نسا
cardiologue (m)	doktore ʾalb (m)	دكتور قلب

76. Les médicaments. Les accessoires

médicament (m)	dawāʾ (m)	دواء
remède (m)	ʿelāg (m)	علاج
prescrire (vt)	waṣaf	وصف
ordonnance (f)	waṣfa (f)	وصفة
comprimé (m)	ʾorṣ (m)	قرص
onguent (m)	marham (m)	مرهم
ampoule (f)	ambūla (f)	أمبولة
mixture (f)	dawāʾ ʃorb (m)	دواء شراب
sirop (m)	ʃarāb (m)	شراب
pilule (f)	ḥabba (f)	حبّة
poudre (f)	zorūr (m)	ذرور
bande (f)	ḍammāda ʃāʃ (f)	ضمادة شاش
coton (m) (ouate)	ʾoṭn (m)	قطن
iode (m)	yūd (m)	يود
sparadrap (m)	blaster (m)	بلاستر
compte-gouttes (m)	ʾaṭṭāra (f)	قطّارة
thermomètre (m)	termometr (m)	ترمومتر
seringue (f)	serennga (f)	سرنّجة
fauteuil (m) roulant	korsy motaḥarrek (m)	كرسي متحرك
béquilles (f pl)	ʿokkāz (m)	عكّاز

anesthésique (m)	mosakken (m)	مسكّن
purgatif (m)	molayen (m)	مليّن
alcool (m)	etanol (m)	إيثانول
herbe (f) médicinale	a'ʃāb ṭebbiya (pl)	أعشاب طبّية
d'herbes (adj)	'oʃby	عشبي

77. Le tabac et ses produits dérivés

tabac (m)	tabɣ (m)	تبغ
cigarette (f)	segāra (f)	سيجارة
cigare (f)	segār (m)	سيجار
pipe (f)	ɣelyone (m)	غليون
paquet (m)	'elba (f)	علبة
allumettes (f pl)	kebrīt (m)	كبريت
boîte (f) d'allumettes	'elbet kebrīt (f)	علبة كبريت
briquet (m)	wallā'a (f)	ولّاعة
cendrier (m)	ṭa'ṭū'a (f)	طقطوقة
étui (m) à cigarettes	'elbet sagāyer (f)	علبة سجائر
fume-cigarette (m)	ḥamelet segāra (f)	حاملة سيجارة
filtre (m)	filter (m)	فلتر
fumer (vi, vt)	dakχen	دخّن
allumer une cigarette	walla' segāra	ولّع سيجارة
tabagisme (m)	tadχīn (m)	تدخين
fumeur (m)	modakχen (m)	مدخّن
mégot (m)	'aqab segāra (m)	عقب سيجارة
fumée (f)	dokχān (m)	دخّان
cendre (f)	ramād (m)	رماد

L'HABITAT HUMAIN

La ville

78. La ville. La vie urbaine

ville (f)	madīna (f)	مدينة
capitale (f)	'āṣema (f)	عاصمة
village (m)	qarya (f)	قرية
plan (m) de la ville	χarīṭet el madinah (f)	خريطة المدينة
centre-ville (m)	wesṭ el balad (m)	وسط البلد
banlieue (f)	ḍāḥeya (f)	ضاحية
de banlieue (adj)	el ḍawāḥy	الضواحي
périphérie (f)	aṭrāf el madīna (pl)	أطراف المدينة
alentours (m pl)	ḍawāḥy el madīna (pl)	ضواحي المدينة
quartier (m)	ḥayī (m)	حي
quartier (m) résidentiel	ḥayī sakany (m)	حي سكني
trafic (m)	ḥaraket el morūr (f)	حركة المرور
feux (m pl) de circulation	eʃārāt el morūr (pl)	إشارات المرور
transport (m) urbain	wasā'el el na'l (pl)	وسائل النقل
carrefour (m)	taqāṭo' (m)	تقاطع
passage (m) piéton	ma'bar (m)	معبر
passage (m) souterrain	nafa' moʃāh (m)	نفق مشاه
traverser (vt)	'abar	عبر
piéton (m)	māʃy (m)	ماشي
trottoir (m)	raṣīf (m)	رصيف
pont (m)	kobry (m)	كبري
quai (m)	korneyʃ (m)	كورنيش
fontaine (f)	nafūra (f)	نافورة
allée (f)	mamʃa (m)	ممشى
parc (m)	ḥadīqa (f)	حديقة
boulevard (m)	bolvār (m)	بولفار
place (f)	medān (m)	ميدان
avenue (f)	ʃāre' (m)	شارع
rue (f)	ʃāre' (m)	شارع
ruelle (f)	zo'ā' (m)	زقاق
impasse (f)	ṭarī' masdūd (m)	طريق مسدود
maison (f)	beyt (m)	بيت
édifice (m)	mabna (m)	مبنى
gratte-ciel (m)	nāṭeḥet sahāb (f)	ناطحة سحاب
façade (f)	waɣa (f)	واجهة
toit (m)	sa'f (m)	سقف

fenêtre (f)	ʃebbāk (m)	شبّاك
arc (m)	qose (m)	قوس
colonne (f)	ʻamūd (m)	عمود
coin (m)	zawya (f)	زاوية
vitrine (f)	vatrīna (f)	فترينة
enseigne (f)	yafṭa, lāfeta (f)	لافتة, يافطة
affiche (f)	boster (m)	بوستر
affiche (f) publicitaire	boster eʻlān (m)	بوستر إعلان
panneau-réclame (m)	lawḥet eʻlanāt (f)	لوحة إعلانات
ordures (f pl)	zebāla (f)	زبالة
poubelle (f)	ṣandū' zebāla (m)	صندوق زبالة
jeter à terre	rama zebāla	رمى زبالة
décharge (f)	mazbala (f)	مزبلة
cabine (f) téléphonique	koʃk telefōn (m)	كشك تليفون
réverbère (m)	ʻamūd nūr (m)	عمود نور
banc (m)	korsy (m)	كرسي
policier (m)	ʃorṭy (m)	شرطي
police (f)	ʃorṭa (f)	شرطة
clochard (m)	ʃaḥḥāt (m)	شحّات
sans-abri (m)	motaʃarred (m)	متشرّد

79. Les institutions urbaines

magasin (m)	maḥal (m)	محل
pharmacie (f)	ṣaydaliya (f)	صيدليّة
opticien (m)	maḥal naḍḍārāt (m)	محل نضّارات
centre (m) commercial	mole (m)	مول
supermarché (m)	subermarket (m)	سوبرماركت
boulangerie (f)	maχbaz (m)	مخبز
boulanger (m)	χabbāz (m)	خبّاز
pâtisserie (f)	ḥalawāny (m)	حلواني
épicerie (f)	ba''āla (f)	بقّالة
boucherie (f)	gezāra (f)	جزارة
magasin (m) de légumes	dokkān χoḍār (m)	دكّان خضار
marché (m)	sū' (f)	سوق
salon (m) de café	'ahwa (f), kaféih (m)	قهوة, كافيه
restaurant (m)	maṭʻam (m)	مطعم
brasserie (f)	bār (m)	بار
pizzeria (f)	maḥal pizza (m)	محل بيتزا
salon (m) de coiffure	ṣalone ḥelā'a (m)	صالون حلاقة
poste (f)	maktab el barīd (m)	مكتب البريد
pressing (m)	dray klīn (m)	دراي كلين
atelier (m) de photo	estudio taṣwīr (m)	إستوديو تصوير
magasin (m) de chaussures	maḥal gezam (m)	محل جزم
librairie (f)	maḥal kotob (m)	محل كتب

magasin (m) d'articles de sport	maḥal mostalzamāt reyaḍiya (m)	محل مستلزمات رياضية
atelier (m) de retouche	maḥal χeyāṭet malābes (m)	محل خياطة ملابس
location (f) de vêtements	ta'gīr malābes rasmiya (m)	تأجير ملابس رسمية
location (f) de films	maḥal ta'gīr video (m)	محل تأجير فيديو
cirque (m)	serk (m)	سيرك
zoo (m)	ḥadīqet el ḥayawān (f)	حديقة حيوان
cinéma (m)	sinema (f)	سينما
musée (m)	mat-ḥaf (m)	متحف
bibliothèque (f)	maktaba (f)	مكتبة
théâtre (m)	masraḥ (m)	مسرح
opéra (m)	obra (f)	أوبرا
boîte (f) de nuit	malha leyly (m)	ملهى ليّلي
casino (m)	kazino (m)	كازينو
mosquée (f)	masged (m)	مسجد
synagogue (f)	kenīs (m)	كنيس
cathédrale (f)	katedra'iya (f)	كاتدرائية
temple (m)	ma'bad (m)	معبد
église (f)	kenīsa (f)	كنيسة
institut (m)	kolliya (m)	كليّة
université (f)	gam'a (f)	جامعة
école (f)	madrasa (f)	مدرسة
préfecture (f)	moqaṭ'a (f)	مقاطعة
mairie (f)	baladiya (f)	بلديّة
hôtel (m)	fondo' (m)	فندق
banque (f)	bank (m)	بنك
ambassade (f)	safāra (f)	سفارة
agence (f) de voyages	ʃerket seyāḥa (f)	شركة سياحة
bureau (m) d'information	maktab el este'lāmāt (m)	مكتب الإستعلامات
bureau (m) de change	ṣarrāfa (f)	صرّافة
métro (m)	metro (m)	مترو
hôpital (m)	mostaʃfa (m)	مستشفى
station-service (f)	maḥaṭṭet banzīn (f)	محطّة بنزين
parking (m)	maw'ef el 'arabeyāt (m)	موقف العربيات

80. Les enseignes. Les panneaux

enseigne (f)	yafṭa, lāfeta (f)	لافتة, يافطة
pancarte (f)	bayān (m)	بيان
poster (m)	boster (m)	بوستر
indicateur (m) de direction	'alāmet (f)	علامة إتجاه
flèche (f)	'alāmet eʃāra (f)	علامة إشارة
avertissement (m)	taḥzīr (m)	تحذير
panneau d'avertissement	lāfetat taḥzīr (f)	لافتة تحذير
avertir (vt)	ḥazzar	حذّر

jour (m) de repos	yome ʿoṭla (m)	يوم عطلة
horaire (m)	gadwal (m)	جدوَل
heures (f pl) d'ouverture	aw'āt el ʿamal (pl)	أوقات العمل
BIENVENUE!	ahlan w sahlan!	أهلاً وسهلا!
ENTRÉE	doχūl	دخول
SORTIE	χorūg	خروج
POUSSER	edfaʿ	إدفع
TIRER	es-ḥab	إسحب
OUVERT	maftūḥ	مفتوح
FERMÉ	moɣlaq	مغلق
FEMMES	lel sayedāt	للسيدات
HOMMES	lel regāl	للرجال
RABAIS	χoṣomāt	خصومات
SOLDES	taχfeḍāt	تخفيضات
NOUVEAU!	gedīd!	جديد!
GRATUIT	maggānan	مجّاناً
ATTENTION!	entebāh!	إنتباه!
COMPLET	koll el amāken maḥgūza	كلّ الأماكن محجوزة
RÉSERVÉ	maḥgūz	محجوز
ADMINISTRATION	edāra	إدارة
RÉSERVÉ AU PERSONNEL	lel ʿamelīn faqaṭ	للعاملين فقط
ATTENTION CHIEN MÉCHANT	eḥzar wogūd kalb	إحذر وجود الكلب
DÉFENSE DE FUMER	mamnūʿ el tadχīn	ممنوع التدخين
PRIÈRE DE NE PAS TOUCHER	ʿadam el lams	عدم اللمس
DANGEREUX	χaṭīr	خطير
DANGER	χaṭar	خطر
HAUTE TENSION	tayār ʿāly	تيّار عالي
BAIGNADE INTERDITE	el sebāḥa mamnūʿa	السباحة ممنوعة
HORS SERVICE	moʿaṭṭal	معطّل
INFLAMMABLE	sareeʿ el eʃteʿāl	سريع الإشتعال
INTERDIT	mamnūʿ	ممنوع
PASSAGE INTERDIT	mamnūʿ el morūr	ممنوع المرور
PEINTURE FRAÎCHE	eḥzar ṭelā' ɣayr gāf	احذر طلاء غير جاف

81. Les transports en commun

autobus (m)	buṣ (m)	باص
tramway (m)	trām (m)	ترام
trolleybus (m)	trolly buṣ (m)	ترولي باص
itinéraire (m)	χaṭṭ (m)	خطّ
numéro (m)	raqam (m)	رقم
prendre ...	rāḥ be ...	راح بـ ...
monter (dans l'autobus)	rekeb	ركب

descendre de ...	nezel men	نزل من
arrêt (m)	maw'af (m)	موقف
arrêt (m) prochain	el maḥaṭṭa el gaya (f)	المحطة الجايّة
terminus (m)	'āχer maw'af (m)	آخر موقف
horaire (m)	gadwal (m)	جدوّل
attendre (vt)	estanna	إستنّى
ticket (m)	tazkara (f)	تذكرة
prix (m) du ticket	ogra (f)	أجرة
caissier (m)	kaʃier (m)	كاشيير
contrôle (m) des tickets	taftīʃ el tazāker (m)	تفتيش التذاكر
contrôleur (m)	mofatteʃ tazāker (m)	مفتّش تذاكر
être en retard	met'akχer	متأخّر
rater (~ le train)	ta'akχar	تأخّر
se dépêcher	mesta'gel	مستعجل
taxi (m)	taksi (m)	تاكسي
chauffeur (m) de taxi	sawwā' taksi (m)	سوّاق تاكسي
en taxi	bel taksi	بالتاكسي
arrêt (m) de taxi	maw'ef taksi (m)	موقف تاكسي
appeler un taxi	kallem taksi	كلّم تاكسي
prendre un taxi	aχad taksi	أخد تاكسي
trafic (m)	ḥaraket el morūr (f)	حركة المرور
embouteillage (m)	zaḥmet el morūr (f)	زحمة المرور
heures (f pl) de pointe	sā'et el zorwa (f)	ساعة الذروة
se garer (vp)	rakan	ركن
garer (vt)	rakan	ركن
parking (m)	maw'ef el 'arabeyāt (m)	موقف العربيات
métro (m)	metro (m)	مترو
station (f)	maḥaṭṭa (f)	محطة
prendre le métro	aχad el metro	أخد المترو
train (m)	qeṭār, 'aṭṭr (m)	قطار
gare (f)	maḥaṭṭet qeṭār (f)	محطة قطار

82. Le tourisme

monument (m)	temsāl (m)	تمثال
forteresse (f)	'al'a (f)	قلعة
palais (m)	'aṣr (m)	قصر
château (m)	'al'a (f)	قلعة
tour (f)	borg (m)	برج
mausolée (m)	ḍarīḥ (m)	ضريح
architecture (f)	handasa me'māriya (f)	هندسة معمارية
médiéval (adj)	men el qorūn el wosṭa	من القرون الوسطى
ancien (adj)	'atīq	عتيق
national (adj)	waṭany	وطني
connu (adj)	maʃ-hūr	مشهور
touriste (m)	sā'eh (m)	سائح
guide (m) (personne)	morʃed (m)	مرشد

excursion (f)	gawla (f)	جولة
montrer (vt)	warra	ورّى
raconter (une histoire)	'āl	قال
trouver (vt)	la'a	لقى
se perdre (vp)	ḍā'	ضاع
plan (m) (du metro, etc.)	χarīṭa (f)	خريطة
carte (f) (de la ville, etc.)	χarīṭa (f)	خريطة
souvenir (m)	tezkār (m)	تذكار
boutique (f) de souvenirs	maḥal hadāya (m)	محل هدايا
prendre en photo	ṣawwar	صوّر
se faire prendre en photo	etṣawwar	إتصوّر

83. Le shopping

acheter (vt)	eʃtara	إشترى
achat (m)	ḥāga (f)	حاجة
faire des achats	eʃtara	إشترى
shopping (m)	ʃobbing (m)	شوبينج
être ouvert	maftūḥ	مفتوح
être fermé	moɣlaq	مغلق
chaussures (f pl)	gezam (pl)	جزم
vêtement (m)	malābes (pl)	ملابس
produits (m pl) de beauté	mawād tagmīl (pl)	مواد تجميل
produits (m pl) alimentaires	akl (m)	أكل
cadeau (m)	hediya (f)	هديّة
vendeur (m)	bayā' (m)	بيّاع
vendeuse (f)	bayā'a (f)	بيّاعة
caisse (f)	ṣandū' el daf' (m)	صندوق الدفع
miroir (m)	merāya (f)	مراية
comptoir (m)	manḍada (f)	منضدة
cabine (f) d'essayage	ɣorfet el 'eyās (f)	غرفة القياس
essayer (robe, etc.)	garrab	جرّب
aller bien (robe, etc.)	nāseb	ناسب
plaire (être apprécié)	'agab	عجب
prix (m)	se'r (m)	سعر
étiquette (f) de prix	tiket el se'r (m)	تيكت السعر
coûter (vt)	kallef	كلّف
Combien?	bekām?	بكام؟
rabais (m)	χaṣm (m)	خصم
pas cher (adj)	meʃ ɣāly	مش غالي
bon marché (adj)	reχīṣ	رخيص
cher (adj)	ɣāly	غالي
C'est cher	da ɣāly	ده غالي
location (f)	este'gār (m)	إستئجار
louer (une voiture, etc.)	est'gar	إستأجر

crédit (m)	e'temān (m)	إئتمان
à crédit (adv)	bel ta'seeṭ	بالتقسيط

84. L'argent

argent (m)	folūs (pl)	فلوس
échange (m)	taḥwīl 'omla (m)	تحويل عملة
cours (m) de change	se'r el ṣarf (m)	سعر الصرف
distributeur (m)	makinet ṣarrāf 'āly (f)	ماكينة صرّاف آلي
monnaie (f)	'erʃ (m)	قرش
dollar (m)	dolār (m)	دولار
euro (m)	yoro (m)	يورو
lire (f)	lira (f)	ليرة
mark (m) allemand	el mark el almāny (m)	المارك الألماني
franc (m)	frank (m)	فرنك
livre sterling (f)	geneyh esterlīny (m)	جنيه استرليني
yen (m)	yen (m)	ين
dette (f)	deyn (m)	دين
débiteur (m)	modīn (m)	مدين
prêter (vt)	sallef	سلّف
emprunter (vt)	estalaf	إستلف
banque (f)	bank (m)	بنك
compte (m)	ḥesāb (m)	حساب
verser (dans le compte)	awda'	أودع
verser dans le compte	awda' fel ḥesāb	أودع في الحساب
retirer du compte	saḥab men el ḥesāb	سحب من الحساب
carte (f) de crédit	kredit kard (f)	كريدت كارد
espèces (f pl)	kæʃ (m)	كاش
chèque (m)	ʃīk (m)	شيك
faire un chèque	katab ʃīk	كتب شيك
chéquier (m)	daftar ʃikāt (m)	دفتر شيكات
portefeuille (m)	maḥfaẓa (f)	محفظة
bourse (f)	maḥfazet fakka (f)	محفظة فكّة
coffre fort (m)	ɣazzāna (f)	خزّانة
héritier (m)	wāres (m)	وارث
héritage (m)	werāsa (f)	وراثة
fortune (f)	sarwa (f)	ثروة
location (f)	'a'd el egār (m)	عقد الإيجار
loyer (m) (argent)	ogret el sakan (f)	أجرة السكن
louer (prendre en location)	est'gar	إستأجر
prix (m)	se'r (m)	سعر
coût (m)	taman (m)	ثمن
somme (f)	mablaɣ (m)	مبلغ
dépenser (vt)	ṣaraf	صرف
dépenses (f pl)	maṣarīf (pl)	مصاريف

économiser (vt)	waffar	وفّر
économe (adj)	mowaffer	موفّر
payer (régler)	dafa'	دفع
paiement (m)	daf' (m)	دفع
monnaie (f) (rendre la ~)	el bā'y (m)	الباقي
impôt (m)	ḍarība (f)	ضريبة
amende (f)	ɣarāma (f)	غرامة
mettre une amende	faraḍ ɣarāma	فرض غرامة

85. La poste. Les services postaux

poste (f)	maktab el barīd (m)	مكتب البريد
courrier (m) (lettres, etc.)	el barīd (m)	البريد
facteur (m)	sā'y el barīd (m)	ساعي البريد
heures (f pl) d'ouverture	aw'āt el 'amal (pl)	أوقات العمل
lettre (f)	resāla (f)	رسالة
recommandé (m)	resāla mosaggala (f)	رسالة مسجّلة
carte (f) postale	kart barīdy (m)	كرت بريدي
télégramme (m)	barqiya (f)	برقيّة
colis (m)	ṭard (m)	طرد
mandat (m) postal	ḥewāla māliya (f)	حوالة مالية
recevoir (vt)	estalam	إستلم
envoyer (vt)	arsal	أرسل
envoi (m)	ersāl (m)	إرسال
adresse (f)	'enwān (m)	عنوان
code (m) postal	raqam el barīd (m)	رقم البريد
expéditeur (m)	morsel (m)	مرسل
destinataire (m)	morsel elayh (m)	مرسل إليه
prénom (m)	esm (m)	اسم
nom (m) de famille	esm el 'a'ela (m)	اسم العائلة
tarif (m)	ta'rīfa (f)	تعريفة
normal (adj)	'ādy	عادي
économique (adj)	mowaffer	موفّر
poids (m)	wazn (m)	وزن
peser (~ les lettres)	wazan	وزن
enveloppe (f)	ẓarf (m)	ظرف
timbre (m)	ṭābe' (m)	طابع
timbrer (vt)	alṣaq ṭābe'	ألصق طابع

Le logement. La maison. Le foyer

86. La maison. Le logis

maison (f)	beyt (m)	بيت
chez soi	fel beyt	في البيت
cour (f)	sāḥa (f)	ساحة
clôture (f)	sūr (m)	سور
brique (f)	ṭūb (m)	طوب
en brique (adj)	men el ṭūb	من الطوب
pierre (f)	ḥagar (m)	حجر
en pierre (adj)	ḥagary	حجري
béton (m)	χarasāna (f)	خرسانة
en béton (adj)	χarasāny	خرساني
neuf (adj)	gedīd	جديد
vieux (adj)	'adīm	قديم
délabré (adj)	'āayel lel soqūṭ	آيل للسقوط
moderne (adj)	mo'āṣer	معاصر
à plusieurs étages	mota'added el ṭawābeq	متعدّد الطوابق
haut (adj)	'āly	عالي
étage (m)	dore (m)	دور
sans étage (adj)	zu ṭābeq wāḥed	ذو طابق واحد
rez-de-chaussée (m)	el dore el awwal (m)	الدور الأوّل
dernier étage (m)	ṭābe' 'olwy (m)	طابق علوي
toit (m)	sa'f (m)	سقف
cheminée (f)	madχana (f)	مدخنة
tuile (f)	qarmīd (m)	قرميد
en tuiles (adj)	men el qarmīd	من القرميد
grenier (m)	'elya (f)	علية
fenêtre (f)	ʃebbāk (m)	شبّاك
vitre (f)	ezāz (m)	إزاز
rebord (m)	ḥāfet el ʃebbāk (f)	حافة الشبّاك
volets (m pl)	ʃīʃ (m)	شيش
mur (m)	ḥeyṭa (f)	حيطة
balcon (m)	balakona (f)	بلكونة
gouttière (f)	masūret el taṣrīf (f)	ماسورة التصريف
en haut (à l'étage)	fo'e	فوق
monter (vi)	ṭele'	طلع
descendre (vi)	nezel	نزل
déménager (vi)	na'al	نقل

87. La maison. L'entrée. L'ascenseur

entrée (f)	madχal (m)	مدخل
escalier (m)	sellem (m)	سلّم
marches (f pl)	daragāt (pl)	درجات
rampe (f)	drabzīn (m)	درابزين
hall (m)	ṣāla (f)	صالة
boîte (f) à lettres	ṣandū' el barīd (m)	صندوق البريد
poubelle (f) d'extérieur	ṣandū' el zebāla (m)	صندوق الزبالة
vide-ordures (m)	manfaz el zebāla (m)	منفذ الزبالة
ascenseur (m)	asanseyr (m)	اسانسير
monte-charge (m)	asanseyr el ʃaḥn (m)	اسانسير الشحن
cabine (f)	kabīna (f)	كابينة
prendre l'ascenseur	rekeb el asanseyr	ركب الاسانسير
appartement (m)	ʃa''a (f)	شقّة
locataires (m pl)	sokkān (pl)	سكّان
voisin (m)	gār (m)	جار
voisine (f)	gāra (f)	جارة
voisins (m pl)	gerān (pl)	جيران

88. La maison. L'électricité

électricité (f)	kahraba' (m)	كهرباء
ampoule (f)	lammba (f)	لمّبة
interrupteur (m)	meftāḥ (m)	مفتاح
plomb, fusible (m)	fuse (m)	فيوز
fil (m) (~ électrique)	selk (m)	سلك
installation (f) électrique	aslāk (pl)	أسلاك
compteur (m) électrique	'addād (m)	عدّاد
relevé (m)	qerā'a (f)	قراءة

89. La maison. La porte. La serrure

porte (f)	bāb (m)	باب
portail (m)	bawwāba (f)	بوّابة
poignée (f)	okret el bāb (f)	اوكرة الباب
déverrouiller (vt)	fataḥ	فتح
ouvrir (vt)	fataḥ	فتح
fermer (vt)	'afal	قفل
clé (f)	meftāḥ (m)	مفتاح
trousseau (m), jeu (m)	rabṭa (f)	ربطة
grincer (la porte)	ṣarr	صر
grincement (m)	ṣarīr (m)	صرير
gond (m)	mafaṣṣla (f)	مفصّلة
paillasson (m)	seggādet bāb (f)	سجّادة باب
serrure (f)	'efl el bāb (m)	قفل الباب

trou (m) de la serrure	χorm el meftāḥ (m)	خرم المفتاح
verrou (m)	terbās (m)	ترباس
loquet (m)	terbās (m)	ترباس
cadenas (m)	'efl (m)	قفل
sonner (à la porte)	rann	رنّ
sonnerie (f)	ranīn (m)	رنين
sonnette (f)	garas (m)	جرس
bouton (m)	zerr (m)	زر
coups (m pl) à la porte	ṭar', da'' (m)	طرق, دقّ
frapper (~ à la porte)	χabbaṭ	خبّط
code (m)	kōd (m)	كود
serrure (f) à combinaison	kōd (m)	كود
interphone (m)	garas el bāb (m)	جرس الباب
numéro (m)	raqam (m)	رقم
plaque (f) de porte	lawḥa (f)	لوحة
judas (m)	el 'eyn el seḥriya (m)	العين السحرية

90. La maison de campagne

village (m)	qarya (f)	قرية
potager (m)	bostān χoḍār (m)	بستان خضار
palissade (f)	sūr (m)	سور
clôture (f)	sūr (m)	سور
portillon (m)	bawwāba far'iya (f)	بوّابة فرعيّة
grange (f)	ʃouna (f)	شونة
cave (f)	serdāb (m)	سرداب
abri (m) de jardin	sa'īfa (f)	سقيفة
puits (m)	bīr (m)	بير
poêle (m) (~ à bois)	forn (m)	فرن
chauffer le poêle	awqad el botogāz	أوقد البوتاجاز
bois (m) de chauffage	ḥaṭab (m)	حطب
bûche (f)	'eṭ'et ḥaṭab (f)	قطعة حطب
véranda (f)	varannda (f)	فاراندة
terrasse (f)	ʃorfa (f)	شرفة
perron (m) d'entrée	sellem (m)	سلّم
balançoire (f)	morgeyḥa (f)	مرجيحة

91. La villa et le manoir

maison (f) de campagne	villa rīfiya (f)	فيلا ريفيّة
villa (f)	villa (f)	فيلا
aile (f) (~ ouest)	genāḥ (m)	جناح
jardin (m)	geneyna (f)	جنينة
parc (m)	ḥadīqa (f)	حديقة
serre (f) tropicale	dafī'a (f)	دفيئة
s'occuper (~ du jardin)	ehtamm	إهتمّ

piscine (f)	ḥammām sebāḥa (m)	حمّام سباحة
salle (f) de gym	gīm (m)	جيم
court (m) de tennis	mal'ab tennis (m)	ملعب تنس
salle (f) de cinéma	sinema manzeliya (f)	سينما منزليّة
garage (m)	garāʒ (m)	جراج
propriété (f) privée	melkiya χāṣa (f)	ملكيّة خاصّة
terrain (m) privé	arḍ χāṣa (m)	أرض خاصّة
avertissement (m)	taḥzīr (m)	تحذير
panneau d'avertissement	lāfetat taḥzīr (f)	لافتة تحذير
sécurité (f)	ḥerāsa (f)	حراسة
agent (m) de sécurité	ḥāres amn (m)	حارس أمن
alarme (f) antivol	gehāz enzār (m)	جهاز إنذار

92. Le château. Le palais

château (m)	'al'a (f)	قلعة
palais (m)	'aṣr (m)	قصر
forteresse (f)	'al'a (f)	قلعة
muraille (f)	sūr (m)	سور
tour (f)	borg (m)	برج
donjon (m)	borbg ra'īsy (m)	برج رئيسي
herse (f)	bāb motaḥarrek (m)	باب متحرّك
souterrain (m)	serdāb (m)	سرداب
douve (f)	χondoq mā'y (m)	خندق مائي
chaîne (f)	selsela (f)	سلسلة
meurtrière (f)	mozɣal (m)	مزغل
magnifique (adj)	rā'e'	رائع
majestueux (adj)	mohīb	مهيب
inaccessible (adj)	manee'	منيع
médiéval (adj)	men el qorūn el wosṭa	من القرون الوسطى

93. L'appartement

appartement (m)	ʃa''a (f)	شقّة
chambre (f)	oḍa (f)	أوضة
chambre (f) à coucher	oḍet el nome (f)	أوضة النوم
salle (f) à manger	oḍet el sofra (f)	أوضة السفرة
salon (m)	oḍet el esteqbāl (f)	أوضة الإستقبال
bureau (m)	maktab (m)	مكتب
antichambre (f)	madχal (m)	مدخل
salle (f) de bains	ḥammām (m)	حمّام
toilettes (f pl)	ḥammām (m)	حمّام
plafond (m)	sa'f (m)	سقف
plancher (m)	arḍiya (f)	أرضية
coin (m)	zawya (f)	زاوية

94. L'appartement. Le ménage

faire le ménage	naḍḍaf	نظّف
ranger (jouets, etc.)	ʃāl	شال
poussière (f)	ɣobār (m)	غبار
poussiéreux (adj)	meɣabbar	مغبّر
essuyer la poussière	masaḥ el ɣobār	مسح الغبار
aspirateur (m)	maknasa kahraba'iya (f)	مكنسة كهربائيّة
passer l'aspirateur	naḍḍaf be maknasa kahrabā'iya	نظّف بمكنسة كهربائيّة
balayer (vt)	kanas	كنس
balayures (f pl)	qomāma (f)	قمامة
ordre (m)	nezām (m)	نظام
désordre (m)	fawḍa (m)	فوّضى
balai (m) à franges	ʃarʃūba (f)	شرشوبة
torchon (m)	mamsaḥa (f)	ممسحة
balayette (f) de sorgho	ma'sʃa (f)	مقشّة
pelle (f) à ordures	lammāma (f)	لمّامة

95. Les meubles. L'intérieur

meubles (m pl)	asās (m)	أثاث
table (f)	maktab (m)	مكتب
chaise (f)	korsy (m)	كرسي
lit (m)	serīr (m)	سرير
canapé (m)	kanaba (f)	كنبة
fauteuil (m)	korsy (m)	كرسي
bibliothèque (f) (meuble)	χazzānet kotob (f)	خزّانة كتب
rayon (m)	raff (m)	رفّ
armoire (f)	dolāb (m)	دولاب
patère (f)	ʃammā'a (f)	شمّاعة
portemanteau (m)	ʃammā'a (f)	شمّاعة
commode (f)	dolāb adrāg (m)	دولاب أدراج
table (f) basse	ṭarabeyzet el 'ahwa (f)	طرابيزة القهوة
miroir (m)	merāya (f)	مراية
tapis (m)	seggāda (f)	سجّادة
petit tapis (m)	seggāda (f)	سجّادة
cheminée (f)	daffāya (f)	دفّاية
bougie (f)	ʃam'a (f)	شمعة
chandelier (m)	ʃam'adān (m)	شمعدان
rideaux (m pl)	satā'er (pl)	ستائر
papier (m) peint	wara' ḥā'eṭ (m)	ورق حائط
jalousie (f)	satā'er ofoqiya (pl)	ستائر أفقيّة
lampe (f) de table	abāʒūr (f)	اباجورة
applique (f)	lammbet ḥā'eṭ (f)	لمبة حائط

lampadaire (m)	meṣbāḥ arḍy (m)	مصباح أرضي
lustre (m)	nagafa (f)	نجفة
pied (m) (~ de la table)	regl (f)	رجل
accoudoir (m)	masnad (m)	مسند
dossier (m)	masnad (m)	مسند
tiroir (m)	dorg (m)	درج

96. La literie

linge (m) de lit	bayāḍāt el serīr (pl)	بياضات السرير
oreiller (m)	maχadda (f)	مخدّة
taie (f) d'oreiller	kīs el maχadda (m)	كيس المخدّة
couverture (f)	leḥāf (m)	لحاف
drap (m)	melāya (f)	ملاية
couvre-lit (m)	ɣaṭā' el serīr (m)	غطاء السرير

97. La cuisine

cuisine (f)	maṭbaχ (m)	مطبخ
gaz (m)	ɣāz (m)	غاز
cuisinière (f) à gaz	botoɣāz (m)	بوتوغاز
cuisinière (f) électrique	forn kaharabā'y (m)	فرن كهربائي
four (m)	forn (m)	فرن
four (m) micro-ondes	mikroweyv (m)	ميكروويف
réfrigérateur (m)	tallāga (f)	ثلاجة
congélateur (m)	freyzer (m)	فريزر
lave-vaisselle (m)	ɣassālet aṭbā' (f)	غسّالة أطباق
hachoir (m) à viande	farrāmet laḥm (f)	فرّامة لحم
centrifugeuse (f)	'aṣṣāra (f)	عصّارة
grille-pain (m)	maḥmaṣet χobz (f)	محمصة خبز
batteur (m)	χallāṭ (m)	خلّاط
machine (f) à café	makinet ṣon' el 'ahwa (f)	ماكينة صنع القهوة
cafetière (f)	ɣallāya kahraba'iya (f)	غلّاية القهوة
moulin (m) à café	maṭ-ḥanet 'ahwa (f)	مطحنة قهوة
bouilloire (f)	ɣallāya (f)	غلّاية
théière (f)	barrād el ʃāy (m)	برّاد الشاي
couvercle (m)	ɣaṭā' (m)	غطاء
passoire (f) à thé	maṣfāh el ʃāy (f)	مصفاة الشاي
cuillère (f)	ma'la'a (f)	معلقة
petite cuillère (f)	ma'la'et ʃāy (f)	معلقة شاي
cuillère (f) à soupe	ma'la'a kebīra (f)	ملعقة كبيرة
fourchette (f)	ʃawka (f)	شوكة
couteau (m)	sekkīna (f)	سكّينة
vaisselle (f)	awāny (pl)	أواني
assiette (f)	ṭaba' (m)	طبق

soucoupe (f)	ṭaba' fengān (m)	طبق فنجان
verre (m) à shot	kāsa (f)	كاسة
verre (m) (~ d'eau)	kobbāya (f)	كوبّاية
tasse (f)	fengān (m)	فنجان
sucrier (m)	sokkariya (f)	سكّريّة
salière (f)	mamlaḥa (f)	مملحة
poivrière (f)	mobhera (f)	مبهرة
beurrier (m)	ṭaba' zebda (m)	طبق زبدة
casserole (f)	ḥalla (f)	حلّة
poêle (f)	ṭāsa (f)	طاسة
louche (f)	maɣrafa (f)	مغرفة
passoire (f)	maṣfāh (f)	مصفاه
plateau (m)	ṣeniya (f)	صينيّة
bouteille (f)	ezāza (f)	إزازة
bocal (m) (à conserves)	barṭamān (m)	برطمان
boîte (f) en fer-blanc	kanz (m)	كانز
ouvre-bouteille (m)	fattāḥa (f)	فتّاحة
ouvre-boîte (m)	fattāḥa (f)	فتّاحة
tire-bouchon (m)	barrīma (f)	بريّمة
filtre (m)	filter (m)	فلتر
filtrer (vt)	ṣaffa	صفّى
ordures (f pl)	zebāla (f)	زبالة
poubelle (f)	ṣandū' el zebāla (m)	صندوق الزبالة

98. La salle de bains

salle (f) de bains	ḥammām (m)	حمّام
eau (f)	meyāh (f)	مياه
robinet (m)	ḥanafiya (f)	حنفيّة
eau (f) chaude	maya soxna (f)	مايّة سخنة
eau (f) froide	maya barda (f)	مايّة باردة
dentifrice (m)	ma'gūn asnān (m)	معجون أسنان
se brosser les dents	naḍḍaf el asnān	نظّف الأسنان
brosse (f) à dents	forʃet senān (f)	فرشة أسنان
se raser (vp)	ḥala'	حلق
mousse (f) à raser	raɣwa lel ḥelā'a (f)	رغوة للحلاقة
rasoir (m)	mūs (m)	موس
laver (vt)	ɣasal	غسل
se laver (vp)	estaḥamma	إستحمّى
douche (f)	doʃ (m)	دوش
prendre une douche	axad doʃ	أخد دوش
baignoire (f)	banyo (m)	بانيو
cuvette (f)	twalet (m)	تواليت
lavabo (m)	ḥoḍe (m)	حوض
savon (m)	ṣabūn (m)	صابون

porte-savon (m)	ṣabbāna (f)	صبّانة
éponge (f)	līfa (f)	ليفة
shampooing (m)	ʃambū (m)	شامبو
serviette (f)	fūṭa (f)	فوطة
peignoir (m) de bain	robe el ḥammām (m)	روب حمّام
lessive (f) (faire la ~)	ɣasīl (m)	غسيل
machine (f) à laver	ɣassāla (f)	غسّالة
faire la lessive	ɣasal el malābes	غسل الملابس
lessive (f) (poudre)	mas-ḥū' ɣasīl (m)	مسحوق غسيل

99. Les appareils électroménagers

téléviseur (m)	televizion (m)	تليفزيون
magnétophone (m)	gehāz tasgīl (m)	جهاز تسجيل
magnétoscope (m)	'āla tasgīl video (f)	آلة تسجيل فيديو
radio (f)	gehāz radio (m)	جهاز راديو
lecteur (m)	blayer (m)	بليير
vidéoprojecteur (m)	gehāz 'arḍ (m)	جهاز عرض
home cinéma (m)	sinema manzeliya (f)	سينما منزليّة
lecteur DVD (m)	dividī blayer (m)	دي في دي بليير
amplificateur (m)	mokabbaer el ṣote (m)	مكبّر الصوت
console (f) de jeux	'ātāry (m)	أتاري
caméscope (m)	kamera video (f)	كاميرا فيديو
appareil (m) photo	kamera (f)	كاميرا
appareil (m) photo numérique	kamera diʒital (f)	كاميرا ديجيتال
aspirateur (m)	maknasa kahraba'iya (f)	مكنسة كهربائيّة
fer (m) à repasser	makwa (f)	مكواة
planche (f) à repasser	lawḥet kayī (f)	لوحة كيّ
téléphone (m)	telefon (m)	تليفون
portable (m)	mobile (m)	موبايل
machine (f) à écrire	'āla katba (f)	آلة كاتبة
machine (f) à coudre	makanet el χeyāṭa (f)	مكنة الخياطة
micro (m)	mikrofon (m)	ميكروفون
écouteurs (m pl)	samma'āt ra'siya (pl)	سمّاعات رأسية
télécommande (f)	remowt kontrol (m)	ريموت كنترول
CD (m)	sidī (m)	سي دي
cassette (f)	kasett (m)	كاسيت
disque (m) (vinyle)	esṭewāna mūsīqa (f)	أسطوانة موسيقى

100. Les travaux de réparation et de rénovation

rénovation (f)	tagdīdāt (m)	تجديدات
faire la rénovation	gadded	جدّد
réparer (vt)	ṣallaḥ	صلّح
remettre en ordre	nazzam	نظّم

refaire (vt)	ʿād	عاد
peinture (f)	dehān (m)	دهان
peindre (des murs)	dahhen	دهّن
peintre (m) en bâtiment	dahhān (m)	دهّان
pinceau (m)	forʃet dehān (f)	فرشاة الدهان
chaux (f)	maḥlūl mobayeḍ (m)	محلول مبيّض
blanchir à la chaux	beyḍ	بيّض
papier (m) peint	waraʾ ḥāʾeṭ (m)	ورق حائط
tapisser (vt)	laṣaq waraʾ el ḥāʾeṭ	لصق ورق الحائط
vernis (m)	warnīʃ (m)	ورنيش
vernir (vt)	ṭala bel warnīʃ	طلى بالورنيش

101. La plomberie

eau (f)	meyāh (f)	مياه
eau (f) chaude	maya soχna (f)	مايّة سخنة
eau (f) froide	maya barda (f)	مايّة باردة
robinet (m)	ḥanafiya (f)	حنفيّة
goutte (f)	ʾaṭra (f)	قطرة
goutter (vi)	ʾaṭṭar	قطّر
fuir (tuyau)	sarrab	سرّب
fuite (f)	tasarrob (m)	تسرب
flaque (f)	berka (f)	بركة
tuyau (m)	masūra (f)	ماسورة
valve (f)	ṣamām (m)	صمام
se boucher (vp)	kān masdūd	كان مسدود
outils (m pl)	adawāt (pl)	أدوات
clé (f) réglable	el meftāḥ el englīzy (m)	المفتاح الإنجليزي
dévisser (vt)	fataḥ	فتح
visser (vt)	aḥkam el ʃadd	أحكم الشدّ
déboucher (vt)	sallek	سلّك
plombier (m)	samkary (m)	سمكري
sous-sol (m)	badrome (m)	بدروم
égouts (m pl)	ʃabaket el magāry (f)	شبكة المجاري

102. L'incendie

feu (m)	ḥarīʾ (m)	حريق
flamme (f)	lahab (m)	لهب
étincelle (f)	ʃarāra (f)	شرارة
fumée (f)	dokχān (m)	دخّان
flambeau (m)	ʃoʿla (f)	شعلة
feu (m) de bois	nār moχayem (m)	نار مخيّم
essence (f)	banzīn (m)	بنزين
kérosène (m)	kerosīn (m)	كيروسين

inflammable (adj)	qābel lel eḥterāq	قابل للإحتراق
explosif (adj)	māda motafaggera	مادة متفجّرة
DÉFENSE DE FUMER	mamnūʿ el tadχīn	ممنوع التدخين
sécurité (f)	amn (m)	أمن
danger (m)	χaṭar (m)	خطر
dangereux (adj)	χaṭīr	خطير
prendre feu	eʃtaʿal	إشتعل
explosion (f)	enfegār (m)	إنفجار
mettre feu	aʃʿal el nār	أشعل النار
incendiaire (m)	moʃʿel ḥarīq ʿan ʿamd (m)	مشعل حريق عن عمد
incendie (m) prémédité	eḥrāq el momtalakāt (m)	إحراق الممتلكات
flamboyer (vi)	awhag	أوهج
brûler (vi)	et-ḥaraʾ	إتحرق
brûler complètement	et-ḥaraʾ	إتحرق
appeler les pompiers	kallim ʾism el ḥarīʾ	كلّم قسم الحريق
pompier (m)	rāgel el maṭāfy (m)	راجل المطافي
voiture (f) de pompiers	sayāret el maṭāfy (f)	سيّارة المطافي
sapeurs-pompiers (pl)	ʾesm el maṭāfy (f)	قسم المطافي
échelle (f) des pompiers	sellem el maṭāfy (m)	سلّم المطافي
tuyau (m) d'incendie	χarṭūm el mayya (m)	خرطوم الميّة
extincteur (m)	ṭaffayet ḥarīʾ (f)	طفّاية حريق
casque (m)	χawza (f)	خوذة
sirène (f)	sarīna (f)	سرينة
crier (vi)	ṣarraχ	صرّخ
appeler au secours	estaɣās	إستغاث
secouriste (m)	monqez (m)	منقذ
sauver (vt)	anqaz	أنقذ
venir (vi)	weṣel	وصل
éteindre (feu)	ṭaffa	طفّى
eau (f)	meyāh (f)	مياه
sable (m)	raml (m)	رمل
ruines (f pl)	ḥeṭām (pl)	حطام
tomber en ruine	enhār	إنهار
s'écrouler (vp)	enhār	إنهار
s'effondrer (vp)	enhār	إنهار
morceau (m) (de mur, etc.)	ʾeṭʿet ḥeṭām (f)	قطعة حطام
cendre (f)	ramād (m)	رماد
mourir étouffé	eθχanaʾ	إتخنق
périr (vi)	māt	مات

LES ACTIVITÉS HUMAINS

Le travail. Les affaires. Partie 1

103. Le bureau. La vie de bureau

bureau (m) (établissement)	maktab (m)	مكتب
bureau (m) (au travail)	maktab (m)	مكتب
accueil (m)	este'bāl (m)	إستقبال
secrétaire (m)	sekerteyr (m)	سكرتير
directeur (m)	modīr (m)	مدير
manager (m)	modīr (m)	مدير
comptable (m)	muḥāseb (m)	محاسب
collaborateur (m)	mowazzaf (m)	موظّف
meubles (m pl)	asās (m)	أثاث
bureau (m)	maktab (m)	مكتب
fauteuil (m)	korsy (m)	كرسي
classeur (m) à tiroirs	weḥdet adrāg (f)	وحدة أدراج
portemanteau (m)	ʃammā'a (f)	شمّاعة
ordinateur (m)	kombuter (m)	كمبيوتر
imprimante (f)	ṭābe'a (f)	طابعة
fax (m)	faks (m)	فاكس
copieuse (f)	'ālet nasχ (f)	آلة نسخ
papier (m)	wara' (m)	ورق
papeterie (f)	adawāt maktabiya (pl)	أدوات مكتبية
tapis (m) de souris	maws bād (m)	ماوس باد
feuille (f)	wara'a (f)	ورقة
classeur (m)	malaff (m)	ملفّ
catalogue (m)	fehras (m)	فهرس
annuaire (m)	dalīl el telefone (m)	دليل التليفون
documents (m pl)	wasā'eq (pl)	وثائق
brochure (f)	naʃra (f)	نشرة
prospectus (m)	manʃūr (m)	منشور
échantillon (m)	namūzag (m)	نموذج
formation (f)	egtemā' tadrīb (m)	إجتماع تدريب
réunion (f)	egtemā' (m)	إجتماع
pause (f) déjeuner	fatret el ɣada' (f)	فترة الغذاء
faire une copie	ṣawwar	صوّر
faire des copies	ṣawwar	صوّر
recevoir un fax	estalam faks	إستلم فاكس
envoyer un fax	ba'at faks	بعت فاكس
téléphoner, appeler	ettaṣal	إتّصل

répondre (vi, vt)	gāwab	جاوب
passer (au téléphone)	waṣṣal	وصّل
fixer (rendez-vous)	ḥadded	حدّد
montrer (un échantillon)	'araḍ	عرض
être absent	ɣāb	غاب
absence (f)	ɣeyāb (m)	غياب

104. Les processus d'affaires. Partie 1

métier (m)	ʃoɣl (m)	شغل
firme (f), société (f)	ʃerka (f)	شركة
compagnie (f)	ʃerka (f)	شركة
corporation (f)	mo'assasa tegariya (f)	مؤسسة تجارية
entreprise (f)	ʃerka (f)	شركة
agence (f)	wekāla (f)	وكالة
accord (m)	ettefaqiya (f)	إتّفاقية
contrat (m)	'a'd (m)	عقد
marché (m) (accord)	ṣafqa (f)	صفقة
commande (f)	ṭalab (m)	طلب
terme (m) (~ du contrat)	ʃorūṭ (pl)	شروط
en gros (adv)	bel gomla	بالجملة
en gros (adj)	el gomla	الجملة
vente (f) en gros	bey' bel gomla (m)	بيع بالجملة
au détail (adj)	yebee' bel tagze'a	يبيع بالتجزئة
vente (f) au détail	maḥal yebee' bel tagze'a (m)	محل يبيع بالتجزئة
concurrent (m)	monāfes (m)	منافس
concurrence (f)	monafsa (f)	منافسة
concurrencer (vt)	nāfes	نافس
associé (m)	ʃerīk (m)	شريك
partenariat (m)	ʃarāka (f)	شراكة
crise (f)	azma (f)	أزمة
faillite (f)	eflās (m)	إفلاس
faire faillite	falles	فلّس
difficulté (f)	ṣo'ūba (f)	صعوبة
problème (m)	moʃkela (f)	مشكلة
catastrophe (f)	karsa (f)	كارثة
économie (f)	eqtiṣād (m)	إقتصاد
économique (adj)	eqteṣādy	إقتصادي
baisse (f) économique	rokūd eqteṣādy (m)	ركود إقتصادي
but (m)	hadaf (m)	هدف
objectif (m)	mohemma (f)	مهمّة
faire du commerce	tāger	تاجر
réseau (m) (de distribution)	ʃabaka (f)	شبكة
inventaire (m) (stocks)	el maχzūn (m)	المخزون
assortiment (m)	taʃkīla (f)	تشكيلة

leader (m)	qā'ed (m)	قائد
grande (~ entreprise)	kebīr	كبير
monopole (m)	eḥtekār (m)	إحتكار
théorie (f)	naẓariya (f)	نظريّة
pratique (f)	momarsa (f)	ممارسة
expérience (f)	χebra (f)	خبرة
tendance (f)	ettegāh (m)	إتّجاه
développement (m)	tanmeya (f)	تنمية

105. Les processus d'affaires. Partie 2

rentabilité (m)	rebḥ (m)	ربح
rentable (adj)	morbeḥ	مربح
délégation (f)	wafd (m)	وفد
salaire (m)	morattab (m)	مرتّب
corriger (une erreur)	ṣaḥḥaḥ	صحّح
voyage (m) d'affaires	reḥlet ʿamal (f)	رحلة عمل
commission (f)	lagna (f)	لجنة
contrôler (vt)	et-ḥakkem	إتحكّم
conférence (f)	mo'tamar (m)	مؤتمر
licence (f)	roχṣa (f)	رخصة
fiable (partenaire ~)	mawsūq	موثوق
initiative (f)	mobadra (f)	مبادرة
norme (f)	meʿyār (m)	معيار
circonstance (f)	ẓarf (m)	ظرف
fonction (f)	wāgeb (m)	واجب
entreprise (f)	monaẓẓama (f)	منظّمة
organisation (f)	tanẓīm (m)	تنظيم
organisé (adj)	monaẓẓam	منظّم
annulation (f)	elɣā' (m)	إلغاء
annuler (vt)	alɣa	ألغى
rapport (m)	ta'rīr (m)	تقرير
brevet (m)	bara'et el eχterāʿ (f)	براءة الإختراع
breveter (vt)	saggel barā'et eχterāʿ	سجّل براءة الإختراع
planifier (vt)	χaṭṭeṭ	خطّط
prime (f)	ʿalāwa (f)	علاوة
professionnel (adj)	mehany	مهني
procédure (f)	egrā' (m)	إجراء
examiner (vt)	baḥs fi	بحث في
calcul (m)	ḥesāb (m)	حساب
réputation (f)	somʿa (f)	سمعة
risque (m)	moχaṭra (f)	مخاطرة
diriger (~ une usine)	adār	أدار
renseignements (m pl)	maʿlumāt (pl)	معلومات
propriété (f)	melkiya (f)	ملكيّة

union (f)	etteḥād (m)	إتّحاد
assurance vie (f)	ta'mīn 'alal ḥayah (m)	تأمين على الحياة
assurer (vt)	ammen	أمّن
assurance (f)	ta'mīn (m)	تأمين
enchères (f pl)	mazād (m)	مزاد
notifier (informer)	ballaɣ	بلّغ
gestion (f)	edāra (f)	إدارة
service (m)	χadma (f)	خدمة
forum (m)	nadwa (f)	ندوة
fonctionner (vi)	adda waẓīfa	أدّى وظيفة
étape (f)	marḥala (f)	مرحلة
juridique (services ~s)	qanūniya	قانونية
juriste (m)	muḥāmy (m)	محامي

106. L'usine. La production

usine (f)	maṣna' (m)	مصنع
fabrique (f)	maṣna' (m)	مصنع
atelier (m)	warʃa (f)	ورشة
site (m) de production	maṣna' (m)	مصنع
industrie (f)	ṣenā'a (f)	صناعة
industriel (adj)	ṣenā'y	صناعي
industrie (f) lourde	ṣenā'a te'īla (f)	صناعة ثقيلة
industrie (f) légère	ṣenā'a χafīfa (f)	صناعة خفيفة
produit (m)	montagāt (pl)	منتجات
produire (vt)	antag	أنتج
matières (f pl) premières	mawād χām (pl)	مواد خام
chef (m) d'équipe	ra'īs el 'ommāl (m)	رئيس العمّال
équipe (f) d'ouvriers	farī' el 'ommāl (m)	فريق العمّال
ouvrier (m)	'āmel (m)	عامل
jour (m) ouvrable	yome 'amal (m)	يوم عمل
pause (f) (repos)	rāḥa (f)	راحة
réunion (f)	egtemā' (m)	إجتماع
discuter (vt)	nā'eʃ	ناقش
plan (m)	χeṭṭa (f)	خطّة
accomplir le plan	naffez el χeṭṭa	نفّذ الخطّة
norme (f) de production	mo'addal el entāg (m)	معدّل الإنتاج
qualité (f)	gawda (f)	جوّدة
contrôle (m)	taftīʃ (m)	تفتيش
contrôle (m) qualité	ḍabṭ el gawda (m)	ضبط الجودة
sécurité (f) de travail	salāmet makān el 'amal (f)	سلامة مكان العمل
discipline (f)	enḍebāṭ (m)	إنضباط
infraction (f)	moχalfa (f)	مخالفة
violer (les règles)	χālef	خالف
grève (f)	eḍrāb (m)	إضراب
gréviste (m)	moḍrab (m)	مضرب

faire grève	aḍrab	أضرب
syndicat (m)	etteḥād el ʿomāl (m)	إتّحاد العمال
inventer (machine, etc.)	eχtaraʿ	إخترع
invention (f)	eχterāʿ (m)	إختراع
recherche (f)	baḥs (m)	بحث
améliorer (vt)	ḥassen	حسّن
technologie (f)	teknoloʒia (f)	تكنولوجيا
dessin (m) technique	rasm teqany (m)	رسم تقني
charge (f) (~ de 3 tonnes)	ʃaḥn (m)	شحن
chargeur (m)	ʃayāl (m)	شيّال
charger (véhicule, etc.)	ʃaḥn	شحن
chargement (m)	taḥmīl (m)	تحميل
décharger (vt)	farraɣ	فرّغ
déchargement (m)	tafrīɣ (m)	تفريغ
transport (m)	wasāʾel el naʾl (pl)	وسائل النقل
compagnie (f) de transport	ʃerket naʾl (f)	شركة نقل
transporter (vt)	naʾal	نقل
wagon (m) de marchandise	ʿarabet ʃaḥn (f)	عربة شحن
citerne (f)	χazzān (m)	خزّان
camion (m)	ʃāḥena (f)	شاحنة
machine-outil (f)	makana (f)	مكنة
mécanisme (m)	ʾāliya (f)	آليّة
déchets (m pl)	moχallafāt ṣenaʿiya (pl)	مخلفات صناعية
emballage (m)	taʿbeʾa (f)	تعبئة
emballer (vt)	ʿabba	عبّأ

107. Le contrat. L'accord

contrat (m)	ʿaʾd (m)	عقد
accord (m)	ettefāʾ (m)	إتّفاق
annexe (f)	molḥaʾ (m)	ملحق
signer un contrat	waqqaʿ ʿala ʿaʾd	وقّع على عقد
signature (f)	tawqeeʿ (m)	توقيع
signer (vt)	waqqaʿ	وقّع
cachet (m)	χetm (m)	ختم
objet (m) du contrat	mawḍūʿ el ʿaʾd (m)	موضوع العقد
clause (f)	band (m)	بند
côtés (m pl)	aṭrāf (pl)	أطراف
adresse (f) légale	ʿenwān qanūny (m)	عنوان قانوني
violer l'accord	χālef el ʿaʾd	خالف العقد
obligation (f)	eltezām (m)	إلتزام
responsabilité (f)	masʾoliya (f)	مسؤوليّة
force (f) majeure	ʾowwa qāhera (m)	قوّة قاهرة
litige (m)	χelāf (m)	خلاف
pénalités (f pl)	ʿoqobāt (pl)	عقوبات

108. L'importation. L'exportation

importation (f)	esterād (m)	إستيراد
importateur (m)	mostawred (m)	مستوّرد
importer (vt)	estawrad	إستوّرد
d'importation	wāred	وارد
exportation (f)	taṣdīr (m)	تصدير
exportateur (m)	moṣadder (m)	مصدّر
exporter (vt)	ṣaddar	صدّر
d'exportation (adj)	sādir	صادر
marchandise (f)	baḍā'e' (pl)	بضائع
lot (m) de marchandises	ʃoḥna (f)	شحنة
poids (m)	wazn (m)	وزن
volume (m)	ḥagm (m)	حجم
mètre (m) cube	metr moka''ab (m)	متر مكعّب
producteur (m)	el ʃerka el moṣanne'a (f)	الشركة المصنّعة
compagnie (f) de transport	ʃerket na'l (f)	شركة نقل
container (m)	ḥāweya (f)	حاوية
frontière (f)	ḥadd (m)	حدّ
douane (f)	gamārek (pl)	جمارك
droit (m) de douane	rasm gomroky (m)	رسم جمركي
douanier (m)	mowazzaf el gamārek (m)	موظّف الجمارك
contrebande (f) (trafic)	tahrīb (m)	تهريب
contrebande (f)	beḍā'a moharraba (pl)	بضاعة مهربة

109. La finance

action (f)	sahm (m)	سهم
obligation (f)	sanad (m)	سند
lettre (f) de change	kembyāla (f)	كمبيالة
bourse (f)	borṣa (f)	بورصة
cours (m) d'actions	se'r el sahm (m)	سعر السهم
baisser (vi)	reχeṣ	رخص
augmenter (vi) (prix)	ʃely	غلي
part (f)	naṣīb (m)	نصيب
participation (f) de contrôle	el magmū'a el mosayṭara (f)	المجموعة المسيطرة
investissements (m pl)	estesmār (pl)	إستثمار
investir (vt)	estasmar	إستثمر
pour-cent (m)	bel me'a - bel miya	بالمئة
intérêts (m pl)	fayda (f)	فائدة
profit (m)	rebḥ (m)	ربح
profitable (adj)	morbeḥ	مربح
impôt (m)	ḍarība (f)	ضريبة
devise (f)	'omla (f)	عملة

national (adj)	waṭany	وطني
échange (m)	taḥwīl (m)	تحويل
comptable (m)	muḥāseb (m)	محاسب
comptabilité (f)	maḥasba (f)	محاسبة
faillite (f)	eflās (m)	إفلاس
krach (m)	enheyār (m)	إنهيار
ruine (f)	eflās (m)	إفلاس
se ruiner (vp)	falles	فلّس
inflation (f)	taḍakχom māly (m)	تضخّم مالي
dévaluation (f)	taχfīḍ qīmet ʿomla (m)	تخفيض قيمة عملة
capital (m)	ra'’s māl (m)	رأس مال
revenu (m)	daχl (m)	دخل
chiffre (m) d'affaires	dawret ra’s el māl (f)	دورة رأس المال
ressources (f pl)	mawāred (pl)	موارد
moyens (m pl) financiers	el mawāred el naqdiya (pl)	الموارد النقديّة
frais (m pl) généraux	nafa’āt ʿāmma (pl)	نفقات عامّة
réduire (vt)	χaffaḍ	خفّض

110. La commercialisation. Le marketing

marketing (m)	taswī’ (m)	تسويق
marché (m)	sū’ (f)	سوق
segment (m) du marché	qaṭāʿ el sū’ (m)	قطاع السوق
produit (m)	montag (m)	منتج
marchandise (f)	baḍā’eʿ (pl)	بضائع
marque (f) de fabrique	mārka (f)	ماركة
marque (f) déposée	marka tegāriya (f)	ماركة تجاريّة
logotype (m)	ʃeʿār (m)	شعار
logo (m)	ʃeʿār (m)	شعار
demande (f)	ṭalab (m)	طلب
offre (f)	mUʿİddāt (pl)	معدّات
besoin (m)	ḥāga (f)	حاجة
consommateur (m)	mostahlek (m)	مستهلك
analyse (f)	taḥlīl (m)	تحليل
analyser (vt)	ḥallel	حلّل
positionnement (m)	waḍʿ (m)	وضع
positionner (vt)	waḍaʿ	وضع
prix (m)	seʿr (m)	سعر
politique (f) des prix	seyāset el asʿār (f)	سياسة الأسعار
formation (f) des prix	taʃkīl el asʿār (m)	تشكيل الأسعار

111. La publicité

publicité (f), pub (f)	eʿlān (m)	إعلان
faire de la publicité	aʿlan	أعلن

budget (m)	mezaniya (f)	ميزانية
annonce (f), pub (f)	e'lān (m)	إعلان
publicité (f) à la télévision	e'lān fel televiziōn (m)	إعلان في التليفزيون
publicité (f) à la radio	e'lān fel radio (m)	إعلان في الراديو
publicité (f) extérieure	e'lān zahery (m)	إعلان ظاهري
mass média (m pl)	wasā'el el e'lām (pl)	وسائل الإعلام
périodique (m)	magalla dawriya (f)	مجلّة دوريّة
image (f)	imyʒ (m)	إيميج
slogan (m)	ʃe'ār (m)	شعار
devise (f)	ʃe'ār (m)	شعار
campagne (f)	ḥamla (f)	حملة
campagne (f) publicitaire	ḥamla e'laniya (f)	حملة إعلانيّة
public (m) cible	magmū'a mostahdafa (f)	مجموعة مستهدفة
carte (f) de visite	kart el 'amal (m)	كارت العمل
prospectus (m)	manʃūr (m)	منشور
brochure (f)	naʃra (f)	نشرة
dépliant (m)	kotayeb (m)	كتيّب
bulletin (m)	naʃra eχbariya (f)	نشرة إخبارية
enseigne (f)	yafṭa, lāfeta (f)	لافتة, يافطة
poster (m)	boster (m)	بوستر
panneau-réclame (m)	lawḥet e'lanāt (f)	لوحة إعلانات

112. Les opérations bancaires

banque (f)	bank (m)	بنك
agence (f) bancaire	far' (m)	فرع
conseiller (m)	mowazzaf bank (m)	موظّف بنك
gérant (m)	modīr (m)	مدير
compte (m)	ḥesāb bank (m)	حساب بنك
numéro (m) du compte	raqam el ḥesāb (m)	رقم الحساب
compte (m) courant	ḥesāb gāry (m)	حساب جاري
compte (m) sur livret	ḥesāb tawfīr (m)	حساب توّفير
ouvrir un compte	fataḥ ḥesāb	فتح حساب
clôturer le compte	'afal ḥesāb	قفل حساب
verser dans le compte	awda' fel ḥesāb	أودع في الحساب
retirer du compte	saḥab men el ḥesāb	سحب من الحساب
dépôt (m)	wadee'a (f)	وديعة
faire un dépôt	awda'	أودع
virement (m) bancaire	ḥewāla maṣrefiya (f)	حوالة مصرفيّة
faire un transfert	ḥawwel	حوّل
somme (f)	mablaɣ (m)	مبلغ
Combien?	kām?	كام؟
signature (f)	tawqee' (m)	توقيع
signer (vt)	waqqa'	وقّع

carte (f) de crédit	kredit kard (f)	كريدت كارد
code (m)	kōd (m)	كود
numéro (m) de carte de crédit	raqam el kredit kard (m)	رقم الكريدت كارد
distributeur (m)	makinet ṣarrāf ʾāly (f)	ماكينة صرّاف آلي
chèque (m)	ʃīk (m)	شيك
faire un chèque	katab ʃīk	كتب شيك
chéquier (m)	daftar ʃikāt (m)	دفتر شيكات
crédit (m)	qarḍ (m)	قرض
demander un crédit	ʾaddem ṭalab ʿala qarḍ	قدّم طلب على قرض
prendre un crédit	ḥaṣal ʿala qarḍ	حصل على قرض
accorder un crédit	edda qarḍ	ادّى قرض
gage (m)	ḍamān (m)	ضمان

113. Le téléphone. La conversation téléphonique

téléphone (m)	telefon (m)	تليفون
portable (m)	mobile (m)	موبايل
répondeur (m)	gehāz radd ʿalal mokalmāt (m)	جهاز ردّ على المكالمات
téléphoner, appeler	ettaṣal	إتّصل
appel (m)	mokalma telefoniya (f)	مكالمة تليفونية
composer le numéro	ettaṣal be raqam	إتّصل برقم
Allô!	alo!	ألو!
demander (~ l'heure)	sa'al	سأل
répondre (vi, vt)	radd	ردّ
entendre (bruit, etc.)	semeʿ	سمع
bien (adv)	kewayes	كويس
mal (adv)	meʃ kowayīs	مش كويّس
bruits (m pl)	taʃwīʃ (m)	تشويش
récepteur (m)	sammāʿa (f)	سمّاعة
décrocher (vt)	rafaʿ el sammāʿa	رفع السمّاعة
raccrocher (vi)	ʾafal el sammāʿa	قفل السمّاعة
occupé (adj)	maʃɣūl	مشغول
sonner (vi)	rann	رن
carnet (m) de téléphone	dalīl el telefone (m)	دليل التليفون
local (adj)	maḥalliyya	ة محلّيّة
appel (m) local	mokalma maḥalliya (f)	مكالمة محلّيّة
interurbain (adj)	biʿīd	بعيد
appel (m) interurbain	mokalma biʿīda (f)	مكالمة بعيدة المدى
international (adj)	dowly	دوّلي
appel (m) international	mokalma dowliya (f)	مكالمة دوليّة

114. Le téléphone portable

portable (m)	mobile (m)	موبايل
écran (m)	ʿarḍ (m)	عرض

bouton (m)	zerr (m)	زرّ
carte SIM (f)	sim kard (m)	سيم كارد
pile (f)	baṭṭariya (f)	بطّاريّة
être déchargé	χelṣet	خلصت
chargeur (m)	ʃāḥen (m)	شاحن
menu (m)	qā'ema (f)	قائمة
réglages (m pl)	awḍā' (pl)	أوضاع
mélodie (f)	naɣama (f)	نغمة
sélectionner (vt)	eχtār	إختار
calculatrice (f)	'āla ḥasba (f)	آلة حاسبة
répondeur (m)	barīd ṣawty (m)	بريد صوتي
réveil (m)	monabbeh (m)	منبّه
contacts (m pl)	gehāt el etteṣāl (pl)	جهات الإتّصال
SMS (m)	resāla 'aṣīra ɛsɛmɛs (f)	رسالة قصيرة sms
abonné (m)	moʃtarek (m)	مشترك

115. La papeterie

stylo (m) à bille	'alam gāf (m)	قلم جاف
stylo (m) à plume	'alam rīʃa (m)	قلم ريشة
crayon (m)	'alam roṣāṣ (m)	قلم رصاص
marqueur (m)	markar (m)	ماركر
feutre (m)	'alam fulumaster (m)	قلم فلوماستر
bloc-notes (m)	mozakkera (f)	مذكّرة
agenda (m)	gadwal el a'māl (m)	جدول الأعمال
règle (f)	masṭara (f)	مسطرة
calculatrice (f)	'āla ḥasba (f)	آلة حاسبة
gomme (f)	astīka (f)	استيكة
punaise (f)	dabbūs (m)	دبّوس
trombone (m)	dabbūs wara' (m)	دبّوس ورق
colle (f)	ṣamɣ (m)	صمغ
agrafeuse (f)	dabbāsa (f)	دبّاسة
perforateur (m)	χarrāma (m)	خرّامة
taille-crayon (m)	barrāya (f)	برّاية

116. Les différents types de documents

rapport (m)	ta'rīr (m)	تقرير
accord (m)	ettefā' (m)	إتّفاق
formulaire (m) d'inscription	estemāret ṭalab (m)	إستمارة طلب
authentique (adj)	aṣly	أصلي
badge (m)	ʃāra (f)	شارة
carte (f) de visite	kart el 'amal (m)	كارت العمل
certificat (m)	ʃahāda (f)	شهادة

chèque (m) de banque	ʃīk (m)	شيك
addition (f) (restaurant)	ḥesāb (m)	حساب
constitution (f)	dostūr (m)	دستور
contrat (m)	'a'd (m)	عقد
copie (f)	ṣūra (f)	صورة
exemplaire (m)	nosχa (f)	نسخة
déclaration (f) de douane	taṣrīḥ gomroky (m)	تصريح جمركي
document (m)	wasīqa (f)	وثيقة
permis (m) de conduire	roχṣet el qeyāda (f)	رخصة قيادة
annexe (f)	molḥa' (m)	ملحق
questionnaire (m)	estemāra (f)	استمارة
carte (f) d'identité	beṭā'et el hawiya (f)	بطاقة الهويّة
demande (f) de renseignements	estefsār (m)	إستفسار
lettre (f) d'invitation	beṭā'et da'wa (f)	بطاقة دعوة
facture (f)	fatūra (f)	فاتورة
loi (f)	qanūn (m)	قانون
lettre (f)	resāla (f)	رسالة
papier (m) à en-tête	tarwīsa (f)	ترويسة
liste (f) (~ des noms)	qā'ema (f)	قائمة
manuscrit (m)	maχṭūṭa (f)	مخطوطة
bulletin (m)	naʃra eχbariya (f)	نشرة إخبارية
mot (m) (message)	nouta (f)	نوتة
laissez-passer (m)	beṭā'et morūr (f)	بطاقة مرور
passeport (m)	basbore (m)	باسبور
permis (m)	roχṣa (f)	رخصة
C.V. (m)	sīra zātiya (f)	سيرة ذاتيّة
reconnaissance (f) de dette	mozakkeret deyn (f)	مذكّرة دين
reçu (m)	eṣāl (m)	إيصال
ticket (m) de caisse	eṣāl (m)	إيصال
rapport (m)	ta'rīr (m)	تقرير
présenter (pièce d'identité)	'addem	قدّم
signer (vt)	waqqa'	وقّع
signature (f)	tawqee' (m)	توقيع
cachet (m)	χetm (m)	ختم
texte (m)	noṣṣ (m)	نصّ
ticket (m)	tazkara (f)	تذكرة
rayer (vt)	ʃaṭab	شطب
remplir (vt)	mala	ملأ
bordereau (m) de transport	bolīṣet ʃaḥn (f)	بوليصة شحن
testament (m)	waṣiya (f)	وصيّة

117. Les types d'activités économiques

agence (f) de recrutement	wekālet tawẓīf (f)	وكالة توظيف
agence (f) de sécurité	ʃerket amn (f)	شركة أمن

agence (f) d'information	wekāla eχbariya (f)	وكالة إخبارية
agence (f) publicitaire	wekālet e'lān (f)	وكالة إعلان
antiquités (f pl)	toḥaf (pl)	تحف
assurance (f)	ta'mīn (m)	تأمين
atelier (m) de couture	maḥal χeyāṭa (m)	محل خياطة
banques (f pl)	el qeṭā' el maṣrefy (m)	القطاع المصرفي
bar (m)	bār (m)	بار
bâtiment (m)	benā' (m)	بناء
bijouterie (f)	mogawharāt (pl)	مجوهرات
bijoutier (m)	ṣā'eɣ (m)	صائغ
blanchisserie (f)	maɣsala (f)	مغسلة
boissons (f pl) alcoolisées	maʃrūbāt koḥūliya (pl)	مشروبات كحوليّة
boîte (f) de nuit	malha leyly (m)	ملهى ليّلي
bourse (f)	borṣa (f)	بورصة
brasserie (f) (fabrique)	maṣna' bīra (m)	مصنع بيرة
maison (f) funéraire	maktab mota'ahhed el dafn (m)	مكتب متعهّد الدفن
casino (m)	kazino (m)	كازينو
centre (m) d'affaires	markaz tegāry (m)	مركز تجاري
cinéma (m)	sinema (f)	سينما
climatisation (m)	takyīf (m)	تكييف
commerce (m)	tegāra (f)	تجارة
compagnie (f) aérienne	ʃerket ṭayarān (f)	شركة طيران
conseil (m)	esteʃāra (f)	إستشارة
coursiers (m pl)	χedamāt el ʃaḥn (pl)	خدمات الشحن
dentistes (pl)	'eyādet asnān (f)	عيادة أسنان
design (m)	taṣmīm (m)	تصميم
école (f) de commerce	kolliyet edāret el a'māl (f)	كليّة إدارة الأعمال
entrepôt (m)	mostawda' (m)	مستودع
galerie (f) d'art	ma'raḍ fanny (m)	معرض فنّي
glace (f)	'ays krīm (m)	آيس كريم
hôtel (m)	fondo' (m)	فندق
immobilier (m)	'eqarāt (pl)	عقارات
imprimerie (f)	ṭebā'a (f)	طباعة
industrie (f)	ṣenā'a (f)	صناعة
Internet (m)	internet (m)	إنترنت
investissements (m pl)	estesmarāt (pl)	إستثمارات
journal (m)	garīda (f)	جريدة
librairie (f)	maḥal kotob (m)	محل كتب
industrie (f) légère	ṣenā'a χafīfa (f)	صناعة خفيفة
magasin (m)	maḥal (m)	محل
maison (f) d'édition	dar el ṭebā'a wel naʃr (f)	دار الطباعة والنشر
médecine (f)	ṭebb (m)	طبّ
meubles (m pl)	asās (m)	أثاث
musée (m)	mat-ḥaf (m)	متحف
pétrole (m)	nafṭ (m)	نفط
pharmacie (f)	ṣaydaliya (f)	صيدليّة

industrie (f) pharmaceutique	ṣaydala (f)	صيدلة
piscine (f)	ḥammām sebāḥa (m)	حمّام سباحة
pressing (m)	dray klīn (m)	دراي كلين
produits (m pl) alimentaires	akl (m)	أكل
publicité (f), pub (f)	e'lān (m)	إعلان
radio (f)	radio (m)	راديو
récupération (f) des déchets	gama' el nefayāt (m)	جمع النفايات
restaurant (m)	maṭ'am (m)	مطعم
revue (f)	magalla (f)	مجلّة
salon (m) de beauté	ṣalone tagmīl (m)	صالون تجميل
service (m) financier	χedamāt māliya (pl)	خدمات ماليّة
service (m) juridique	χedamāt qanūniya (pl)	خدمات قانونيّة
services (m pl) comptables	χedamāt moḥasba (pl)	خدمات محاسبة
services (m pl) d'audition	χedamāt faḥṣ el ḥesābāt (pl)	خدمات فحص الحسابات
sport (m)	reyāḍa (f)	رياضة
supermarché (m)	subermarket (m)	سوبرماركت
télévision (f)	televizion (m)	تليفزيون
théâtre (m)	masraḥ (m)	مسرح
tourisme (m)	safar (m)	سفر
sociétés de transport	wasā'el el na'l (pl)	وسائل النقل
vente (f) par catalogue	bey' be neẓām el barīd (m)	بيع بنظام البريد
vêtement (m)	malābes (pl)	ملابس
vétérinaire (m)	doktore beṭary (m)	دكتور بيطري

Le travail. Les affaires. Partie 2

118. Les foires et les salons

salon (m)	maʿraḍ (m)	معرض
salon (m) commercial	maʿraḍ tegāry (m)	معرض تجاري
participation (f)	eʃterāk (m)	إشتراك
participer à ...	ʃārek	شارك
participant (m)	moʃtarek (m)	مشترك
directeur (m)	modīr (m)	مدير
direction (f)	maktab el monaẓẓemīn (m)	مكتب المنظّمين
organisateur (m)	monazzem (m)	منظّم
organiser (vt)	nazzam	نظّم
demande (f) de participation	estemāret el eʃterak (f)	إستمارة الإشتراك
remplir (vt)	mala	ملأ
détails (m pl)	tafaṣīl (pl)	تفاصيل
information (f)	esteʿlamāt (pl)	إستعلامات
prix (m)	seʿr (m)	سعر
y compris	bema feyh	بما فيه
inclure (~ les taxes)	taḍamman	تضمّن
payer (régler)	dafaʿ	دفع
droits (m pl) d'inscription	rosūm el tasgīl (pl)	رسوم التسجيل
entrée (f)	madχal (m)	مدخل
pavillon (m)	genāḥ (m)	جناح
enregistrer (vt)	saggel	سجّل
badge (m)	ʃāra (f)	شارة
stand (m)	koʃk (m)	كشك
réserver (vt)	ḥagaz	حجز
vitrine (f)	vatrīna (f)	فترينة
lampe (f)	kasʃāf el nūr (m)	كشّاف النور
design (m)	taṣmīm (m)	تصميم
mettre (placer)	ḥaṭṭ	حطّ
distributeur (m)	mowazzeʿ (m)	موزّع
fournisseur (m)	mowarred (m)	مورّد
pays (m)	balad (m)	بلد
étranger (adj)	agnaby	أجنبي
produit (m)	montag (m)	منتج
association (f)	gamʿiya (f)	جمعيّة
salle (f) de conférences	qāʿet el moʾtamarāt (f)	قاعة المؤتمرات
congrès (m)	moʾtamar (m)	مؤتمر

concours (m)	mosab'a (f)	مسابقة
visiteur (m)	zā'er (m)	زائر
visiter (vt)	ḥaḍar	حضر
client (m)	zobūn (m)	زبون

119. Les médias de masse

journal (m)	garīda (f)	جريدة
revue (f)	magalla (f)	مجلّة
presse (f)	ṣaḥāfa (f)	صحافة
radio (f)	radio (m)	راديو
station (f) de radio	maḥaṭṭet radio (f)	محطّة راديو
télévision (f)	televizion (m)	تليفزيون
animateur (m)	mo'addem (m)	مقدّم
présentateur (m) de journaux télévisés	mozee' (m)	مذيع
commentateur (m)	mo'alleq (m)	معلّق
journaliste (m)	ṣaḥafy (m)	صحفي
correspondant (m)	morāsel (m)	مراسل
reporter photographe (m)	moṣawwer ṣaḥafy (m)	مصوّر صحفي
reporter (m)	ṣaḥafy (m)	صحفي
rédacteur (m)	moḥarrer (m)	محرّر
rédacteur (m) en chef	ra'īs taḥrīr (m)	رئيس تحرير
s'abonner (vp)	eʃtarak	إشترك
abonnement (m)	eʃterāk (m)	إشتراك
abonné (m)	moʃtarek (m)	مشترك
lire (vi, vt)	'ara	قرأ
lecteur (m)	qāre' (m)	قارئ
tirage (m)	tadāwol (m)	تداول
mensuel (adj)	ʃahry	شهري
hebdomadaire (adj)	osbū'y	أسبوعي
numéro (m)	'adad (m)	عدد
nouveau (~ numéro)	gedīd	جديد
titre (m)	'enwān (m)	عنوان
entrefilet (m)	maqāla saɣīra (f)	مقالة قصيرة
rubrique (f)	'amūd (m)	عمود
article (m)	maqāla (f)	مقالة
page (f)	ṣafḥa (f)	صفحة
reportage (m)	rebortāʒ (m)	ريبورتاج
événement (m)	ḥadass (m)	حدث
sensation (f)	ḍagga (f)	ضجّة
scandale (m)	feḍīḥa (f)	فضيحة
scandaleux	fāḍeḥ	فاضح
grand (~ scandale)	ʃahīr	شهير
émission (f)	barnāmeg (m)	برنامج
interview (f)	leqā' ṣaḥafy (m)	لقاء صحفي

émission (f) en direct	ezā'a mobāʃera (f)	إذاعة مباشرة
chaîne (f) (~ payante)	qanah (f)	قناة

120. L'agriculture

agriculture (f)	zerā'a (f)	زراعة
paysan (m)	fallāḥ (m)	فلّاح
paysanne (f)	fallāḥa (f)	فلّاحة
fermier (m)	mozāre' (m)	مزارع
tracteur (m)	garrār (m)	جرّار
moissonneuse-batteuse (f)	ḥaṣṣāda (f)	حصّادة
charrue (f)	meḥrās (m)	محراث
labourer (vt)	ḥaras	حرث
champ (m) labouré	ḥaql maḥrūθ (m)	حقل محروث
sillon (m)	talem (m)	تلم
semer (vt)	bezr	بذر
semeuse (f)	bazzara (f)	بذّارة
semailles (f pl)	zar' (m)	زرع
faux (f)	meḥasʃ (m)	محشّ
faucher (vt)	ḥasʃ	حشّ
pelle (f)	karīk (m)	كريك
bêcher (vt)	ḥaras	حرث
couperet (m)	magrafa (f)	مجرفة
sarcler (vt)	est'ṣal nabatāt	إستأصل نباتات
mauvaise herbe (f)	nabāt ṭafayly (m)	نبات طفيلّي
arrosoir (m)	raʃāʃa (f)	رشّاشة
arroser (plantes)	sa'a	سقى
arrosage (m)	sa'y (m)	سقي
fourche (f)	mazrāh (f)	مذراة
râteau (m)	madamma (f)	مدمّة
engrais (m)	semād (m)	سماد
engraisser (vt)	sammed	سمّد
fumier (m)	semād (m)	سماد
champ (m)	ḥaql (m)	حقل
pré (m)	marag (m)	مرج
potager (m)	bostān χoḍār (m)	بستان خضار
jardin (m)	bostān (m)	بستان
faire paître	ra'a	رعى
berger (m)	rā'y (m)	راعي
pâturage (m)	mar'a (m)	مرعى
élevage (m)	tarbeya el mawāʃy (f)	تربية المواشي
élevage (m) de moutons	tarbeya aɣnām (f)	تربية أغنام

plantation (f)	mazra'a (f)	مزرعة
plate-bande (f)	ḥoḍe (m)	حوض
serre (f)	dafī'a (f)	دفيئة
sécheresse (f)	gafāf (m)	جفاف
sec (l'été ~)	gāf	جاف
grains (m pl)	ḥobūb (pl)	حبوب
céréales (f pl)	maḥaṣīl el ḥubūb (pl)	محاصيل الحبوب
récolter (vt)	ḥaṣad	حصد
meunier (m)	ṭaḥḥān (m)	طحّان
moulin (m)	ṭaḥūna (f)	طاحونة
moudre (vt)	ṭaḥn el ḥobūb	طحن الحبوب
farine (f)	de'ī' (m)	دقيق
paille (f)	'aʃ (m)	قشّ

121. Le BTP et la construction

chantier (m)	arḍ benā' (f)	أرض بناء
construire (vt)	bana	بنى
ouvrier (m) du bâtiment	'āmel benā' (m)	عامل بناء
projet (m)	maʃrū' (m)	مشروع
architecte (m)	mohandes me'māry (m)	مهندس معماري
ouvrier (m)	'āmel (m)	عامل
fondations (f pl)	asās (m)	أساس
toit (m)	sa'f (m)	سقف
pieu (m) de fondation	kawmet el asās (f)	كومة الأساس
mur (m)	ḥeyṭa (f)	حيطة
ferraillage (m)	ḥadīd taslīḥ (m)	حديد تسليح
échafaudage (m)	sa''āla (f)	سقّالة
béton (m)	χarasāna (f)	خرسانة
granit (m)	granīt (m)	جرانيت
pierre (f)	ḥagar (m)	حجر
brique (f)	ṭūb (m)	طوب
sable (m)	raml (m)	رمل
ciment (m)	asmant (m)	إسمنت
plâtre (m)	ṭalā' gaṣṣ (m)	طلاء جصّ
plâtrer (vt)	ṭala bel gaṣṣ	طلى بالجصّ
peinture (f)	dehān (m)	دهان
peindre (des murs)	dahhen	دهّن
tonneau (m)	barmīl (m)	برميل
grue (f)	rāfe'a (f)	رافعة
monter (vt)	rafa'	رفع
abaisser (vt)	nazzel	نزّل
bulldozer (m)	bulldozer (m)	بولدوزر
excavateur (m)	ḥaffāra (f)	حفّارة

godet (m)	magrafa (f)	مجرفة
creuser (vt)	ḥafar	حفر
casque (m)	χawza (f)	خوذة

122. La recherche scientifique et les chercheurs

science (f)	ʿelm (m)	علم
scientifique (adj)	ʿelmy	علمي
savant (m)	ʿālem (m)	عالم
théorie (f)	naẓariya (f)	نظريّة
axiome (m)	badīhiya (f)	بديهيّة
analyse (f)	taḥlīl (m)	تحليل
analyser (vt)	ḥallel	حلّل
argument (m)	borhān (m)	برهان
substance (f) (matière)	madda (f)	مادّة
hypothèse (f)	faraḍiya (f)	فرضيّة
dilemme (m)	moʿḍela (f)	معضلة
thèse (f)	resāla ʿelmiya (f)	رسالة علميّة
dogme (m)	ʿaqīda (f)	عقيدة
doctrine (f)	mazhab (m)	مذهب
recherche (f)	baḥs (m)	بحث
rechercher (vt)	baḥs	بحث
test (m)	eχtebārāt (pl)	إختبارات
laboratoire (m)	moχtabar (m)	مختبر
méthode (f)	manhag (m)	منهج
molécule (f)	gozayeʾ (m)	جزيء
monitoring (m)	reqāba (f)	رقابة
découverte (f)	ekteʃāf (m)	إكتشاف
postulat (m)	mosallama (f)	مسلّمة
principe (m)	mabdaʾ (m)	مبدأ
prévision (f)	tanabboʾ (m)	تنبّؤ
prévoir (vt)	tanabbaʾ	تنبّأ
synthèse (f)	tarkīb (m)	تركيب
tendance (f)	ettegāh (m)	إتّجاه
théorème (m)	naẓariya (f)	نظريّة
enseignements (m pl)	taʿalīm (pl)	تعاليم
fait (m)	ḥaʾīʾa (f)	حقيقة
expédition (f)	beʿsa (f)	بعثة
expérience (f)	tagreba (f)	تجربة
académicien (m)	akadīmy (m)	أكاديمي
bachelier (m)	bakaleryūs (m)	بكالوريوس
docteur (m)	doktore (m)	دكتور
chargé (m) de cours	ostāz moʃārek (m)	أستاذ مشارك
magistère (m)	maʒestīr (m)	ماجستير
professeur (m)	brofessor (m)	بروفيسور

Les professions. Les mètiers

123. La recherche d'emploi. Le licenciement

travail (m)	ʻamal (m)	عمل
employés (pl)	kawādir (pl)	كوادر
personnel (m)	ṭāqem el ʻāmelīn (m)	طاقم العاملين
carrière (f)	mehna (f)	مهنة
perspective (f)	ʼāfāq (pl)	آفاق
maîtrise (f)	maharāt (pl)	مهارات
sélection (f)	eχteyār (m)	إختيار
agence (f) de recrutement	wekālet tawẓīf (f)	وكالة توظيف
C.V. (m)	sīra zātiya (f)	سيرة ذاتية
entretien (m)	mo'ablet ʻamal (f)	مقابلة عمل
emploi (m) vacant	wazīfa χaleya (f)	وظيفة خالية
salaire (m)	morattab (m)	مرتب
salaire (m) fixe	rāteb sābet (m)	راتب ثابت
rémunération (f)	ogra (f)	أجرة
poste (m) (~ évolutif)	manṣeb (m)	منصب
fonction (f)	wāgeb (m)	واجب
liste (f) des fonctions	magmūʻa men el wāgebāt (f)	مجموعة من الواجبات
occupé (adj)	maʃɣūl	مشغول
licencier (vt)	rafad	رفد
licenciement (m)	eqāla (m)	إقالة
chômage (m)	baṭāla (f)	بطالة
chômeur (m)	ʻāṭel (m)	عاطل
retraite (f)	maʻāʃ (m)	معاش
prendre sa retraite	oḥīl ʻala el maʻāʃ	أحيل على المعاش

124. Les hommes d'affaires

directeur (m)	modīr (m)	مدير
gérant (m)	modīr (m)	مدير
patron (m)	ra'īs (m)	رئيس
supérieur (m)	motafawweq (m)	متفوّق
supérieurs (m pl)	ro'asā' (pl)	رؤساء
président (m)	ra'īs (m)	رئيس
président (m) (d'entreprise)	ra'īs (m)	رئيس
adjoint (m)	nā'eb (m)	نائب
assistant (m)	mosāʻed (m)	مساعد

secrétaire (m, f)	sekerteyr (m)	سكرتير
secrétaire (m, f) personnel	sekerteyr χāṣ (m)	سكرتير خاص
homme (m) d'affaires	ragol a'māl (m)	رجل أعمال
entrepreneur (m)	rā'ed a'māl (m)	رائد أعمال
fondateur (m)	mo'asses (m)	مؤسّس
fonder (vt)	asses	أسّس
fondateur (m)	mo'asses (m)	مؤسّس
partenaire (m)	ʃerīk (m)	شريك
actionnaire (m)	mālek el as-hom (m)	مالك الأسهم
millionnaire (m)	millyonīr (m)	مليونير
milliardaire (m)	milliardīr (m)	ملياردير
propriétaire (m)	ṣāḥeb (m)	صاحب
propriétaire (m) foncier	ṣāḥeb el arḍ (m)	صاحب الأرض
client (m)	'amīl (m)	عميل
client (m) régulier	'amīl dā'em (m)	عميل دائم
acheteur (m)	moʃtary (m)	مشتري
visiteur (m)	zā'er (m)	زائر
professionnel (m)	moḥtaref (m)	محترف
expert (m)	χabīr (m)	خبير
spécialiste (m)	motaχaṣṣeṣ (m)	متخصّص
banquier (m)	ṣāḥeb maṣraf (m)	صاحب مصرف
courtier (m)	semsār (m)	سمسار
caissier (m)	'āmel kaʃier (m)	عامل كاشير
comptable (m)	muḥāseb (m)	محاسب
agent (m) de sécurité	ḥāres amn (m)	حارس أمن
investisseur (m)	mostasmer (m)	مستثمر
débiteur (m)	modīn (m)	مدين
créancier (m)	dā'en (m)	دائن
emprunteur (m)	moqtareḍ (m)	مقترض
importateur (m)	mostawred (m)	مستورّد
exportateur (m)	moṣadder (m)	مصدّر
producteur (m)	el ʃerka el moṣanne'a (f)	الشركة المصنّعة
distributeur (m)	mowazze' (m)	موزّع
intermédiaire (m)	wasīṭ (m)	وسيط
conseiller (m)	mostaʃār (m)	مستشار
représentant (m)	mandūb mabi'āt (m)	مندوب مبيعات
agent (m)	wakīl (m)	وكيل
agent (m) d'assurances	wakīl el ta'mīn (m)	وكيل التأمين

125. Les mètiers des services

cuisinier (m)	ṭabbāχ (m)	طبّاخ
cuisinier (m) en chef	el ʃeyf (m)	الشيف

boulanger (m)	χabbāz (m)	خبّاز
barman (m)	bārman (m)	بارمان
serveur (m)	garsone (m)	جرسون
serveuse (f)	garsona (f)	جرسونة
avocat (m)	muḥāmy (m)	محامي
juriste (m)	muḥāmy χabīr qanūny (m)	محامي خبير قانوني
notaire (m)	mowassaq (m)	موثّق
électricien (m)	kahrabā'y (m)	كهربائي
plombier (m)	samkary (m)	سمكري
charpentier (m)	naggār (m)	نجّار
masseur (m)	modallek (m)	مدلّك
masseuse (f)	modalleka (f)	مدلّكة
médecin (m)	doktore (m)	دكتور
chauffeur (m) de taxi	sawwā' taksi (m)	سوّاق تاكسي
chauffeur (m)	sawwā' (m)	سوّاق
livreur (m)	rāgel el delivery (m)	راجل الديلفري
femme (f) de chambre	'āmela tandīf γoraf (f)	عاملة تنظيف غرف
agent (m) de sécurité	ḥāres amn (m)	حارس أمن
hôtesse (f) de l'air	moḍīfet ṭayarān (f)	مضيفة طيران
professeur (m)	modarres madrasa (m)	مدرّس مدرسة
bibliothécaire (m)	amīn maktaba (m)	أمين مكتبة
traducteur (m)	motargem (m)	مترجم
interprète (m)	motargem fawwry (m)	مترجم فوّري
guide (m)	morʃed (m)	مرشد
coiffeur (m)	ḥallā' (m)	حلّاق
facteur (m)	sā'y el barīd (m)	ساعي البريد
vendeur (m)	bayā' (m)	بيّاع
jardinier (m)	bostāny (m)	بستاني
serviteur (m)	χādema (m)	خادمة
servante (f)	χadema (f)	خادمة
femme (f) de ménage	'āmela tandīf (f)	عاملة تنظيف

126. Les professions militaires et leurs grades

soldat (m) (grade)	gondy (m)	جنّدي
sergent (m)	raqīb tāny (m)	رقيب تاني
lieutenant (m)	molāzem tāny (m)	ملازم تاني
capitaine (m)	naqīb (m)	نقيب
commandant (m)	rā'ed (m)	رائد
colonel (m)	'aqīd (m)	عقيد
général (m)	ʒenerāl (m)	جنرال
maréchal (m)	marʃāl (m)	مارشال
amiral (m)	amerāl (m)	أميرال
militaire (m)	'askary (m)	عسكري
soldat (m)	gondy (m)	جنّدي

officier (m)	ḍābeṭ (m)	ضابط
commandant (m)	qā'ed (m)	قائد
garde-frontière (m)	ḥaras ḥodūd (m)	حرس حدود
opérateur (m) radio	'āmel lāselky (m)	عامل لاسلكي
éclaireur (m)	rā'ed mostakʃef (m)	رائد مستكشف
démineur (m)	mohandes 'askary (m)	مهندس عسكري
tireur (m)	rāmy (m)	رامي
navigateur (m)	mallāḥ (m)	ملّاح

127. Les fonctionnaires. Les prétres

roi (m)	malek (m)	ملك
reine (f)	maleka (f)	ملكة
prince (m)	amīr (m)	أمير
princesse (f)	amīra (f)	أميرة
tsar (m)	qayṣar (m)	قيصر
tsarine (f)	qayṣara (f)	قيصرة
président (m)	ra'īs (m)	رئيس
ministre (m)	wazīr (m)	وزير
premier ministre (m)	ra'īs wozarā' (m)	رئيس وزراء
sénateur (m)	'oḍw magles el ʃoyūχ (m)	عضو مجلس الشيوخ
diplomate (m)	deblomāsy (m)	دبلوماسي
consul (m)	qonṣol (m)	قنصل
ambassadeur (m)	safīr (m)	سفير
conseiller (m)	mostaʃār (m)	مستشار
fonctionnaire (m)	mowazzaf (m)	موظّف
préfet (m)	ra'īs edāret el ḥayī (m)	رئيس إدارة الحي
maire (m)	ra'īs el baladiya (m)	رئيس البلديّة
juge (m)	qāḍy (m)	قاضي
procureur (m)	el na'eb el 'ām (m)	النائب العام
missionnaire (m)	mobasʃer (m)	مبشّر
moine (m)	rāheb (m)	راهب
abbé (m)	ra'īs el deyr (m)	رئيس الدير
rabbin (m)	ḥaχām (m)	حاخام
vizir (m)	wazīr (m)	وزير
shah (m)	ʃāh (m)	شاه
cheik (m)	ʃɛyχ (m)	شيخ

128. Les professions agricoles

apiculteur (m)	naḥḥāl (m)	نحّال
berger (m)	rā'y (m)	راعي
agronome (m)	mohandes zerā'y (m)	مهندس زراعي

éleveur (m)	morabby el mawāʃy (m)	مربّي المواشي
vétérinaire (m)	doktore beṭary (m)	دكتور بيطري
fermier (m)	mozāreʿ (m)	مزارع
vinificateur (m)	ṣāneʿ el χamr (m)	صانع الخمر
zoologiste (m)	χabīr fe ʿelm el ḥayawān (m)	خبير في علم الحيوان
cow-boy (m)	rāʿy el baʾar (m)	راعي البقر

129. Les professions artistiques

acteur (m)	momassel (m)	ممثّل
actrice (f)	momassela (f)	ممثّلة
chanteur (m)	moṭreb (m)	مطرب
cantatrice (f)	moṭreba (f)	مطربة
danseur (m)	rāqeṣ (m)	راقص
danseuse (f)	raʾāṣa (f)	راقصة
artiste (m)	fannān (m)	فنّان
artiste (f)	fannāna (f)	فنّانة
musicien (m)	ʿāzef (m)	عازف
pianiste (m)	ʿāzef biano (m)	عازف بيانو
guitariste (m)	ʿāzef guitar (m)	عازف جيتار
chef (m) d'orchestre	qāʾed orkestra (m)	قائد أوركسترا
compositeur (m)	molaḥḥen (m)	ملحّن
imprésario (m)	modīr ferʾa (m)	مدير فرقة
metteur (m) en scène	moχreg aflām (m)	مخرج أفلام
producteur (m)	monteg (m)	منتج
scénariste (m)	kāteb senario (m)	كاتب سيناريو
critique (m)	nāqed (m)	ناقد
écrivain (m)	kāteb (m)	كاتب
poète (m)	ʃāʿer (m)	شاعر
sculpteur (m)	naḥḥāt (m)	نحّات
peintre (m)	rassām (m)	رسّام
jongleur (m)	bahlawān (m)	بهلوان
clown (m)	aragoze (m)	أراجوز
acrobate (m)	bahlawān (m)	بهلوان
magicien (m)	sāḥer (m)	ساحر

130. Les diffèrents mètiers

médecin (m)	doktore (m)	دكتور
infirmière (f)	momarreḍa (f)	ممرّضة
psychiatre (m)	doktore nafsāny (m)	دكتور نفساني
stomatologue (m)	doktore asnān (m)	دكتور أسنان
chirurgien (m)	garrāḥ (m)	جرّاح

astronaute (m)	rā'ed faḍā' (m)	رائد فضاء
astronome (m)	'ālem falak (m)	عالم فلك
pilote (m)	ṭayār (m)	طيّار
chauffeur (m)	sawwā' (m)	سوّاق
conducteur (m) de train	sawwā' (m)	سوّاق
mécanicien (m)	mikanīky (m)	ميكانيكي
mineur (m)	'āmel mangam (m)	عامل منجم
ouvrier (m)	'āmel (m)	عامل
serrurier (m)	'affāl (m)	قفّال
menuisier (m)	naggār (m)	نجّار
tourneur (m)	χarrāṭ (m)	خرّاط
ouvrier (m) du bâtiment	'āmel benā' (m)	عامل بناء
soudeur (m)	laḥḥām (m)	لحّام
professeur (m) (titre)	brofessor (m)	بروفيسور
architecte (m)	mohandes me'māry (m)	مهندس معماري
historien (m)	mo'arreχ (m)	مؤرّخ
savant (m)	'ālem (m)	عالم
physicien (m)	fizyā'y (m)	فيزيائي
chimiste (m)	kemyā'y (m)	كيميائي
archéologue (m)	'ālem'āsār (m)	عالم آثار
géologue (m)	ʒeoloʒy (m)	جيولوجي
chercheur (m)	bāḥes (m)	باحث
baby-sitter (m, f)	dāda (f)	دادة
pédagogue (m, f)	mo'allem (m)	معلّم
rédacteur (m)	moḥarrer (m)	محرّر
rédacteur (m) en chef	ra'īs taḥrīr (m)	رئيس تحرير
correspondant (m)	morāsel (m)	مراسل
dactylographe (f)	kāteba 'ala el 'āla el kāteba (f)	كاتبة على الآلة الكاتبة
designer (m)	moṣammem (m)	مصمّم
informaticien (m)	motaχaṣṣeṣ bel kombuter (m)	متخصص بالكمبيوتر
programmeur (m)	mobarmeg (m)	مبرمج
ingénieur (m)	mohandes (m)	مهندس
marin (m)	baḥḥār (m)	بحّار
matelot (m)	baḥḥār (m)	بحّار
secouriste (m)	monqez (m)	منقذ
pompier (m)	rāgel el maṭāfy (m)	راجل المطافئ
policier (m)	ʃorṭy (m)	شرطي
veilleur (m) de nuit	ḥāres (m)	حارس
détective (m)	moḥaqqeq (m)	محقّق
douanier (m)	mowazzaf el gamārek (m)	موظّف الجمارك
garde (m) du corps	ḥāres ʃaχṣy (m)	حارس شخصي
gardien (m) de prison	ḥāres segn (m)	حارس سجن
inspecteur (m)	mofatteʃ (m)	مفتّش
sportif (m)	reyāḍy (m)	رياضي
entraîneur (m)	modarreb (m)	مدرّب

boucher (m)	gazzār (m)	جزّار
cordonnier (m)	eskāfy (m)	إسكافي
commerçant (m)	tāger (m)	تاجر
chargeur (m)	ʃayāl (m)	شيّال
couturier (m)	moṣammem azyā' (m)	مصمّم أزياء
modèle (f)	modeyl (f)	موديل

131. Les occupations. Le statut social

écolier (m)	talmīz (m)	تلميذ
étudiant (m)	ṭāleb (m)	طالب
philosophe (m)	faylasūf (m)	فيلسوف
économiste (m)	eqtiṣādy (m)	إقتصادي
inventeur (m)	moχtare' (m)	مخترع
chômeur (m)	'āṭel (m)	عاطل
retraité (m)	motaqā'ed (m)	متقاعد
espion (m)	gasūs (m)	جاسوس
prisonnier (m)	sagīn (m)	سجين
gréviste (m)	moḍrab (m)	مضرب
bureaucrate (m)	buroqrāṭy (m)	بيروقراطي
voyageur (m)	raḥḥāla (m)	رحّالة
homosexuel (m)	ʃāz (m)	شاذ
hacker (m)	haker (m)	هاكِر
hippie (m, f)	hippi (m)	هيبي
bandit (m)	qāṭe' ṭarī' (m)	قاطع طريق
tueur (m) à gages	qātel ma'gūr (m)	قاتل مأجور
drogué (m)	modmen moχaddarāt (m)	مدمن مخدّرات
trafiquant (m) de drogue	tāger moχaddarāt (m)	تاجر مخدّرات
prostituée (f)	mommos (f)	مومِس
souteneur (m)	qawwād (m)	قوّاد
sorcier (m)	sāḥer (m)	ساحر
sorcière (f)	sāḥera (f)	ساحرة
pirate (m)	'orṣān (m)	قرصان
esclave (m)	'abd (m)	عبد
samouraï (m)	samuray (m)	ساموراي
sauvage (m)	motawaḥḥeʃ (m)	متوحّش

Le sport

132. Les types de sports. Les sportifs

sportif (m)	reyāḍy (m)	رياضي
type (m) de sport	nū' men el reyāḍa (m)	نوع من الرياضة
basket-ball (m)	koret el salla (f)	كرة السلّة
basketteur (m)	lā'eb korat el salla (m)	لاعب كرة السلّة
base-ball (m)	baseball (m)	بيسبول
joueur (m) de base-ball	lā'eb basebāl (m)	لاعب بيسبول
football (m)	koret el qadam (f)	كرة القدم
joueur (m) de football	lā'eb korat qadam (m)	لاعب كرة القدم
gardien (m) de but	ḥāres el marma (m)	حارس المرمى
hockey (m)	hoky (m)	هوكي
hockeyeur (m)	lā'eb hoky (m)	لاعب هوكي
volley-ball (m)	voliball (m)	فولي بول
joueur (m) de volley-ball	lā'eb volly bal (m)	لاعب فولي بول
boxe (f)	molakma (f)	ملاكمة
boxeur (m)	molākem (m)	ملاكم
lutte (f)	moṣar'a (f)	مصارعة
lutteur (m)	moṣāre' (m)	مصارع
karaté (m)	karate (m)	كاراتيه
karatéka (m)	lā'eb karateyh (m)	لاعب كاراتيه
judo (m)	ʒudo (m)	جودو
judoka (m)	lā'eb ʒudo (m)	لاعب جودو
tennis (m)	tennis (m)	تنسّ
joueur (m) de tennis	lā'eb tennis (m)	لاعب تنس
natation (f)	sebāḥa (f)	سباحة
nageur (m)	sabbāḥ (m)	سبّاح
escrime (f)	mobarza (f)	مبارزة
escrimeur (m)	mobārez (m)	مبارز
échecs (m pl)	ʃaṭarang (m)	شطرنج
joueur (m) d'échecs	lā'eb ʃaṭarang (m)	لاعب شطرنج
alpinisme (m)	tasalloq el gebāl (m)	تسلّق الجبال
alpiniste (m)	motasalleq el gebāl (m)	متسلّق الجبال
course (f)	garyī (m)	جري

coureur (m)	ʿaddāʾ (m)	عدّاء
athlétisme (m)	alʿāb el qowa (pl)	ألعاب القوى
athlète (m)	lāʿeb reyāḍy (m)	لاعب رياضي
équitation (f)	reyāḍa el forūsiya (f)	رياضة الفروسيّة
cavalier (m)	fāres (m)	فارس
patinage (m) artistique	tazallog fanny ʿalal galīd (m)	تزلّج فنّي على الجليد
patineur (m)	motazalleg rāqeṣ (m)	متزلّج راقص
patineuse (f)	motazallega rāqeṣa (f)	متزلّجة راقصة
haltérophilie (f)	rafʿ el asqāl (m)	رفع الأثقال
haltérophile (m)	rāfeʿ el asqāl (m)	رافع الأثقال
course (f) automobile	sebāʾ el sayarāt (m)	سباق السيارات
pilote (m)	sawwāʾ sebāʾ (m)	سائق سباق
cyclisme (m)	rokūb el darragāt (m)	ركوب الدرّاجات
cycliste (m)	lāʿeb el darrāga (m)	لاعب الدرّاجة
sauts (m pl) en longueur	el qafz el ʿāly (m)	القفز العالي
sauts (m pl) à la perche	el qafz bel ʿaṣa (m)	القفز بالعصا
sauteur (m)	qāfez (m)	قافز

133. Les types de sports. Divers

football (m) américain	koret el qadam (f)	كرة القدم
badminton (m)	el rīʃa (m)	الريشة
biathlon (m)	el biatlon (m)	البياتلون
billard (m)	bilyardo (m)	بلياردو
bobsleigh (m)	zalāga gamaʿiya (f)	زلاجة جماعية
bodybuilding (m)	body building (m)	بادي بيلدنج
water-polo (m)	koret el maya (f)	كرة الميّة
handball (m)	koret el yad (f)	كرة اليد
golf (m)	golf (m)	جولف
aviron (m)	tagdīf (m)	تجديف
plongée (f)	ɣoṣe (m)	غوص
course (f) à skis	reyāḍa el ski (f)	رياضة الإسكي
tennis (m) de table	koret el ṭawla (f)	كرة الطاولة
voile (f)	reyāḍa ebḥār el marākeb (f)	رياضة إبحارالمراكب
rallye (m)	sebāʾ el sayarāt (m)	سباق السيارات
rugby (m)	rugby (m)	رجبي
snowboard (m)	el tazallog ʿlal galīd (m)	التزلّج على الجليد
tir (m) à l'arc	remāya (f)	رماية

134. La salle de sport

barre (f) à disques	bār ḥadīd (m)	بار حديد
haltères (m pl)	dumbbells (m)	دمبلز

appareil (m) d'entraînement	gehāz tadrīb (m)	جهاز تدريب
vélo (m) d'exercice	ʿagalet tadrīb (f)	عجلة تدريب
tapis (m) roulant	trīdmil (f)	تريد ميل
barre (f) fixe	ʿoʾla (f)	عقلة
barres (pl) parallèles	el motawaziyīn (pl)	المتوازيين
cheval (m) d'Arçons	manaṣṣet el qafz (f)	منصّة القفز
tapis (m) gymnastique	ḥaṣīra (f)	حصيرة
corde (f) à sauter	ḥabl el naṭṭ (m)	حبل النطّ
aérobic (m)	aerobiks (m)	ايروبيكس
yoga (m)	yoga (f)	يوجا

135. Le hockey sur glace

hockey (m)	hoky (m)	هوكي
hockeyeur (m)	lāʿeb hoky (m)	لاعب هوكي
jouer au hockey	leʿeb el hoky	لعب الهوكي
glace (f)	galīd (m)	جليد
palet (m)	ʾorṣ el hoky (m)	قرص الهوكي
crosse (f)	maḍrab el hoky (m)	مضرب الهوكي
patins (m pl)	zallagāt (pl)	زلّاجات
rebord (m)	ḥalabet el hokky (f)	حلبة الهوكي
tir (m)	ramya (f)	رمية
gardien (m) de but	ḥāres el marma (m)	حارس المرمى
but (m)	hadaf (m)	هدف
marquer un but	gāb hadaf	جاب هدف
période (f)	ʃoṭe (m)	شوط
deuxième période (f)	el ʃoṭe el tāni (m)	الشوط التاني
banc (m) des remplaçants	dekket el eḥṭiāṭy (f)	دكّة الإحتياطي

136. Le football

football (m)	koret el qadam (f)	كرة القدم
joueur (m) de football	lāʿeb korat qadam (m)	لاعب كرة القدم
jouer au football	leʿeb korret el qadam	لعب كرة القدم
ligue (f) supérieure	el dawry el kebīr (m)	الدوّري الكبير
club (m) de football	nādy koret el qadam (m)	نادي كرة القدم
entraîneur (m)	modarreb (m)	مدرّب
propriétaire (m)	ṣāḥeb (m)	صاحب
équipe (f)	farīʾ (m)	فريق
capitaine (m) de l'équipe	kabten el farīʾ (m)	كابتن الفريق
joueur (m)	lāʿeb (m)	لاعب
remplaçant (m)	lāʿeb eḥteyāṭy (m)	لاعب إحتياطي
attaquant (m)	lāʿeb hogūm (m)	لاعب هجوم
avant-centre (m)	wasaṭ el hogūm (m)	وسط الهجوم

butteur (m)	haddāf (m)	هدّاف
arrière (m)	modāfeʿ (m)	مدافع
demi (m)	lāʿeb χaṭṭ wasaṭ (m)	لاعب خطّ وسط
match (m)	mobarā (f)	مباراة
se rencontrer (vp)	ʾābel	قابل
finale (f)	mobarāh nehaʾiya (f)	مباراة نهائيّة
demi-finale (f)	el dore el neṣf el nehāʾy (m)	الدور النصف النهائي
championnat (m)	boṭūla (f)	بطولة
mi-temps (f)	ʃoṭe (m)	شوط
première mi-temps (f)	el ʃoṭe el awwal (m)	الشوط الأوّل
mi-temps (f) (pause)	beyn el ʃoṭeyn	بين الشوطين
but (m)	marma (m)	مرمى
gardien (m) de but	ḥāres el marma (m)	حارس المرمى
poteau (m)	ʿārḍa (f)	عارضة
barre (f)	ʿārḍa (f)	عارضة
filet (m)	ʃabaka (f)	شبكة
encaisser un but	samaḥ be eṣābet el hadaf	سمح بإصابة الهدف
ballon (m)	kora (f)	كرة
passe (f)	tamrīra (f)	تمريرة
coup (m)	ḍarba (f)	ضربة
porter un coup	ʃāt	شات
coup (m) franc	ḍarba ḥorra (f)	ضربة حرّة
corner (m)	ḍarba rokniya (f)	ضربة ركنيّة
attaque (f)	hogūm (m)	هجوم
contre-attaque (f)	hagma moḍāda (f)	هجمة مضادّة
combinaison (f)	tarkīb (m)	تركيب
arbitre (m)	ḥakam (m)	حكم
siffler (vi)	ṣaffar	صفّر
sifflet (m)	ṣoffāra (f)	صفّارة
faute (f)	moχalfa (f)	مخالفة
commettre un foul	χālef	خالف
expulser du terrain	ṭarad men el malʿab	طرد من الملعب
carton (m) jaune	el kart el aṣfar (m)	الكارت الأصفر
carton (m) rouge	el kart el aḥmar (m)	الكارت الأحمر
disqualification (f)	ḥermān (m)	حرمان
disqualifier (vt)	ḥaram	حرم
penalty (m)	ḍarbet gazāʾ (f)	ضربة جزاء
mur (m)	ḥāʾeṭ (m)	حائط
marquer (vt)	gāb hadaf	جاب هدف
but (m)	hadaf (m)	هدف
marquer un but	gāb hadaf	جاب هدف
remplacement (m)	tabdīl (m)	تبديل
remplacer (vt)	baddal	بدّل
règles (f pl)	qawāʿed (pl)	قواعد
tactique (f)	taktīk (m)	تكتيك
stade (m)	malʿab (m)	ملعب
tribune (f)	modarrag (m)	مدرّج

supporteur (m)	moʃaggeʿ (m)	مشجّع
crier (vi)	ṣarrax	صرّخ
tableau (m)	lawḥet el natīga (f)	لوحة النتيجة
score (m)	natīga (f)	نتيجة
défaite (f)	hazīma (f)	هزيمة
perdre (vi)	xeser	خسر
match (m) nul	taʿādol (m)	تعادل
faire match nul	taʿādal	تعادل
victoire (f)	foze (m)	فوز
gagner (vi, vt)	fāz	فاز
champion (m)	baṭal (m)	بطل
meilleur (adj)	aḥsan	أحسن
féliciter (vt)	hanna	هنّأ
commentateur (m)	moʿalleq (m)	معلّق
commenter (vt)	ʿallaʾ	علّق
retransmission (f)	ezāʿa (f)	إذاعة

137. Le ski alpin

skis (m pl)	zallagāt (pl)	زلاّجات
faire du ski	tazallag	تزلّج
station (f) de ski	montagaʿ gabaly lel tazaḥloq (m)	منتجع جبلي للتزلج
remontée (f) mécanique	meṣʿad (m)	مصعد
bâtons (m pl)	ʿeṣyān el tazallog (pl)	عصيان التزلّج
pente (f)	monḥadar (m)	منحدر
slalom (m)	el tazallog el motaʿarreg (m)	التزلّج المتعرّج

138. Le tennis. Le golf

golf (m)	golf (m)	جولف
club (m) de golf	nādy golf (m)	نادي جولف
joueur (m) au golf	lāʿeb golf (m)	لاعب جولف
trou (m)	tagwīf (m)	تجويف
club (m)	maḍrab (m)	مضرب
chariot (m) de golf	ʿaraba lel golf (f)	عربة للجولف
tennis (m)	tennis (m)	تنس
court (m) de tennis	malʿab tennis (m)	ملعب تنس
service (m)	monawla (f)	مناولة
servir (vi)	nāwel	ناول
raquette (f)	maḍrab (m)	مضرب
filet (m)	ʃabaka (f)	شبكة
balle (f)	kora (f)	كرة

139. Les échecs

échecs (m pl)	ʃaṭarang (m)	شطرنج
pièces (f pl)	aḥgār el ʃaṭarang (pl)	أحجار الشطرنج
joueur (m) d'échecs	lā'eb ʃaṭarang (m)	لاعب شطرنج
échiquier (m)	lawḥet el ʃaṭarang (f)	لوحة الشطرنج
pièce (f)	ḥagar (m)	حجر
blancs (m pl)	aḥgār bayḍā' (pl)	أحجار بيضاء
noirs (m pl)	aḥgār sawdā' (pl)	أحجار سوداء
pion (m)	bayda' (m)	بيدق
fou (m)	fīl (m)	فيل
cavalier (m)	ḥoṣān (m)	حصان
tour (f)	rakχ (m)	رخّ
reine (f)	el maleka (f)	الملكة
roi (m)	el malek (m)	الملك
coup (m)	χaṭwa (f)	خطوة
jouer (déplacer une pièce)	ḥarrak	حرّك
sacrifier (vt)	ḍaḥḥa	ضحّى
roque (m)	χaṭwa el raχ wel ʃah (f)	خطوة الرخ والشاه
échec (m)	kesʃ	كشّ
tapis (m)	kesʃ malek	كشّ ملك
tournoi (m) d'échecs	boṭūlet ʃaṭarang (f)	بطولة شطرنج
grand maître (m)	grand master (m)	جراند ماستر
combinaison (f)	tarkīb (m)	تركيب
partie (f)	dore (m)	دور
dames (f pl)	dama (f)	داما

140. La boxe

boxe (f)	molakma (f)	ملاكمة
combat (m)	molakma (f)	ملاكمة
match (m)	mobarāt molakma (f)	مباراة ملاكمة
round (m)	gawla (f)	جولة
ring (m)	ḥalaba (f)	حلبة
gong (m)	naqūs (m)	ناقوس
coup (m)	ḍarba (f)	ضربة
knock-down (m)	ḍarba ḥasema (f)	ضربة حاسمة
knock-out (m)	ḍarba 'āḍya (f)	ضربة قاضية
mettre KO	ḍarab ḍarba qāḍiya	ضرب ضربة قاضية
gant (m) de boxe	qoffāz el molakma (m)	قفّاز الملاكمة
arbitre (m)	ḥakam (m)	حكم
poids (m) léger	el wazn el χafīf (m)	الوزن الخفيف
poids (m) moyen	el wazn el motawasseṭ (m)	الوزن المتوسط
poids (m) lourd	el wazn el te'īl (m)	الوزن الثقيل

141. Le sport. Divers

Jeux (m pl) olympiques	al'āb olombiya (pl)	ألعاب أولمبيّة
gagnant (m)	fā'ez (m)	فائز
remporter (vt)	fāz	فاز
gagner (vi)	fāz	فاز
leader (m)	za'īm (m)	زعيم
prendre la tête	ta'addam	تقدّم
première place (f)	el martaba el ūla (f)	المرتبة الأولى
deuxième place (f)	el martaba el tanya (f)	المرتبة الثانية
troisième place (f)	el martaba el talta (f)	المرتبة الثالثة
médaille (f)	medalya (f)	ميدالية
trophée (m)	ka's (f)	كأس
coupe (f) (trophée)	ka's (f)	كأس
prix (m)	gayza (f)	جائزة
prix (m) principal	akbar gayza (f)	أكبر جائزة
record (m)	raqam qeyāsy (m)	رقم قياسي
établir un record	fāz be raqam qeyāsy	فاز برقم قياسي
finale (f)	mobarāh neha'iya (f)	مباراة نهائيّة
final (adj)	nehā'y	نهائي
champion (m)	baṭal (m)	بطل
championnat (m)	boṭūla (f)	بطولة
stade (m)	mal'ab (m)	ملعب
tribune (f)	modarrag (m)	مدرّج
supporteur (m)	moʃagge' (m)	مشجّع
adversaire (m)	'adeww (m)	عدو
départ (m)	χaṭṭ el bedāya (m)	خطّ البداية
ligne (f) d'arrivée	χaṭṭ el nehāya (m)	خطّ النهاية
défaite (f)	hazīma (f)	هزيمة
perdre (vi)	χeser	خسر
arbitre (m)	ḥakam (m)	حكم
jury (m)	hay'et el ḥokm (f)	هيئة الحكم
score (m)	natīga (f)	نتيجة
match (m) nul	ta'ādol (m)	تعادل
faire match nul	ta'ādal	تعادل
point (m)	no'ṭa (f)	نقطة
résultat (m)	natīga neha'iya (f)	نتيجة نهائية
période (f)	ʃoṭe (m)	شوط
mi-temps (f) (pause)	beyn el ʃoṭeyn	بين الشوطين
dopage (m)	monasʃeṭāt (pl)	منشّطات
pénaliser (vt)	'āqab	عاقب
disqualifier (vt)	ḥaram	حرم
agrès (m)	adah (f)	أداة
lance (f)	remḥ (m)	رمح

poids (m) (boule de métal)	kora ma'daniya (f)	كرة معدنية
bille (f) (de billard, etc.)	kora (f)	كرة
but (cible)	hadaf (m)	هدف
cible (~ en papier)	hadaf (m)	هدف
tirer (vi)	ḍarab bel nār	ضرب بالنار
précis (un tir ~)	maḍbūṭ	مضبوط
entraîneur (m)	modarreb (m)	مدرّب
entraîner (vt)	darrab	درّب
s'entraîner (vp)	etdarrab	إتدرّب
entraînement (m)	tadrīb (m)	تدريب
salle (f) de gym	gīm (m)	جيم
exercice (m)	tamrīn (m)	تمرين
échauffement (m)	tasχīn (m)	تسخين

L'éducation

142. L'éducation

école (f)	madrasa (f)	مدرسة
directeur (m) d'école	modīr el madrasa (m)	مدير المدرسة
élève (m)	talmīz (m)	تلميذ
élève (f)	telmīza (f)	تلميذة
écolier (m)	talmīz (m)	تلميذ
écolière (f)	telmīza (f)	تلميذة
enseigner (vt)	ʿallem	علّم
apprendre (~ l'arabe)	taʿallam	تعلّم
apprendre par cœur	ḥafaẓ	حفظ
apprendre (à faire qch)	taʿallam	تعلّم
être étudiant, -e	daras	درس
aller à l'école	rāḥ el madrasa	راح المدرسة
alphabet (m)	abgadiya (f)	أبجدية
matière (f)	madda (f)	مادّة
salle (f) de classe	faṣl (m)	فصل
leçon (f)	dars (m)	درس
récréation (f)	estrāḥa (f)	إستراحة
sonnerie (f)	garas el madrasa (m)	جرس المدرسة
pupitre (m)	disk el madrasa (m)	ديسك المدرسة
tableau (m) noir	sabbūra (f)	سبّورة
note (f)	daraga (f)	درجة
bonne note (f)	daraga kewayesa (f)	درجة كويسة
mauvaise note (f)	daraga meʃ kewayesa (f)	درجة مش كويسة
donner une note	edda daraga	إدّى درجة
faute (f)	χaṭa' (m)	خطأ
faire des fautes	aχṭa'	أخطأ
corriger (une erreur)	ṣaḥḥaḥ	صحّح
antisèche (f)	berʃām (m)	برشام
devoir (m)	wāgeb (m)	واجب
exercice (m)	tamrīn (m)	تمرين
être présent	ḥaḍar	حضر
être absent	ɣāb	غاب
manquer l'école	taɣeyyab ʿan el madrasa	تغيّب عن المدرسة
punir (vt)	ʿāqab	عاقب
punition (f)	ʿeqāb (m)	عقاب
conduite (f)	solūk (m)	سلوك

carnet (m) de notes	el taqrīr el madrasy (m)	التقرير المدرسي
crayon (m)	ʾalam roṣāṣ (m)	قلم رصاص
gomme (f)	astīka (f)	استيكة
craie (f)	ṭabaʃīr (m)	طباشير
plumier (m)	maʾlama (f)	مقلمة
cartable (m)	ʃanṭet el madrasa (f)	شنطة المدرسة
stylo (m)	ʾalam (m)	قلم
cahier (m)	daftar (m)	دفتر
manuel (m)	ketāb taʿlīm (m)	كتاب تعليم
compas (m)	bargal (m)	برجل
dessiner (~ un plan)	rasam rasm teqany	رسم رسم تقني
dessin (m) technique	rasm teqany (m)	رسم تقني
poésie (f)	ʾaṣīda (f)	قصيدة
par cœur (adv)	ʿan ẓahr qalb	عن ظهر قلب
apprendre par cœur	ḥafaẓ	حفظ
vacances (f pl)	agāza (f)	أجازة
être en vacances	ʿando agāza	عنده أجازة
passer les vacances	ʾaḍa el agāza	قضى الأجازة
interrogation (f) écrite	emteḥān (m)	إمتحان
composition (f)	enʃāʾ (m)	إنشاء
dictée (f)	emlāʾ (m)	إملاء
examen (m)	emteḥān (m)	إمتحان
passer les examens	ʿamal emteḥān	عمل إمتحان
expérience (f) (~ de chimie)	tagreba (f)	تجربة

143. L'enseignement supérieur

académie (f)	akademiya (f)	أكاديميّة
université (f)	gamʿa (f)	جامعة
faculté (f)	kolliya (f)	كلّيّة
étudiant (m)	ṭāleb (m)	طالب
étudiante (f)	ṭāleba (f)	طالبة
enseignant (m)	muḥāḍer (m)	محاضر
salle (f)	modarrag (m)	مدرّج
licencié (m)	motaχarreg (m)	متخرج
diplôme (m)	dibloma (f)	دبلومة
thèse (f)	resāla ʿelmiya (f)	رسالة علميّة
étude (f)	derāsa (f)	دراسة
laboratoire (m)	moχtabar (m)	مختبر
cours (m)	moḥaḍra (f)	محاضرة
camarade (m) de cours	zamīl fel ṣaff (m)	زميل في الصفّ
bourse (f)	menḥa derāsiya (f)	منحة دراسيّة
grade (m) universitaire	daraga ʿelmiya (f)	درجة علميّة

144. Les disciplines scientifiques

mathématiques (f pl)	reyāḍīāt (pl)	رياضيّات
algèbre (f)	el gabr (m)	الجبر
géométrie (f)	handasa (f)	هندسة
astronomie (f)	ʻelm el falak (m)	علم الفلك
biologie (f)	al aḥya' (m)	الأحياء
géographie (f)	goɣrafia (f)	جغرافيا
géologie (f)	ʒeoloʒia (f)	جيولوجيا
histoire (f)	tarīχ (m)	تاريخ
médecine (f)	ṭebb (m)	طبّ
pédagogie (f)	tarbeya (f)	تربية
droit (m)	qanūn (m)	قانون
physique (f)	fezya' (f)	فيزياء
chimie (f)	kemya' (f)	كيمياء
philosophie (f)	falsafa (f)	فلسفة
psychologie (f)	ʻelm el nafs (m)	علم النفس

145. Le système d'écriture et l'orthographe

grammaire (f)	el naḥw wel ṣarf (m)	النحو والصرف
vocabulaire (m)	mofradāt el loɣa (pl)	مفردات اللغة
phonétique (f)	ṣawtīāt (pl)	صوتيات
nom (m)	esm (m)	اسم
adjectif (m)	ṣefa (f)	صفة
verbe (m)	fe'l (m)	فعل
adverbe (m)	ẓarf (m)	ظرف
pronom (m)	ḍamīr (m)	ضمير
interjection (f)	oslūb el taʻaggob (m)	أسلوب التعجّب
préposition (f)	ḥarf el garr (m)	حرف الجرّ
racine (f)	gezr el kelma (m)	جذر الكلمة
terminaison (f)	nehāya (f)	نهاية
préfixe (m)	sabaeqa (f)	سابقة
syllabe (f)	maqṭaʻ lafzy (m)	مقطع لفظي
suffixe (m)	lāḥeqa (f)	لاحقة
accent (m) tonique	nabra (f)	نبرة
apostrophe (f)	ʻalāmet ḥazf (f)	علامة حذف
point (m)	no'ṭa (f)	نقطة
virgule (f)	faṣla (f)	فاصلة
point (m) virgule	no'ṭa w faṣla (f)	نقطة وفاصلة
deux-points (m)	no'ṭeteyn (pl)	نقطتين
points (m pl) de suspension	talat no'aṭ (pl)	ثلاث نقط
point (m) d'interrogation	ʻalāmet estefhām (f)	علامة إستفهام
point (m) d'exclamation	'alāmet taʻaggob (f)	علامة تعجّب

guillemets (m pl)	ʿalamāt el eqtebās (pl)	علامات الإقتباس
entre guillemets	beyn ʿalamaty el eqtebās	بين علامتي الاقتباس
parenthèses (f pl)	qoseyn (du)	قوسين
entre parenthèses	beyn el qoseyn	بين القوسين
trait (m) d'union	ʿalāmet waṣl (f)	علامة وصل
tiret (m)	ʃorṭa (f)	شرطة
blanc (m)	farāɣ (m)	فراغ
lettre (f)	ḥarf (m)	حرف
majuscule (f)	ḥarf kebīr (m)	حرف كبير
voyelle (f)	ḥarf ṣauty (m)	حرف صوتي
consonne (f)	ḥarf sāken (m)	حرف ساكن
proposition (f)	gomla (f)	جملة
sujet (m)	fāʿel (m)	فاعل
prédicat (m)	mosnad (m)	مسند
ligne (f)	saṭr (m)	سطر
à la ligne	men bedāyet el saṭr	من بداية السطر
paragraphe (m)	faqra (f)	فقرة
mot (m)	kelma (f)	كلمة
groupe (m) de mots	magmūʿa men el kelamāt (pl)	مجموعة من الكلمات
expression (f)	moṣṭalaḥ (m)	مصطلح
synonyme (m)	morādef (m)	مرادف
antonyme (m)	motaḍād loɣawy (m)	متضاد لغوي
règle (f)	qaʿeda (f)	قاعدة
exception (f)	estesnāʾ (m)	إستثناء
correct (adj)	ṣaḥīḥ	صحيح
conjugaison (f)	ṣarf (m)	صرف
déclinaison (f)	taṣrīf el asmāʾ (m)	تصريف الأسماء
cas (m)	ḥāla esmiya (f)	حالة أسمية
question (f)	soʾāl (m)	سؤال
souligner (vt)	ḥaṭṭ χaṭṭ taḥt	حطّ خطّ تحت
pointillé (m)	χaṭṭ menaʾʾaṭ (m)	خطّ منقّط

146. Les langues étrangères

langue (f)	loɣa (f)	لغة
étranger (adj)	agnaby	أجنبيّ
langue (f) étrangère	loɣa agnabiya (f)	لغة أجنبية
étudier (vt)	daras	درس
apprendre (~ l'arabe)	taʿallam	تعلّم
lire (vi, vt)	ʾara	قرأ
parler (vi, vt)	kallem	كلّم
comprendre (vt)	fehem	فهم
écrire (vt)	katab	كتب
vite (adv)	bosorʿa	بسرعة
lentement (adv)	bo boṭʾ	ببطء

couramment (adv)	beṭalāqa	بطلاقة
règles (f pl)	qawā'ed (pl)	قواعد
grammaire (f)	el naḥw wel ṣarf (m)	النحو والصرف
vocabulaire (m)	mofradāt el loɣa (pl)	مفردات اللغة
phonétique (f)	ṣawtīāt (pl)	صوتيات
manuel (m)	ketāb ta'līm (m)	كتاب تعليم
dictionnaire (m)	qamūs (m)	قاموس
manuel (m) autodidacte	ketāb ta'līm zāty (m)	كتاب تعليم ذاتي
guide (m) de conversation	ketāb lel 'ebarāt el ʃā'e'a (m)	كتاب للعبارت الشائعة
cassette (f)	kasett (m)	كاسيت
cassette (f) vidéo	ʃerī'ṭ video (m)	شريط فيديو
CD (m)	sidī (m)	سي دي
DVD (m)	dividī (m)	دي في دي
alphabet (m)	abgadiya (f)	أبجدية
épeler (vt)	tahagga	تهجّى
prononciation (f)	noṭ' (m)	نطق
accent (m)	lahga (f)	لهجة
avec un accent	be lahga	بـ لهجة
sans accent	men ɣeyr lahga	من غير لهجة
mot (m)	kelma (f)	كلمة
sens (m)	ma'na (m)	معنى
cours (m pl)	dawra (f)	دورة
s'inscrire (vp)	saggel esmo	سجّل إسمه
professeur (m) (~ d'anglais)	modarres (m)	مدرّس
traduction (f) (action)	targama (f)	ترجمة
traduction (f) (texte)	targama (f)	ترجمة
traducteur (m)	motargem (m)	مترجم
interprète (m)	motargem fawwry (m)	مترجم فوّري
polyglotte (m)	'alīm be'eddet loɣāt (m)	عليم بعدّة لغات
mémoire (f)	zākera (f)	ذاكرة

147. Les personnages de contes de fées

Père Noël (m)	baba neweyl (m)	بابا نويل
Cendrillon (f)	sindrīla	سيندريلا
sirène (f)	'arūset el baḥr (f)	عروسة البحر
Neptune (m)	nibtūn (m)	نبتون
magicien (m)	sāḥer (m)	ساحر
fée (f)	genniya (f)	جنّيّة
magique (adj)	seḥry	سحري
baguette (f) magique	el 'aṣāya el seḥriya (f)	العصاية السحرية
conte (m) de fées	ḥekāya χayaliya (f)	حكاية خيالية
miracle (m)	mo'geza (f)	معجزة
gnome (m)	qazam (m)	قزم

se transformer en ...	taḥawwal ela ...	تحوّل إلى...
esprit (m) (revenant)	ʃabaḥ (m)	شبح
fantôme (m)	ʃabaḥ (m)	شبح
monstre (m)	waḥʃ (m)	وحش
dragon (m)	tennīn (m)	تنّين
géant (m)	ʿemlāq (m)	عملاق

148. Les signes du zodiaque

Bélier (m)	borg el ḥaml (m)	برج الحمل
Taureau (m)	borg el sore (m)	برج الثور
Gémeaux (m pl)	borg el gawzāʾ (m)	برج الجوزاء
Cancer (m)	borg el saraṭān (m)	برج السرطان
Lion (m)	borg el asad (m)	برج الأسد
Vierge (f)	borg el ʿazrāʾ (m)	برج العذراء
Balance (f)	borg el mezān (m)	برج الميزان
Scorpion (m)	borg el ʿaʾrab (m)	برج العقرب
Sagittaire (m)	borg el qose (m)	برج القوس
Capricorne (m)	borg el gady (m)	برج الجدي
Verseau (m)	borg el dalw (m)	برج الدلو
Poissons (m pl)	borg el ḥūt (m)	برج الحوت
caractère (m)	ʃaχṣiya (f)	شخصية
traits (m pl) du caractère	el ṣefāt el ʃaχṣiya (pl)	الصفات الشخصية
conduite (f)	solūk (m)	سلوك
dire la bonne aventure	ʾara el ṭāleʿ	قرأ الطالع
diseuse (f) de bonne aventure	ʿarrāfa (f)	عرّافة
horoscope (m)	tawaqqoʿāt el abrāg (pl)	توقّعات الأبراج

L'art

149. Le théâtre

théâtre (m)	masraḥ (m)	مسرح
opéra (m)	obra (f)	أوبرا
opérette (f)	obrette (f)	أوبريت
ballet (m)	baleyh (m)	باليه
affiche (f)	molṣaq (m)	ملصق
troupe (f) de théâtre	fer'a (f)	فرقة
tournée (f)	gawlet fananīn (f)	جولة فنّانين
être en tournée	tagawwal	تجوّل
répéter (vt)	ʿamal brova	عمل بروفة
répétition (f)	brova (f)	بروفة
répertoire (m)	barnāmeg el masraḥ (m)	برنامج المسرح
représentation (f)	adā' (m)	أداء
spectacle (m)	ʿarḍ masraḥy (m)	عرض مسرحي
pièce (f) de théâtre	masraḥiya (f)	مسرحيّة
billet (m)	tazkara (f)	تذكرة
billetterie (f pl)	ʃebbāk el tazāker (m)	شبّاك التذاكر
hall (m)	ṣāla (f)	صالة
vestiaire (m)	ɣorfet īdāʿ el maʿāṭef (f)	غرفة إيداع المعاطف
jeton (m) de vestiaire	beṭā'et edāʿ el maʿaṭef (f)	بطاقة إيداع المعاطف
jumelles (f pl)	naḍḍāra moʿaẓẓema lel obera (f)	نظارة معظمة للأوبرا
placeur (m)	ḥāgeb el sinema (m)	حاجب السينما
parterre (m)	karāsy el orkestra (pl)	كراسي الأوركسترا
balcon (m)	balakona (f)	بلكونة
premier (m) balcon	ʃorfa (f)	شرفة
loge (f)	log (m)	لوج
rang (m)	ṣaff (m)	صفّ
place (f)	meqʿad (m)	مقعد
public (m)	gomhūr (m)	جمهور
spectateur (m)	moʃāhed (m)	مشاهد
applaudir (vi)	ṣaffa'	صفّق
applaudissements (m pl)	taṣfī' (m)	تصفيق
ovation (f)	taṣfī' ḥār (m)	تصفيق حار
scène (f) (monter sur ~)	xaʃabet el masraḥ (f)	خشبة المسرح
rideau (m)	setāra (f)	ستارة
décor (m)	dekor (m)	ديكور
coulisses (f pl)	kawalīs (pl)	كواليس
scène (f) (la dernière ~)	maʃ-had (m)	مشهد
acte (m)	faṣl (m)	فصل
entracte (m)	estrāḥa (f)	استراحة

150. Le cinéma

acteur (m)	momassel (m)	ممثّل
actrice (f)	momassela (f)	ممثّلة
cinéma (m) (industrie)	el aflām (m)	الأفلام
film (m)	film (m)	فيلم
épisode (m)	goz' (m)	جزء
film (m) policier	film bolīsy (m)	فيلم بوليسي
film (m) d'action	film akʃen (m)	فيلم أكشن
film (m) d'aventures	film moɣamarāt (m)	فيلم مغامرات
film (m) de science-fiction	film χayāl ʿelmy (m)	فيلم خيال علمي
film (m) d'horreur	film roʿb (m)	فيلم رعب
comédie (f)	film komedia (f)	فيلم كوميديا
mélodrame (m)	melodrama (m)	ميلودراما
drame (m)	drama (f)	دراما
film (m) de fiction	film χayāly (m)	فيلم خيالي
documentaire (m)	film wasā'eqy (m)	فيلم وثائقي
dessin (m) animé	kartōn (m)	كرتون
cinéma (m) muet	sinema ṣāmeta (f)	سينما صامتة
rôle (m)	dore (m)	دور
rôle (m) principal	dore ra'īsy (m)	دور رئيسي
jouer (vt)	massel	مثّل
vedette (f)	negm senamā'y (m)	نجم سينمائي
connu (adj)	maʿrūf	معروف
célèbre (adj)	maʃ-hūr	مشهور
populaire (adj)	maḥbūb	محبوب
scénario (m)	senario (m)	سيناريو
scénariste (m)	kāteb senario (m)	كاتب سيناريو
metteur (m) en scène	moχreg (m)	مخرج
producteur (m)	monteg (m)	منتج
assistant (m)	mosāʿed (m)	مساعد
opérateur (m)	moṣawwer (m)	مصوّر
cascadeur (m)	mo'addy maʃāhed χaṭīra (m)	مؤدي مشاهد خطيرة
doublure (f)	momassel badīl (m)	ممثّل بديل
tourner un film	ṣawwar film	صوّر فيلم
audition (f)	tagreba adā' (f)	تجربة أداء
tournage (m)	taṣwīr (m)	تصوير
équipe (f) de tournage	ṭāqem el film (m)	طاقم الفيلم
plateau (m) de tournage	mante'et taṣwīr (f)	منطقة التصوير
caméra (f)	kamera (f)	كاميرا
cinéma (m)	sinema (f)	سينما
écran (m)	ʃāʃa (f)	شاشة
donner un film	ʿaraḍ film	عرض فيلم
piste (f) sonore	mosīqa taṣweriya (f)	موسيقى تصويرية
effets (m pl) spéciaux	mo'asserāt χāṣa (pl)	مؤثّرات خاصّة

sous-titres (m pl)	targamet el ḥewār (f)	ترجمة الحوار
générique (m)	ʃāret el nehāya (f)	شارة النهاية
traduction (f)	targama (f)	ترجمة

151. La peinture

art (m)	fann (m)	فنّ
beaux-arts (m pl)	fonūn gamīla (pl)	فنون جميلة
galerie (f) d'art	maʿraḍ fonūn (m)	معرض فنون
exposition (f) d'art	maʿraḍ fanny (m)	معرض فنّي
peinture (f)	lawḥa (f)	لوحة
graphique (f)	fann taṣwīry (m)	فن تصويري
art (m) abstrait	fann tagrīdy (m)	فن تجريدي
impressionnisme (m)	el enṭebāʿiya (f)	الإنطباعيّة
tableau (m)	lawḥa (f)	لوحة
dessin (m)	rasm (m)	رسم
poster (m)	boster (m)	بوستر
illustration (f)	rasm tawḍīḥy (m)	رسم توضيحي
miniature (f)	ṣūra moṣagɣara (f)	صورة مصغّرة
copie (f)	nosχa (f)	نسخة
reproduction (f)	nosχa ṭebʾ el aṣl (f)	نسخة طبق الأصل
mosaïque (f)	fosayfesāʾ (f)	فسيفساء
vitrail (m)	ʃebbāk ʾezāz mlawwen (m)	شبّاك قزاز ملوّن
fresque (f)	taṣwīr gaṣṣy (m)	تصوير جصي
gravure (f)	naʾʃ (m)	نقش
buste (m)	temsāl neṣfy (m)	تمثال نصفي
sculpture (f)	naḥt (m)	نحت
statue (f)	temsāl (m)	تمثال
plâtre (m)	gibss (m)	جيبس
en plâtre	men el gebs	من الجيبس
portrait (m)	bortreyh (m)	بورتريه
autoportrait (m)	bortreyh ʃaχṣy (m)	بورتريه شخصي
paysage (m)	lawḥet manzar ṭabeeʿy (f)	لوحة منظر طبيعي
nature (f) morte	ṭabeeʿa ṣāmeta (f)	طبيعة صامتة
caricature (f)	ṣūra karikatoriya (f)	صورة كاريكاتورية
croquis (m)	rasm tamhīdy (m)	رسم تمهيدي
peinture (f)	lone (m)	لون
aquarelle (f)	alwān maya (m)	ألوان ميّة
huile (f)	zeyt (m)	زيت
crayon (m)	ʾalam roṣāṣ (m)	قلم رصاص
encre (f) de Chine	ḥebr hendy (m)	حبر هندي
fusain (m)	faḥm (m)	فحم
dessiner (vi, vt)	rasam	رسم
peindre (vi, vt)	rasam	رسم
poser (vi)	ʾaʿad	قعد
modèle (m)	modeyl ḥayī amām el rassām (m)	موديل حيّ أمام الرسّام

modèle (f)	modeyl ḥayī amām el rassām (m)	موديل حيّ أمام الرسّام
peintre (m)	rassām (m)	رسّام
œuvre (f) d'art	'amal fanny (m)	عمل فنّي
chef (m) d'œuvre	toḥfa faniya (f)	تحفة فنّية
atelier (m) d'artiste	warʃa (f)	ورشة
toile (f)	kanava (f)	كانفا
chevalet (m)	masnad el loḥe (m)	مسند اللوح
palette (f)	lawḥet el alwān (f)	لوحة الألوان
encadrement (m)	eṭār (m)	إطار
restauration (f)	tarmīm (m)	ترميم
restaurer (vt)	rammem	رمّم

152. La littérature et la poésie

littérature (f)	adab (m)	أدب
auteur (m) (écrivain)	mo'allef (m)	مؤلّف
pseudonyme (m)	esm mosta'ār (m)	اسم مستعار
livre (m)	ketāb (m)	كتاب
volume (m)	mogallad (m)	مجلّد
table (f) des matières	gadwal el moḥtawayāt (m)	جدوَل المحتويات
page (f)	ṣafḥa (f)	صفحة
protagoniste (m)	el ʃaχṣiya el ra'esiya (f)	الشخصية الرئيسية
autographe (m)	tawqee' el mo'allef (m)	توقيع المؤلّف
récit (m)	qeṣṣa 'aṣīra (f)	قصّة قصيرة
nouvelle (f)	'oṣṣa (f)	قصّة
roman (m)	rewāya (f)	رواية
œuvre (f) littéraire	mo'allef (m)	مؤلّف
fable (f)	ḥekāya (f)	حكاية
roman (m) policier	rewāya bolesiya (f)	رواية بوليسية
vers (m)	'aṣīda (f)	قصيدة
poésie (f)	ʃe'r (m)	شعر
poème (m)	'aṣīda (f)	قصيدة
poète (m)	ʃā'er (m)	شاعر
belles-lettres (f pl)	χayāl (m)	خيال
science-fiction (f)	χayāl 'elmy (m)	خيال علمي
aventures (f pl)	adab el moɣamrāt (m)	أدب المغامرات
littérature (f) didactique	adab tarbawy (m)	أدب تربوّي
littérature (f) pour enfants	adab el aṭfāl (m)	أدب الأطفال

153. Le cirque

cirque (m)	serk (m)	سيرك
chapiteau (m)	serk motana''el (m)	سيرك متنقّل
programme (m)	barnāmeg (m)	برنامج
représentation (f)	adā' (m)	أداء

numéro (m)	ʻarḍ (m)	عرض
arène (f)	ḥalabet el serk (f)	حلبة السيرك
pantomime (f)	momassel īmā'y (m)	ممثّل إيمائي
clown (m)	aragoze (m)	أراجوز
acrobate (m)	bahlawān (m)	بهلوان
acrobatie (f)	alʻab bahlawaniya (f)	ألعاب بهلوانية
gymnaste (m)	lāʻeb gombāz (m)	لاعب جمباز
gymnastique (f)	gombāz (m)	جمباز
salto (m)	ḥarakāt ʃa'laba (pl)	حركات شقلبة
hercule (m)	el ragl el qawy (m)	الرجل القوي
dompteur (m)	morawweḍ (m)	مروّض
écuyer (m)	fāres (m)	فارس
assistant (m)	mosāʻed (m)	مساعد
truc (m)	ḥeyla (f)	حيلة
tour (m) de passe-passe	χedʻa seḥriya (f)	خدعة سحرية
magicien (m)	sāḥer (m)	ساحر
jongleur (m)	bahlawān (m)	بهلوان
jongler (vi)	leʻeb be korāt ʻadīda	لعب بكرات عديدة
dresseur (m)	modarreb ḥayawanāt (m)	مدرّب حيوانات
dressage (m)	tadrīb el ḥayawanāt (m)	تدريب الحيوانات
dresser (vt)	darrab	درّب

154. La musique

musique (f)	mosīqa (f)	موسيقى
musicien (m)	ʻāzef (m)	عازف
instrument (m) de musique	'āla moseqiya (f)	آلة موسيقيّة
jouer de ...	ʻazaf ...	عزف...
guitare (f)	guitar (m)	جيتار
violon (m)	kamān (m)	كمان
violoncelle (m)	el tʃello (m)	التشيلو
contrebasse (f)	kamān kebīr (m)	كمان كبير
harpe (f)	qesār (m)	قيثار
piano (m)	biano (m)	بيانو
piano (m) à queue	biano kebīr (m)	بيانو كبير
orgue (m)	arɣan (m)	أرغن
instruments (m pl) à vent	'ālāt el nafχ (pl)	آلات النفخ
hautbois (m)	mezmār (m)	مزمار
saxophone (m)	saksofon (m)	ساكسوفون
clarinette (f)	klarinet (m)	كلارنيت
flûte (f)	flute (m)	فلوت
trompette (f)	bū' (m)	بوق
accordéon (m)	okordiōn (m)	أكورديون
tambour (m)	ṭabla (f)	طبلة
duo (m)	sonā'y (m)	ثنائي

trio (m)	solāsy (m)	ثلاثي
quartette (m)	robāʿy (m)	رباعي
chœur (m)	korale (m)	كورال
orchestre (m)	orkestra (f)	أوركسترا
musique (f) pop	mosīqa el bob (f)	موسيقى البوب
musique (f) rock	mosīqa el rok (f)	موسيقى الروك
groupe (m) de rock	ferʾet el rokk (f)	فرقة الروك
jazz (m)	ʒāzz (m)	جاز
idole (f)	maʿbūd (m)	معبود
admirateur (m)	moʿgab (m)	معجب
concert (m)	ḥafla mūsiqiya (f)	حفلة موسيقيّة
symphonie (f)	semfoniya (f)	سمفونيّة
œuvre (f) musicale	ʾeṭʿa mosiqiya (f)	قطعة موسيقيّة
composer (vt)	allaf	ألّف
chant (m) (~ d'oiseau)	ɣenāʾ (m)	غناء
chanson (f)	oɣniya (f)	أغنيّة
mélodie (f)	laḥn (m)	لحن
rythme (m)	eqāʿ (m)	إيقاع
blues (m)	mosīqa el blues (f)	موسيقى البلوز
notes (f pl)	notāt (pl)	نوتات
baguette (f)	ʿaṣa el maystro (m)	عصا المايسترو
archet (m)	qose (m)	قوس
corde (f)	watar (m)	وتر
étui (m)	ʃanṭa (f)	شنطة

Les loisirs. Les voyages

155. Les voyages. Les excursions

tourisme (m)	seyāḥa (f)	سياحة
touriste (m)	sā'eḥ (m)	سائح
voyage (m) (à l'étranger)	reḥla (f)	رحلة
aventure (f)	moɣamra (f)	مغامرة
voyage (m)	reḥla (f)	رحلة
vacances (f pl)	agāza (f)	أجازة
être en vacances	kān fi agāza	كان في أجازة
repos (m) (jours de ~)	estrāḥa (f)	إستراحة
train (m)	qeṭār, 'aṭṭr (m)	قطار
en train	bel qeṭār - bel aṭṭr	بالقطار
avion (m)	ṭayāra (f)	طيّارة
en avion	bel ṭayāra	بالطيّارة
en voiture	bel sayāra	بالسيّارة
en bateau	bel safīna	بالسفينة
bagage (m)	el ʃonaṭ (pl)	الشنط
malle (f)	ʃanṭa (f)	شنطة
chariot (m)	'arabet ʃonaṭ (f)	عربة شنط
passeport (m)	basbore (m)	باسبور
visa (m)	ta'ʃīra (f)	تأشيرة
ticket (m)	tazkara (f)	تذكرة
billet (m) d'avion	tazkara ṭayarān (f)	تذكرة طيران
guide (m) (livre)	dalīl (m)	دليل
carte (f)	χarīṭa (f)	خريطة
région (f) (~ rurale)	mante'a (f)	منطقة
endroit (m)	makān (m)	مكان
exotisme (m)	ɣarāba (f)	غرابة
exotique (adj)	ɣarīb	غريب
étonnant (adj)	mod-heʃ	مدهش
groupe (m)	magmū'a (f)	مجموعة
excursion (f)	gawla (f)	جولة
guide (m) (personne)	morʃed (m)	مرشد

156. L'hôtel

hôtel (m)	fondo' (m)	فندق
motel (m)	motel (m)	موتيل
3 étoiles	talat nogūm	ثلاث نجوم

5 étoiles	χamas nogūm	خمس نجوم
descendre (à l'hôtel)	nezel	نزل
chambre (f)	oḍa (f)	أوضة
chambre (f) simple	owḍa le ʃaχṣ wāḥed (f)	أوضة لشخص واحد
chambre (f) double	oḍa le ʃaχṣeyn (f)	أوضة لشخصين
réserver une chambre	ḥagaz owḍa	حجز أوضة
demi-pension (f)	wagbeteyn fel yome (du)	وجبتين في اليوم
pension (f) complète	talat wagabāt fel yome	ثلاث وجبات في اليوم
avec une salle de bain	bel banyo	بـ البانيو
avec une douche	bel doʃ	بالدوش
télévision (f) par satellite	televizion be qanawāt faḍā'iya (m)	تليفزيون بقنوات فضائية
climatiseur (m)	takyīf (m)	تكييف
serviette (f)	fūṭa (f)	فوطة
clé (f)	meftāḥ (m)	مفتاح
administrateur (m)	modīr (m)	مدير
femme (f) de chambre	'āmela tandīf ɣoraf (f)	عاملة تنظيف غرف
porteur (m)	ʃayāl (m)	شيّال
portier (m)	bawwāb (m)	بوّاب
restaurant (m)	maṭ'am (m)	مطعم
bar (m)	bār (m)	بار
petit déjeuner (m)	foṭūr (m)	فطور
dîner (m)	'aʃā' (m)	عشاء
buffet (m)	bofeyh (m)	بوفيه
hall (m)	rad-ha (f)	ردهة
ascenseur (m)	asanseyr (m)	اسانسير
PRIÈRE DE NE PAS DÉRANGER	nargu 'adam el ez'āg	نرجو عدم الإزعاج
DÉFENSE DE FUMER	mamnū' el tadχīn	ممنوع التدخين

157. Le livre. La lecture

livre (m)	ketāb (m)	كتاب
auteur (m)	mo'allef (m)	مؤلّف
écrivain (m)	kāteb (m)	كاتب
écrire (~ un livre)	allaf	ألّف
lecteur (m)	qāre' (m)	قارئ
lire (vi, vt)	'ara	قرأ
lecture (f)	qerā'a (f)	قراءة
à part soi	beṣamt	بصمت
à haute voix	beṣote 'āly	بصوت عالي
éditer (vt)	naʃar	نشر
édition (f) (~ des livres)	naʃr (m)	نشر
éditeur (m)	nāʃer (m)	ناشر

maison (f) d'édition	dar el ṭebāʿa wel naʃr (f)	دار الطباعة والنشر
paraître (livre)	ṣadar	صدر
sortie (f) (~ d'un livre)	ṣodūr (m)	صدور
tirage (m)	ʿadad el nosaχ (m)	عدد النسخ
librairie (f)	maḥal kotob (m)	محل كتب
bibliothèque (f)	maktaba (f)	مكتبة
nouvelle (f)	ʾoṣṣa (f)	قصّة
récit (m)	qeṣṣa ʾaṣīra (f)	قصّة قصيرة
roman (m)	rewāya (f)	رواية
roman (m) policier	rewāya bolesiya (f)	رواية بوليسية
mémoires (m pl)	mozakkerāt (pl)	مذكّرات
légende (f)	osṭūra (f)	أسطورة
mythe (m)	χorāfa (f)	خرافة
vers (m pl)	ʃeʿr (m)	شعر
autobiographie (f)	sīret ḥayah (f)	سيرة حياة
les œuvres choisies	muχtarāt (pl)	مختارات
science-fiction (f)	χayāl ʿelmy (m)	خيال علمي
titre (m)	ʿenwān (m)	عنوان
introduction (f)	moqaddema (f)	مقدّمة
page (f) de titre	ṣafḥet ʿenwān (f)	صفحة العنوان
chapitre (m)	faṣl (m)	فصل
extrait (m)	χolāṣa (f)	خلاصة
épisode (m)	maʃ-had (m)	مشهد
sujet (m)	ḥabka (f)	حبكة
sommaire (m)	moḥtawayāt (pl)	محتويات
table (f) des matières	gadwal el moḥtawayāt (m)	جدوّل المحتويات
protagoniste (m)	el ʃaχṣiya el raʾesiya (f)	الشخصية الرئيسية
volume (m)	mogallad (m)	مجلّد
couverture (f)	ɣelāf (m)	غلاف
reliure (f)	taglīd (m)	تجليد
marque-page (m)	ʃerīṭ (m)	شريط
page (f)	ṣafḥa (f)	صفحة
feuilleter (vt)	ʾalleb el ṣafaḥāt	قلّب الصفحات
marges (f pl)	hāmeʃ (m)	هامش
annotation (f)	molaḥza (f)	ملاحظة
note (f) de bas de page	molaḥza (f)	ملاحظة
texte (m)	noṣṣ (m)	نصّ
police (f)	nūʿ el χaṭṭ (m)	نوع الخطّ
faute (f) d'impression	χaṭaʾ maṭbaʿy (m)	خطأ مطبعيّ
traduction (f)	targama (f)	ترجمة
traduire (vt)	targem	ترجم
original (m)	aṣliya (f)	أصلية
célèbre (adj)	maʃ-hūr	مشهور
inconnu (adj)	meʃ maʿrūf	مش معروف

intéressant (adj)	moʃawweq	مشوّق
best-seller (m)	aktar mabee'an (m)	أكثر مبيعاً
dictionnaire (m)	qamūs (m)	قاموس
manuel (m)	ketāb ta'līm (m)	كتاب تعليم
encyclopédie (f)	ensayklopedia (f)	إنسيكلوبيديا

158. La chasse. La péche

chasse (f)	ṣeyd (m)	صيد
chasser (vi, vt)	eṣṭād	إصطاد
chasseur (m)	ṣayād (m)	صيّاد
tirer (vi)	ḍarab bel nār	ضرب بالنار
fusil (m)	bondoqiya (f)	بندقيّة
cartouche (f)	roṣāṣa (f)	رصاصة
grains (m pl) de plomb	'eyār (m)	عيار
piège (m) à mâchoires	maṣyada (f)	مصيّدة
piège (m)	fakχ (m)	فخّ
être pris dans un piège	we'e' fe fakχ	وقع في فخّ
mettre un piège	naṣb fakχ	نصب فخّ
braconnier (m)	sāre' el ṣeyd (m)	سارق الصيد
gibier (m)	ṣeyd (m)	صيد
chien (m) de chasse	kalb ṣeyd (m)	كلب صيد
safari (m)	safāry (m)	سفاري
animal (m) empaillé	ḥayawān moḥannaṭ (m)	حيوان محنّط
pêcheur (m)	ṣayād el samak (m)	صيّاد السمك
pêche (f)	ṣeyd el samak (m)	صيد السمك
pêcher (vi)	eṣṭād samak	إصطاد سمك
canne (f) à pêche	ṣennāra (f)	صنّارة
ligne (f) de pêche	χeyṭ (m)	خيط
hameçon (m)	ʃaṣ el garīma (m)	شص الصيد
flotteur (m)	'awwāma (f)	عوّامة
amorce (f)	ṭa'm (m)	طعم
lancer la ligne	ṭaraḥ el ṣennāra	طرح الصنّارة
mordre (vt)	'aḍḍ	عض
pêche (f) (poisson capturé)	el samak el moṣṭād (m)	السمك المصطاد
trou (m) dans la glace	fat-ḥa fel galīd (f)	فتحة في الجليد
filet (m)	ʃabaket el ṣeyd (f)	شبكة الصيد
barque (f)	markeb (m)	مركب
pêcher au filet	eṣṭād bel ʃabaka	إصطاد بالشبكة
jeter un filet	rama ʃabaka	رمى شبكة
retirer le filet	aχrag ʃabaka	أخرج شبكة
tomber dans le filet	we'e' fe ʃabaka	وقع في شبكة
baleinier (m)	ṣayād el ḥūt (m)	صيّاد الحوت
baleinière (f)	safīna ṣeyd ḥitān (f)	سفينة صيد الحيتان
harpon (m)	ḥerba (f)	حربة

159. Les jeux. Le billard

billard (m)	bilyardo (m)	بلياردو
salle (f) de billard	qā'a bilyardo (m)	قاعة بلياردو
bille (f) de billard	kora (f)	كرة
empocher une bille	dakẖal kora	دخّل كرة
queue (f)	'aṣāyet bilyardo (f)	عصاية بلياردو
poche (f)	geyb bilyardo (m)	جيب بلياردو

160. Les jeux de cartes

carreau (m)	el dinary (m)	الديناري
pique (m)	el bastūny (m)	البستوني
cœur (m)	el koba (f)	الكوبة
trèfle (m)	el sebāty (m)	السباتي
as (m)	'āss (m)	آس
roi (m)	malek (m)	ملك
dame (f)	maleka (f)	ملكة
valet (m)	walad (m)	ولد
carte (f)	wara'a (f)	ورقة
jeu (m) de cartes	wara' (m)	ورق
atout (m)	wara'a rābeḥa (f)	ورقة رابحة
paquet (m) de cartes	desta wara' 'enab (f)	دستة ورق اللعب
point (m)	nu'ṭa (f)	نقطة
distribuer (les cartes)	farra'	فرّق
battre les cartes	ẖalaṭ	خلط
tour (m) de jouer	dore (m)	دور
tricheur (m)	moḥtāl fel 'omār (m)	محتال في القمار

161. Le casino. La roulette

casino (m)	kazino (m)	كازينو
roulette (f)	rulett (m)	روليت
mise (f)	rahān (m)	رهان
miser (vt)	qāmar	قامر
rouge (m)	aḥmar (m)	أحمر
noir (m)	aswad (m)	أسود
miser sur le rouge	rāhen 'ala el aḥmar	راهن على الأحمر
miser sur le noir	rāhen 'ala el aswad	راهن على الأسود
croupier (m)	mowazzaf nādy el 'omār (m)	موظّف نادى القمار
faire tourner la roue	dawwar el 'agala	دوّر العجلة
règles (f pl) du jeu	qawā'ed (pl)	قواعد
fiche (f)	fīʃa (f)	فيشة
gagner (vi, vt)	keseb	كسب
gain (m)	rebḥ (m)	ربح

perdre (vi)	χeser	خسر
perte (f)	χesāra (f)	خسارة
joueur (m)	lā'eb (m)	لاعب
black-jack (m)	blɛkdʒɛk (m)	بلاك جاك
jeu (m) de dés	le'bet el nard (f)	لعبة النرد
dés (m pl)	zahr el nard (m)	زهر النرد
machine (f) à sous	'ālet qomār (f)	آلة قمار

162. Les loisirs. Les jeux

se promener (vp)	tamasʃa	تمشّي
promenade (f)	tamʃeya (f)	تمشية
promenade (f) (en voiture)	gawla bel sayāra (f)	جولة بالسيّارة
aventure (f)	moɣamra (f)	مغامرة
pique-nique (m)	nozha (f)	نزهة
jeu (m)	le'ba (f)	لعبة
joueur (m)	lā'eb (m)	لاعب
partie (f) (~ de cartes, etc.)	dore (m)	دور
collectionneur (m)	gāme' (m)	جامع
collectionner (vt)	gamma'	جمّع
collection (f)	magmū'a (f)	مجموعة
mots (m pl) croisés	kalemāt motaqaṭ'a (pl)	كلمات متقاطعة
hippodrome (m)	ḥalabet el sebā' (f)	حلبة السباق
discothèque (f)	disko (m)	ديسكو
sauna (m)	sauna (f)	ساونا
loterie (f)	yanaṣīb (m)	يانصيب
trekking (m)	reḥlet taχyīm (f)	رحلة تخييم
camp (m)	moχayam (m)	مخيّم
tente (f)	χeyma (f)	خيمة
boussole (f)	boṣla (f)	بوصلة
campeur (m)	moχayam (m)	مخيّم
regarder (la télé)	ʃāhed	شاهد
téléspectateur (m)	moʃāhed (m)	مشاهد
émission (f) de télé	barnāmeg televiziony (m)	برنامج تليفزيوني

163. La photographie

appareil (m) photo	kamera (f)	كاميرا
photo (f)	ṣūra (f)	صورة
photographe (m)	moṣawwer (m)	مصوّر
studio (m) de photo	estudio taṣwīr (m)	إستوديو تصوير
album (m) de photos	albūm el ṣewar (m)	ألبوم الصور
objectif (m)	'adaset kamera (f)	عدسة الكاميرا
téléobjectif (m)	'adasa teleskopiya (f)	عدسة تلسكوبيّة

filtre (m)	filter (m)	فلتر
lentille (f)	'adasa (f)	عدسة
optique (f)	baṣrīāt (pl)	بصريات
diaphragme (m)	saddāda (f)	سدّادة
temps (m) de pose	moddet el ta'arroḍ (f)	مدّة التعرض
viseur (m)	el 'eyn el faḥeṣa (f)	العين الفاحصة
appareil (m) photo numérique	kamera diʒital (f)	كاميرا ديجيتال
trépied (m)	tribod (m)	ترايبود
flash (m)	flāʃ (m)	فلاش
photographier (vt)	ṣawwar	صوّر
prendre en photo	ṣawwar	صوّر
se faire prendre en photo	etṣawwar	إتصوّر
mise (f) au point	tarkīz (m)	تركيز
mettre au point	rakkez	ركّز
net (adj)	ḥādda	حادّة
netteté (f)	ḥedda (m)	حدّة
contraste (m)	tabāyon (m)	تباين
contrasté (adj)	motabāyen	متباين
épreuve (f)	ṣūra (f)	صورة
négatif (m)	el nosχa el salba (f)	النسخة السالبة
pellicule (f)	film (m)	فيلم
image (f)	eṭār (m)	إطار
tirer (des photos)	ṭaba'	طبع

164. La plage. La baignade

plage (f)	ʃāṭe' (m)	شاطئ
sable (m)	raml (m)	رمل
désert (plage ~e)	mahgūr	مهجور
bronzage (m)	esmerār el baʃra (m)	إسمرار البشرة
se bronzer (vp)	etʃammes	إتشمّس
bronzé (adj)	asmar	أسمر
crème (f) solaire	krīm wāqy men el ʃams (m)	كريم واقي من الشمس
bikini (m)	bikini (m)	بكيني
maillot (m) de bain	mayo (m)	مايّوه
slip (m) de bain	mayo regāly (m)	مايّوه رجالي
piscine (f)	ḥammām sebāḥa (m)	حمّام سباحة
nager (vi)	'ām, sabaḥ	عام، سبح
douche (f)	doʃ (m)	دوش
se changer (vp)	ɣayar lebso	غيّر لبسه
serviette (f)	fūṭa (f)	فوطة
barque (f)	markeb (m)	مركب
canot (m) à moteur	lunʃ (m)	لنش
ski (m) nautique	tazallog 'alal mā' (m)	تزلّج على الماء

pédalo (m)	el baddāl (m)	البدّال
surf (m)	surfing (m)	سيرفينج
surfeur (m)	rākeb el amwāg (m)	راكب الأمواج
scaphandre (m) autonome	gehāz el tanaffos (m)	جهاز التنفّس
palmes (f pl)	za'ānef el sebāḥa (pl)	زعانف السباحة
masque (m)	kamāma (f)	كمامة
plongeur (m)	ɣawwāṣ (m)	غوّاص
plonger (vi)	ɣāṣ	غاص
sous l'eau (adv)	taḥt el maya	تحت المايّة
parasol (m)	ʃamsiya (f)	شمسيّة
chaise (f) longue	korsy blāʒ (m)	كرسي بلاج
lunettes (f pl) de soleil	naḍḍāret ʃams (f)	نضّارة شمس
matelas (m) pneumatique	martaba hawa'iya (f)	مرتبة هوائية
jouer (s'amuser)	le'eb	لعب
se baigner (vp)	sebeḥ	سبح
ballon (m) de plage	koret ʃaṭṭ (f)	كرة شطّ
gonfler (vt)	nafaχ	نفخ
gonflable (adj)	qābel lel nafχ	قابل للنفخ
vague (f)	mouga (f)	موجة
bouée (f)	ʃamandūra (f)	شمندورة
se noyer (vp)	ɣere'	غرق
sauver (vt)	anqaz	أنقذ
gilet (m) de sauvetage	sotret nagah (f)	سترة نجاة
observer (vt)	rāqab	راقب
maître nageur (m)	ḥāres ʃāṭe' (m)	حارس شاطئ

LE MATÉRIEL TECHNIQUE. LES TRANSPORTS

Le matériel technique

165. L'informatique

ordinateur (m)	kombuter (m)	كمبيوتر
PC (m) portable	lab tob (m)	لابتوب
allumer (vt)	fataḥ, ʃagɣal	فتح, شغّل
éteindre (vt)	ṭaffa	طفّى
clavier (m)	lawḥet el mafatīḥ (f)	لوحة المفاتيح
touche (f)	meftāḥ (m)	مفتاح
souris (f)	maws (m)	ماوس
tapis (m) de souris	maws bād (m)	ماوس باد
bouton (m)	zerr (m)	زرّ
curseur (m)	mo'asʃer (m)	مؤشّر
moniteur (m)	ʃāʃa (f)	شاشة
écran (m)	ʃāʃa (f)	شاشة
disque (m) dur	hard disk (m)	هارد ديسك
capacité (f) du disque dur	se'et el hard disk (f)	سعة الهارد ديسك
mémoire (f)	zākera (f)	ذاكرة
mémoire (f) vive	zākerat el woṣūl el 'aʃwā'y (f)	ذاكرة الوصول العشوائي
fichier (m)	malaff (m)	ملفّ
dossier (m)	ḥāfeza (m)	حافظة
ouvrir (vt)	fataḥ	فتح
fermer (vt)	'afal	قفل
sauvegarder (vt)	ḥafaẓ	حفظ
supprimer (vt)	masaḥ	مسح
copier (vt)	nasaχ	نسخ
trier (vt)	ṣannaf	صنّف
copier (vt)	na'al	نقل
programme (m)	barnāmeg (m)	برنامج
logiciel (m)	barmagīāt (pl)	برمجيات
programmeur (m)	mobarmeg (m)	مبرمج
programmer (vt)	barmag	برمج
hacker (m)	haker (m)	هاكر
mot (m) de passe	kelmet el serr (f)	كلمة السرّ
virus (m)	virūs (m)	فيروس
découvrir (détecter)	la'a	لقى
bit (m)	byte (m)	بايت

mégabit (m)	megabayt (m)	ميجا بايت
données (f pl)	bayanāt (pl)	بيانات
base (f) de données	qa'edet bayanāt (f)	قاعدة بيانات
câble (m)	kabl (m)	كابل
déconnecter (vt)	faṣal	فصل
connecter (vt)	waṣṣal	وصّل

166. L'Internet. Le courrier électronique

Internet (m)	internet (m)	إنترنت
navigateur (m)	motaṣaffeḥ (m)	متصفّح
moteur (m) de recherche	moḥarrek baḥs (m)	محرك بحث
fournisseur (m) d'accès	ʃerket el internet (f)	شركة الإنترنت
administrateur (m) de site	modīr el mawqe' (m)	مدير الموقع
site (m) web	mawqe' elektrony (m)	موقع الكتروني
page (f) web	ṣafḥet web (f)	صفحة ويب
adresse (f)	'enwān (m)	عنوان
carnet (m) d'adresses	daftar el 'anawīn (m)	دفتر العناوين
boîte (f) de réception	ṣandū' el barīd (m)	صندوق البريد
courrier (m)	barīd (m)	بريد
pleine (adj)	mumtali'	ممتلىء
message (m)	resāla (f)	رسالة
messages (pl) entrants	rasa'el wārda (pl)	رسائل واردة
messages (pl) sortants	rasa'el ṣādra (pl)	رسائل صادرة
expéditeur (m)	morsel (m)	مرسل
envoyer (vt)	arsal	أرسل
envoi (m)	ersāl (m)	إرسال
destinataire (m)	morsel elayh (m)	مرسل إليه
recevoir (vt)	estalam	إستلم
correspondance (f)	morasla (f)	مراسلة
être en correspondance	tarāsal	تراسل
fichier (m)	malaff (m)	ملفّ
télécharger (vt)	ḥammel	حمّل
créer (vt)	'amal	عمل
supprimer (vt)	masaḥ	مسح
supprimé (adj)	mamsūḥ	ممسوح
connexion (f) (ADSL, etc.)	etteṣāl (m)	إتّصال
vitesse (f)	sor'a (f)	سرعة
modem (m)	modem (m)	مودم
accès (m)	woṣūl (m)	وصول
port (m)	maχrag (m)	مخرج
connexion (f) (établir la ~)	etteṣāl (m)	إتّصال
se connecter à ...	yuwṣel	يوصل
sélectionner (vt)	eχtār	إختار
rechercher (vt)	baḥs	بحث

167. L'électricité

électricité (f)	kahraba' (m)	كهرباء
électrique (adj)	kahrabā'y	كهربائي
centrale (f) électrique	maḥaṭṭa kahraba'iya (f)	محطة كهربائيّة
énergie (f)	ṭāqa (f)	طاقة
énergie (f) électrique	ṭāqa kahraba'iya (f)	طاقة كهربائيّة
ampoule (f)	lammba (f)	لمّبة
torche (f)	kasʃāf el nūr (m)	كشّاف النور
réverbère (m)	'amūd el nūr (m)	عمود النور
lumière (f)	nūr (m)	نور
allumer (vt)	fataḥ, ʃagɣal	فتح, شغّل
éteindre (vt)	ṭaffa	طفّى
éteindre la lumière	ṭaffa el nūr	طفّى النور
être grillé	eṭṭafa	إتّطفى
court-circuit (m)	dayra kahraba'iya 'aṣīra (f)	دائرة كهربائية قصيرة
rupture (f)	selk ma'ṭū' (m)	سلك مقطوع
contact (m)	talāmos (m)	تلامس
interrupteur (m)	meftāḥ el nūr (m)	مفتاح النور
prise (f)	bareza el kaharaba' (f)	بريزة الكهرباء
fiche (f)	fiʃet el kahraba' (f)	فيشة الكهرباء
rallonge (f)	selk tawṣīl (m)	سلك توصيل
fusible (m)	fetīl (m)	فتيل
fil (m)	selk (m)	سلك
installation (f) électrique	aslāk (pl)	أسلاك
ampère (m)	ambere (m)	أمبير
intensité (f) du courant	ʃeddet el tayār (f)	شدّة التيّار
volt (m)	volt (m)	فولت
tension (f)	el gohd el kaharab'y (m)	الجهد الكهربائي
appareil (m) électrique	gehāz kahrabā'y (m)	جهاز كهربائي
indicateur (m)	mo'asʃer (m)	مؤشّر
électricien (m)	kahrabā'y (m)	كهربائي
souder (vt)	laḥam	لحم
fer (m) à souder	adat laḥm (f)	إداة لحم
courant (m)	tayār kahrabā'y (m)	تيّاركهربائي

168. Les outils

outil (m)	adah (f)	أداة
outils (m pl)	adawāt (pl)	أدوات
équipement (m)	mo'eddāt (pl)	معدّات
marteau (m)	ʃakūʃ (m)	شاكوش
tournevis (m)	mefakk (m)	مفكّ
hache (f)	fa's (m)	فأس

scie (f)	monʃār (m)	منشار
scier (vt)	naʃar	نشر
rabot (m)	mesḥāg (m)	مسحاج
raboter (vt)	saḥag	سحج
fer (m) à souder	adat laḥm (f)	إداة لحم
souder (vt)	laḥam	لحم
lime (f)	mabrad (m)	مبرد
tenailles (f pl)	kamʃa (f)	كمشة
pince (f) plate	zardiya (f)	زرديّة
ciseau (m)	ezmīl (m)	إزميل
foret (m)	mesqāb (m)	مثقاب
perceuse (f)	drill kahrabā'y (m)	دريل كهربائي
percer (vt)	ḥafar	حفر
couteau (m)	sekkīna (f)	سكّينة
canif (m)	sekkīnet gīb (m)	سكّينة جيب
lame (f)	ʃafra (f)	شفرة
bien affilé (adj)	ḥād	حاد
émoussé (adj)	telma	تلمة
s'émousser (vp)	kānet telma	كانت تلمة
affiler (vt)	sann	سنّ
boulon (m)	mesmār 'alawoze (m)	مسمار قلاووظ
écrou (m)	ṣamūla (f)	صامولة
filetage (m)	χaʃχana (f)	خشخنة
vis (f) à bois	'alawūz (m)	قلاووظ
clou (m)	mesmār (m)	مسمار
tête (f) de clou	rās el mesmār (m)	رأس المسمار
règle (f)	masṭara (f)	مسطرة
mètre (m) à ruban	ʃerī'ṭ el 'eyās (m)	شريط القياس
niveau (m) à bulle	mizān el maya (m)	ميزان الميّة
loupe (f)	ʿadasa mokabbera (f)	عدسة مكبّرة
appareil (m) de mesure	gehāz 'eyās (m)	جهاز قياس
mesurer (vt)	'ās	قاس
échelle (f) (~ métrique)	me'yās (m)	مقياس
relevé (m)	qerā'a (f)	قراءة
compresseur (m)	kombressor (m)	كومبرسور
microscope (m)	mikroskob (m)	ميكروسكوب
pompe (f)	ṭolommba (f)	طلمبة
robot (m)	robot (m)	روبوت
laser (m)	laser (m)	ليزر
clé (f) de serrage	meftāḥ rabṭ (m)	مفتاح ربط
ruban (m) adhésif	laz' (m)	لزق
colle (f)	ṣamɣ (m)	صمغ
papier (m) d'émeri	wara' ṣanfara (m)	ورق صنفرة
ressort (m)	sosta (f)	سوستة

aimant (m)	meɣnaṭīs (m)	مغنطيس
gants (m pl)	gwanty (m)	جوانتي
corde (f)	ḥabl (m)	حبل
cordon (m)	selk (m)	سلك
fil (m) (~ électrique)	selk (m)	سلك
câble (m)	kabl (m)	كابل
masse (f)	marzaba (f)	مرزبة
pic (m)	'atala (f)	عتلة
escabeau (m)	sellem (m)	سلّم
échelle (f) double	sellem na'āl (m)	سلّم نقال
visser (vt)	aḥkam el ʃadd	أحكم الشدّ
dévisser (vt)	fataḥ	فتح
serrer (vt)	kamaʃ	كمش
coller (vt)	alṣaq	ألصق
couper (vt)	'aṭa'	قطع
défaut (m)	'oṭl (m)	عطل
réparation (f)	taṣlīḥ (m)	تصليح
réparer (vt)	ṣallaḥ	صلّح
régler (vt)	ḍabaṭ	ضبط
vérifier (vt)	eχtabar	إختبر
vérification (f)	faḥṣ (m)	فحص
relevé (m)	qerā'a (f)	قراءة
fiable (machine ~)	matīn	متين
complexe (adj)	morakkab	مركّب
rouiller (vi)	ṣada'	صدئ
rouillé (adj)	meṣaddy	مصدّي
rouille (f)	ṣada' (m)	صدأ

Les transports

169. L'avion

avion (m)	ṭayāra (f)	طيّارة
billet (m) d'avion	tazkara ṭayarān (f)	تذكرة طيران
compagnie (f) aérienne	ʃerket ṭayarān (f)	شركة طيران
aéroport (m)	maṭār (m)	مطار
supersonique (adj)	χāreq lel ṣote	خارق للصوت
commandant (m) de bord	kabten (m)	كابتن
équipage (m)	ṭa'm (m)	طقم
pilote (m)	ṭayār (m)	طيّار
hôtesse (f) de l'air	moḍīfet ṭayarān (f)	مضيفة طيران
navigateur (m)	mallāḥ (m)	ملّاح
ailes (f pl)	agneḥa (pl)	أجنحة
queue (f)	deyl (m)	ذيل
cabine (f)	kabīna (f)	كابينة
moteur (m)	motore (m)	موتور
train (m) d'atterrissage	ʿagalāt el hobūṭ (pl)	عجلات الهبوط
turbine (f)	torbīna (f)	توربينة
hélice (f)	marwaḥa (f)	مروّحة
boîte (f) noire	mosaggel el ṭayarān (m)	مسجّل الطيران
gouvernail (m)	moqawwed el ṭayāra (m)	مقوّد الطيّارة
carburant (m)	woqūd (m)	وقود
consigne (f) de sécurité	beṭā'et el salāma (f)	بطاقة السلامة
masque (m) à oxygène	mask el oksyʒīn (m)	ماسك الاوكسيجين
uniforme (m)	zayī muwaḥḥad (m)	زيّ موحّد
gilet (m) de sauvetage	sotret nagah (f)	سترة نجاة
parachute (m)	baraʃot (m)	باراشوت
décollage (m)	eqlāʿ (m)	إقلاع
décoller (vi)	aqlaʿet	أقلعت
piste (f) de décollage	modarrag el ṭa'erāṭ (m)	مدرّج الطائرات
visibilité (f)	ro'ya (f)	رؤية
vol (m) (~ d'oiseau)	ṭayarān (m)	طيران
altitude (f)	ertefāʿ (m)	إرتفاع
trou (m) d'air	geyb hawā'y (m)	جيب هوائي
place (f)	meqʿad (m)	مقعد
écouteurs (m pl)	sammaʿāt ra'siya (pl)	سمّاعات رأسية
tablette (f)	ṣeniya qabela lel ṭayī (f)	صينية قابلة للطيّ
hublot (m)	ʃebbāk el ṭayāra (m)	شبّاك الطيّارة
couloir (m)	mamarr (m)	ممرّ

170. Le train

train (m)	qeṭār, ʾaṭṭr (m)	قطار
train (m) de banlieue	qeṭār rokkāb (m)	قطار ركّاب
TGV (m)	qeṭār sareeʿ (m)	قطار سريع
locomotive (f) diesel	qāṭeret dīzel (f)	قاطرة ديزل
locomotive (f) à vapeur	qāṭera boɣariya (f)	قاطرة بخاريّة
wagon (m)	ʿaraba (f)	عربة
wagon-restaurant (m)	ʿarabet el ṭaʿām (f)	عربة الطعام
rails (m pl)	qoḍbān (pl)	قضبان
chemin (m) de fer	sekka ḥadīdiya (f)	سكّة حديديّة
traverse (f)	ʿāreḍa sekket ḥadīd (f)	عارضة سكّة الحديد
quai (m)	raṣīf (m)	رصيف
voie (f)	ɣaṭṭ (m)	خطّ
sémaphore (m)	semafore (m)	سيمافور
station (f)	maḥaṭṭa (f)	محطّة
conducteur (m) de train	sawwāʾ (m)	سوّاق
porteur (m)	ʃayāl (m)	شيّال
steward (m)	masʾūl ʿarabet el qeṭār (m)	مسؤول عربة القطار
passager (m)	rākeb (m)	راكب
contrôleur (m) de billets	kamsary (m)	كمسري
couloir (m)	mamarr (m)	ممرّ
frein (m) d'urgence	farāmel el ṭawāreʾ (pl)	فرامل الطوارئ
compartiment (m)	ɣorfa (f)	غرفة
couchette (f)	serīr (m)	سرير
couchette (f) d'en haut	serīr ʿolwy (m)	سرير علوّي
couchette (f) d'en bas	serīr sofly (m)	سرير سفلي
linge (m) de lit	aɣṭeyet el serīr (pl)	أغطية السرير
ticket (m)	tazkara (f)	تذكرة
horaire (m)	gadwal (m)	جدوّل
tableau (m) d'informations	lawḥet maʿlomāt (f)	لوحة معلومات
partir (vi)	ɣādar	غادر
départ (m) (du train)	moɣadra (f)	مغادرة
arriver (le train)	weṣel	وصل
arrivée (f)	woṣūl (m)	وصول
arriver en train	weṣel bel qeṭār	وصل بالقطار
prendre le train	rekeb el qeṭār	ركب القطار
descendre du train	nezel men el qeṭār	نزل من القطار
accident (m) ferroviaire	ḥeṭām qeṭār (m)	حطام قطار
dérailler (vi)	ɣarag ʿan ɣaṭṭ sīru	خرج عن خطّ سيره
locomotive (f) à vapeur	qāṭera boɣariya (f)	قاطرة بخاريّة
chauffeur (m)	ʿatʃagy (m)	عطشجي
chauffe (f)	forn el moḥarrek (m)	فرن المحرّك
charbon (m)	faḥm (m)	فحم

171. Le bateau

bateau (m)	safīna (f)	سفينة
navire (m)	safīna (f)	سفينة
bateau (m) à vapeur	baχera (f)	باخرة
paquebot (m)	baχera nahriya (f)	باخرة نهرية
bateau (m) de croisière	safīna seyaḥiya (f)	سفينة سياحيّة
croiseur (m)	ṭarrād safīna baḥariya (m)	طرّاد سفينة بحريّة
yacht (m)	yaχt (m)	يخت
remorqueur (m)	qāṭera baḥariya (f)	قاطرة بحريّة
péniche (f)	ṣandal (m)	صندل
ferry (m)	ʿabbāra (f)	عبّارة
voilier (m)	safīna ʃeraʿiya (m)	سفينة شراعيّة
brigantin (m)	markeb ʃerāʿy (m)	مركب شراعي
brise-glace (m)	moḥaṭṭemet galīd (f)	محطّمة جليد
sous-marin (m)	ɣawwāṣa (f)	غوّاصة
canot (m) à rames	markeb (m)	مركب
dinghy (m)	zawraʾ (m)	زورق
canot (m) de sauvetage	qāreb nagah (m)	قارب نجاة
canot (m) à moteur	lunʃ (m)	لنش
capitaine (m)	ʾobṭān (m)	قبطان
matelot (m)	baḥḥār (m)	بحّار
marin (m)	baḥḥār (m)	بحّار
équipage (m)	ṭāqem (m)	طاقم
maître (m) d'équipage	rabbān (m)	ربّان
mousse (m)	ṣaby el safīna (m)	صبي السفينة
cuisinier (m) du bord	ṭabbāχ (m)	طبّاخ
médecin (m) de bord	ṭabīb el safīna (m)	طبيب السفينة
pont (m)	saṭ-ḥ el safīna (m)	سطح السفينة
mât (m)	sāreya (f)	سارية
voile (f)	ʃerāʿ (m)	شراع
cale (f)	ʿanbar (m)	عنبر
proue (f)	moʾaddema (m)	مقدّمة
poupe (f)	moʾaχeret el safīna (f)	مؤخّرة السفينة
rame (f)	megdāf (m)	مجذاف
hélice (f)	marwaḥa (f)	مروحة
cabine (f)	kabīna (f)	كابينة
carré (m) des officiers	ɣorfet el ṭaʿām wel rāḥa (f)	غرفة الطعام والراحة
salle (f) des machines	qesm el ʾālāt (m)	قسم الآلات
passerelle (f)	borg el qeyāda (m)	برج القيادة
cabine (f) de T.S.F.	ɣorfet el lāselky (f)	غرفة اللاسلكي
onde (f)	mouga (f)	موجة
journal (m) de bord	segel el safīna (m)	سجل السفينة
longue-vue (f)	monzār (m)	منظار
cloche (f)	garas (m)	جرس

pavillon (m)	ʿalam (m)	علم
grosse corde (f) tressée	ḥabl (m)	حبل
nœud (m) marin	ʿoʾda (f)	عقدة
rampe (f)	drabzīn saṭ-ḥ el safīna (m)	درابزين سطح السفينة
passerelle (f)	sellem (m)	سلّم
ancre (f)	marsāh (f)	مرساة
lever l'ancre	rafaʿ morsah	رفع مرساة
jeter l'ancre	rasa	رسا
chaîne (f) d'ancrage	selselet morsah (f)	سلسلة مرساة
port (m)	mināʾ (m)	ميناء
embarcadère (m)	marsa (m)	مرسى
accoster (vi)	rasa	رسا
larguer les amarres	aqlaʿ	أقلع
voyage (m) (à l'étranger)	reḥla (f)	رحلة
croisière (f)	reḥla baḥariya (f)	رحلة بحريّة
cap (m) (suivre un ~)	masār (m)	مسار
itinéraire (m)	ṭarīʾ (m)	طريق
chenal (m)	magra melāḥy (m)	مجرى ملاحيّ
bas-fond (m)	meyāh ḍaḥla (f)	مياه ضحلة
échouer sur un bas-fond	ganaḥ	جنح
tempête (f)	ʿāṣefa (f)	عاصفة
signal (m)	eʃara (f)	إشارة
sombrer (vi)	ɣereʾ	غرق
Un homme à la mer!	saʾaṭ rāgil min el sefīna!	سقط راجل من السفينة!
SOS (m)	nedāʾ eɣāsa (m)	نداء إغاثة
bouée (f) de sauvetage	ṭoʾe nagah (m)	طوق نجاة

172. L'aéroport

aéroport (m)	maṭār (m)	مطار
avion (m)	ṭayāra (f)	طيّارة
compagnie (f) aérienne	ʃerket ṭayarān (f)	شركة طيران
contrôleur (m) aérien	marākeb el ḥaraka el gawiya (m)	مراكب الحركة الجويّة
départ (m)	moɣadra (f)	مغادرة
arrivée (f)	woṣūl (m)	وصول
arriver (par avion)	weṣel	وصل
temps (m) de départ	waʾt el moɣadra (m)	وقت المغادرة
temps (m) d'arrivée	waʾt el woṣūl (m)	وقت الوصول
être retardé	taʾakχar	تأخّر
retard (m) de l'avion	taʾaχor el reḥla (m)	تأخّر الرحلة
tableau (m) d'informations	lawḥet el maʿlomāt (f)	لوحة المعلومات
information (f)	esteʿlamāt (pl)	إستعلامات
annoncer (vt)	aʿlan	أعلن

vol (m)	reḥlet ṭayarān (f)	رحلة طيران
douane (f)	gamārek (pl)	جمارك
douanier (m)	mowazzaf el gamārek (m)	موظّف الجمارك
déclaration (f) de douane	taṣrīḥ gomroky (m)	تصريح جمركي
remplir (vt)	mala	ملا
remplir la déclaration	mala el taṣrīḥ	ملأ التصريح
contrôle (m) de passeport	taftīʃ el gawazāt (m)	تفتيش الجوازات
bagage (m)	el ʃonaṭ (pl)	الشنط
bagage (m) à main	ʃonaṭ el yad (pl)	شنط اليد
chariot (m)	ʿarabet ʃonaṭ (f)	عربة شنط
atterrissage (m)	hobūṭ (m)	هبوط
piste (f) d'atterrissage	mamarr el hobūṭ (m)	ممرّ الهبوط
atterrir (vi)	habaṭ	هبط
escalier (m) d'avion	sellem el ṭayāra (m)	سلّم الطيّارة
enregistrement (m)	tasgīl (m)	تسجيل
comptoir (m) d'enregistrement	makān tasgīl (m)	مكان تسجيل
s'enregistrer (vp)	saggel	سجّل
carte (f) d'embarquement	beṭāqet el rokūb (f)	بطاقة الركوب
porte (f) d'embarquement	bawwābet el moɣadra (f)	بوّابة المغادرة
transit (m)	tranzīt (m)	ترانزيت
attendre (vt)	estanna	إستنّى
salle (f) d'attente	ṣālet el moɣadra (f)	صالة المغادرة
raccompagner (à l'aéroport, etc.)	waddaʿ	ودّع
dire au revoir	waddaʿ	ودّع

173. Le vélo. La moto

vélo (m)	beskeletta (f)	بيسكلتّة
scooter (m)	fezba (f)	فزبة
moto (f)	motosekl (m)	موتوسيكل
faire du vélo	rāḥ bel beskeletta	راح بالبسكلتّة
guidon (m)	moqawwed (m)	مقود
pédale (f)	dawwāsa (f)	دوّاسة
freins (m pl)	farāmel (pl)	فرامل
selle (f)	korsy (m)	كرسي
pompe (f)	ṭolommba (f)	طلمبة
porte-bagages (m)	raff el amteʿa (m)	رفّ الأمتعة
phare (m)	el meṣbāḥ el amāmy (m)	المصباح الأمامي
casque (m)	χawza (f)	خوذة
roue (f)	ʿagala (f)	عجلة
garde-boue (m)	refrāf (m)	رفراف
jante (f)	eṭār (m)	إطار
rayon (m)	mekbaḥ el ʿagala (m)	مكبح العجلة

La voiture

174. Les différents types de voiture

automobile (f)	sayāra (f)	سيّارة
voiture (f) de sport	sayāra reyāḍiya (f)	سيّارة رياضيّة
limousine (f)	limozīn (m)	ليموزين
tout-terrain (m)	sayāret ṭoro' wa'ra (f)	سيّارة طرق وعرة
cabriolet (m)	kabryoleyh (m)	كابريوليه
minibus (m)	mikrobāṣ (m)	ميكروباص
ambulance (f)	es'āf (m)	إسعاف
chasse-neige (m)	garrāfet talg (f)	جرّافة ثلج
camion (m)	ʃāḥena (f)	شاحنة
camion-citerne (m)	nāqelet betrūl (f)	ناقلة بترول
fourgon (m)	'arabiyet na'l (f)	عربيّة نقل
tracteur (m) routier	garrār (m)	جرّار
remorque (f)	ma'ṭūra (f)	مقطورة
confortable (adj)	morīḥ	مريح
d'occasion (adj)	mosta'mal	مستعمل

175. La voiture. La carrosserie

capot (m)	kabbūt (m)	كبّوت
aile (f)	refrāf (m)	رفراف
toit (m)	sa'f (m)	سقف
pare-brise (m)	ezāz amāmy (f)	إزاز أمامي
rétroviseur (m)	merāya daχeliya (f)	مراية داخليّة
lave-glace (m)	monazzef el ezāz el amāmy (m)	منظّف الإزاز الأمامي
essuie-glace (m)	massāḥāt (pl)	مسّاحات
fenêtre (f) latéral	ʃebbāk gāneby (m)	شبّاك جانبي
lève-glace (m)	ezāz kahrabā'y (m)	إزاز كهربائي
antenne (f)	hawā'y (m)	هوائي
toit (m) ouvrant	fat-ḥet el sa'f (f)	فتحة السقف
pare-chocs (m)	ekṣedām (m)	اكصدام
coffre (m)	ʃanṭet el 'arabiya (f)	شنطة العربيّة
galerie (f) de toit	raff sa'f el 'arabiya (m)	رفّ سقف العربيّة
portière (f)	bāb (m)	باب
poignée (f)	okret el bāb (f)	اوكرة الباب
serrure (f)	'efl el bāb (m)	قفل الباب
plaque (f) d'immatriculation	lawḥet raqam el sayāra (f)	لوحة رقم السيارة

silencieux (m)	kātem lel ṣote (m)	كاتم للصوت
réservoir (m) d'essence	χazzān el banzīn (m)	خزّان البنزين
pot (m) d'échappement	anbūb el ʿādem (m)	أنبوب العادم
accélérateur (m)	ɣāz (m)	غاز
pédale (f)	dawwāsa (f)	دوّاسة
pédale (f) d'accélérateur	dawwāset el banzīn (f)	دوّاسة البنزين
frein (m)	farāmel (pl)	فرامل
pédale (f) de frein	dawwāset el farāmel (m)	دوّاسة الفرامل
freiner (vi)	farmel	فرمل
frein (m) à main	farāmel el enteẓār (pl)	فرامل الإنتظار
embrayage (m)	klatʃ (m)	كلتش
pédale (f) d'embrayage	dawwāset el klatʃ (f)	دوّاسة الكلتش
disque (m) d'embrayage	ʾorṣ el klatʃ (m)	قرص الكلتش
amortisseur (m)	momtaṣṣ lel ṣadamāt (m)	ممتصّ للصدمات
roue (f)	ʿagala (f)	عجلة
roue (f) de rechange	ʿagala eḥteyāṭy (f)	عجلة إحتياطية
pneu (m)	eṭār (m)	إطار
enjoliveur (m)	ṭīs (m)	طيس
roues (f pl) motrices	ʿagalāt el qeyāda (pl)	عجلات القيادة
à traction avant	dafʿ amāmy (m)	دفع أمامي
à traction arrière	dafʿ χalfy (m)	دفع خلفي
à traction intégrale	dafʿ kāmel (m)	دفع كامل
boîte (f) de vitesses	gearboks (m)	جير بوكس
automatique (adj)	otomatīky	أوتوماتيكي
mécanique (adj)	mikanīky	ميكانيكي
levier (m) de vitesse	meqbaḍ nāqel lel ḥaraka (m)	مقبض ناقل الحركة
phare (m)	el meṣbāḥ el amāmy (m)	المصباح الأمامي
feux (m pl)	el maṣabīḥ el amamiya (pl)	المصابيح الأمامية
feux (m pl) de croisement	nūr moʾaʃer monχafeḍ (pl)	نور مؤشر منخفض
feux (m pl) de route	nūr moʾasʃer ʿāly (m)	نور مؤشر عالي
feux (m pl) stop	nūr el farāmel (m)	نور الفرامل
feux (m pl) de position	lambet el enteẓār (f)	لمبة الإنتظار
feux (m pl) de détresse	eʃārāt el taḥzīr (pl)	إشارات التحذير
feux (m pl) de brouillard	kasʃāf el ḍabāb (m)	كشّاف الضباب
clignotant (m)	eʃāret el enʿeṭāf (f)	إشارة الإنعطاف
feux (m pl) de recul	ḍūʾ el rogūʿ lel χalf (m)	ضوء الرجوع للخلف

176. La voiture. L'habitacle

habitacle (m)	ṣalone el sayāra (m)	صالون السيارة
en cuir (adj)	men el geld	من الجلد
en velours (adj)	men el moχmal	من المخمل
revêtement (m)	tangīd (m)	تنجيد
instrument (m)	gehāz (m)	جهاز
tableau (m) de bord	lawḥet ag-heza (f)	لوحة أجهزة

indicateur (m) de vitesse	me'yās sor'a (m)	مقياس سرعة
aiguille (f)	mo'asʃer (m)	مؤشّر
compteur (m) de kilomètres	'addād el mesafāt (m)	عدّاد المسافات
indicateur (m)	'addād (m)	عدّاد
niveau (m)	mostawa (m)	مستوى
témoin (m)	lammbet enzār (f)	لمّبة إنذار
volant (m)	moqawwed (m)	مقوّد
klaxon (m)	kalaks (m)	كلاكس
bouton (m)	zerr (m)	زرّ
interrupteur (m)	nāqel, meftāḥ (m)	ناقل, مفتاح
siège (m)	korsy (m)	كرسي
dossier (m)	masnad el ḍahr (m)	مسند الظهر
appui-tête (m)	masnad el ra's (m)	مسند الرأس
ceinture (f) de sécurité	ḥezām el amān (m)	حزام الأمان
mettre la ceinture	rabaṭ el ḥezām	ربط الحزام
réglage (m)	ḍabṭ (m)	ضبط
airbag (m)	wesāda hawa'iya (f)	وسادة هوائية
climatiseur (m)	takyīf (m)	تكييف
radio (f)	radio (m)	راديو
lecteur (m) de CD	moʃagɣel sidi (m)	مشغّل سي دي
allumer (vt)	fataḥ, ʃagɣal	فتح, شغّل
antenne (f)	hawā'y (m)	هوائي
boîte (f) à gants	dorg (m)	درج
cendrier (m)	ṭa'ṭū'a (f)	طقطوقة

177. La voiture. Le moteur

moteur (m)	moḥarrek (m)	محرّك
moteur (m)	motore (m)	موتور
diesel (adj)	'alal diesel	على الديزل
à essence (adj)	'alal banzīn	على البنزين
capacité (f) du moteur	ḥagm el moḥarrek (m)	حجم المحرّك
puissance (f)	'owwa (f)	قوّة
cheval-vapeur (m)	ḥoṣān (m)	حصان
piston (m)	mekbas (m)	مكبس
cylindre (m)	esṭewāna (f)	أسطوانة
soupape (f)	ṣamām (m)	صمام
injecteur (m)	baxāxa (f)	بخّاخة
générateur (m)	mowalled (m)	مولّد
carburateur (m)	karburetor (m)	كاربراتير
huile (f) moteur	zeyt el moḥarrek (m)	زيت المحرّك
radiateur (m)	radiator (m)	رادياتير
liquide (m) de refroidissement	mobarred (m)	مبرّد
ventilateur (m)	marwaḥa (f)	مروحة
batterie (f)	baṭṭariya (f)	بطّاريّة
starter (m)	meftāḥ el taʃɣīl (m)	مفتاح التشغيل

allumage (m)	nezām taʃɣīl (m)	نظام تشغيل
bougie (f) d'allumage	ʃam'et el eḥterāq (f)	شمعة الإحتراق
borne (f)	ṭaraf tawṣīl (m)	طرف توصيل
borne (f) positive	ṭaraf muwgeb (m)	طرف موجب
borne (f) négative	ṭaraf sāleb (m)	طرف سالب
fusible (m)	fetīl (m)	فتيل
filtre (m) à air	ṣaffāyet el hawā' (f)	صفّاية الهواء
filtre (m) à huile	ṣaffāyet el zeyt (f)	صفّاية الزيت
filtre (m) à essence	ṣaffāyet el banzīn (f)	صفّاية البنزين

178. La voiture. La réparation

accident (m) de voiture	ḥadset sayāra (f)	حادثة سيارة
accident (m) de route	ḥādes morūry (m)	حادث مروري
percuter contre …	χabaṭ	خبط
s'écraser (vp)	daʃdaʃ	دشدش
dégât (m)	χesāra (f)	خسارة
intact (adj)	salīm	سليم
tomber en panne	ta'aṭṭal	تعطّل
corde (f) de remorquage	ḥabl el saḥb	حبل السحب
crevaison (f)	soqb (m)	ثقب
crever (vi) (pneu)	fasʃ	فشّ
gonfler (vt)	nafaχ	نفخ
pression (f)	ḍaɣṭ (m)	ضغط
vérifier (vt)	eχtabar	إختبر
réparation (f)	taṣlīḥ (m)	تصليح
garage (m) (atelier)	warʃet taṣlīḥ 'arabīāt (f)	ورشة تصليح عربيات
pièce (f) détachée	'eṭ'et ɣeyār (f)	قطعة غيار
pièce (f)	'eṭ'a (f)	قطعة
boulon (m)	mesmār 'alawoze (m)	مسمار قلاووظ
vis (f)	mesmār (m)	مسمار
écrou (m)	ṣamūla (f)	صامولة
rondelle (f)	warda (f)	وردة
palier (m)	maḥmal (m)	محمل
tuyau (m)	anbūba (f)	أنبوبة
joint (m)	'az'a (f)	عزقة
fil (m)	selk (m)	سلك
cric (m)	'afrīṭa (f)	عفريطة
clé (f) de serrage	meftāḥ rabṭ (m)	مفتاح ربط
marteau (m)	ʃakūʃ (m)	شاكوش
pompe (f)	ṭolommba (f)	طلمّبة
tournevis (m)	mefakk (m)	مفكّ
extincteur (m)	ṭaffayet ḥarī' (f)	طفّاية حريق
triangle (m) de signalisation	eʃāret taḥzīr (f)	إشارة تحذير
caler (vi)	et'aṭṭal	إتعطّل

calage (m)	tawaqqof (m)	توقّف
être en panne	kān maksūr	كان مكسور
surchauffer (vi)	soχn aktar men el lāzem	سخن أكثر من اللازم
se boucher (vp)	kān masdūd	كان مسدود
geler (vi)	etgammed	إتجمّد
éclater (tuyau, etc.)	enqaṭa' - ett'aṭṭa'	إنقطع
pression (f)	ḍaɣṭ (m)	ضغط
niveau (m)	mostawa (m)	مستوى
lâche (courroie ~)	ḍa'īf	ضعيف
fosse (f)	ṭa'ga (f)	طعجة
bruit (m) anormal	da'' (m)	دقّ
fissure (f)	ʃa'' (m)	شقّ
égratignure (f)	χadʃ (m)	خدش

179. La voiture. La route

route (f)	ṭarī' (m)	طريق
grande route (autoroute)	ṭarī' saree' (m)	طريق سريع
autoroute (f)	otostrad (m)	اوتوستراد
direction (f)	ettegāh (m)	إتّجاه
distance (f)	masāfa (f)	مسافة
pont (m)	kobry (m)	كبري
parking (m)	maw'ef el 'arabeyāt (m)	موقف العربيات
place (f)	medān (m)	ميدان
échangeur (m)	taqāṭo' ṭoro' (m)	تقاطع طرق
tunnel (m)	nafa' (m)	نفق
station-service (f)	maḥaṭṭet banzīn (f)	محطّة بنزين
parking (m)	maw'ef el 'arabeyāt (m)	موقف العربيات
poste (m) d'essence	maḍaχet banzīn (f)	مضخّة بنزين
garage (m) (atelier)	warʃet taṣlīḥ 'arabīāt (f)	ورشة تصليح عربيات
se ravitailler (vp)	mala banzīn	ملى بنزين
carburant (m)	woqūd (m)	وقود
jerrycan (m)	ʒerken (m)	جركن
asphalte (m)	asfalt (m)	اسفلت
marquage (m)	'alamāt el ṭarī' (pl)	علامات الطريق
bordure (f)	bardora (f)	بردورة
barrière (f) de sécurité	sūr (m)	سور
fossé (m)	ter'a (f)	ترعة
bas-côté (m)	ḥaffet el ṭarī' (f)	حافّة الطريق
réverbère (m)	'amūd nūr (m)	عمود نور
conduire (une voiture)	sā'	ساق
tourner (~ à gauche)	ḥād	حاد
faire un demi-tour	laff fe u-turn	لفّ في يو تيرن
marche (f) arrière	ḥaraka ela al warā' (f)	حركة إلى الوراء
klaxonner (vi)	zammar	زمّر
coup (m) de klaxon	kalaks (m)	كلاكس

s'embourber (vp)	ɣaraz	غرز
déraper (vi)	dawwar	دور
couper (le moteur)	awqaf	أوقف
vitesse (f)	sor'a (f)	سرعة
dépasser la vitesse	'adda el sor'a	عدّى السرعة
mettre une amende	faraḍ ɣarāma	فرض غرامة
feux (m pl) de circulation	eʃārāt el morūr (pl)	إشارات المرور
permis (m) de conduire	roχṣet el qeyāda (f)	رخصة قيادة
passage (m) à niveau	ma'bar (m)	معبر
carrefour (m)	taqāṭo' (m)	تقاطع
passage (m) piéton	ma'bar (m)	معبر
virage (m)	mon'aṭaf (m)	منعطف
zone (f) piétonne	mante'a lel moʃāh (f)	منطقة للمشاة

180. Les panneaux de signalisation

code (m) de la route	qawā'ed el ṭarī' (pl)	قواعد الطريق
signe (m)	'alāma (f)	علامة
dépassement (m)	tagāwuz (m)	تجاوز
virage (m)	mon'aṭaf (m)	منعطف
demi-tour (m)	malaff (m)	ملفّ
sens (m) giratoire	dawarān morūry (m)	دوّران مروري
sens interdit	mamnū' el doχūl	ممنوع الدخول
circulation interdite	mamnū' morūr el sayārāt	ممنوع مرور السيارات
interdiction de dépasser	mamnū' el morūr	ممنوع المرور
stationnement interdit	mamnū' el wo'ūf	ممنوع الوقوف
arrêt interdit	mamnū' el wo'ūf	ممنوع الوقوف
virage dangereux	mon'aṭaf χaṭar (m)	منعطف خطر
descente dangereuse	monḥadar ʃedīd (m)	منحدر شديد
sens unique	ṭarī' etegāh wāḥed	طريق إتجاه واحد
passage (m) piéton	ma'bar (m)	معبر
chaussée glissante	ṭarī' zaleq (m)	طريق زلق
cédez le passage	eʃāret el awlawiya	إشارة الأولوية

LES GENS. LES ÉVÉNEMENTS

Les grands événements de la vie

181. Les fêtes et les événements

fête (f)	ʿīd (m)	عيد
fête (f) nationale	ʿīd waṭany (m)	عيد وطني
jour (m) férié	agāza rasmiya (f)	أجازة رسميّة
fêter (vt)	eḥtafal be zekra	إحتفل بذكرى
événement (m) (~ du jour)	ḥadass (m)	حدث
événement (m) (soirée, etc.)	monasba (f)	مناسبة
banquet (m)	walīma (f)	وليمة
réception (f)	ḥaflet este'bāl (f)	حفلة إستقبال
festin (m)	walīma (f)	وليمة
anniversaire (m)	zekra sanawiya (f)	ذكرى سنوية
jubilé (m)	yobeyl (m)	يوبيل
célébrer (vt)	eḥtafal	إحتفل
Nouvel An (m)	ra's el sanna (m)	رأس السنة
Bonne année!	koll sana wenta ṭayeb!	!كلّ سنة وأنت طيّب
Père Noël (m)	baba neweyl (m)	بابا نويل
Noël (m)	ʿīd el melād (m)	عيد الميلاد
Joyeux Noël!	ʿīd melād saʿīd!	!عيد ميلاد سعيد
arbre (m) de Noël	ʃagaret el kresmas (f)	شجرة الكريسمس
feux (m pl) d'artifice	al'āb nāriya (pl)	ألعاب ناريّة
mariage (m)	faraḥ (m)	فرح
fiancé (m)	ʿarīs (m)	عريس
fiancée (f)	ʿarūsa (f)	عروسة
inviter (vt)	ʿazam	عزم
lettre (f) d'invitation	beṭā'et daʿwa (f)	بطاقة دعوة
invité (m)	ḍeyf (m)	ضيف
visiter (~ les amis)	zār	زار
accueillir les invités	esta'bal ḍoyūf	إستقبل ضيوف
cadeau (m)	hediya (f)	هديّة
offrir (un cadeau)	edda	إدّى
recevoir des cadeaux	estalam hadāya	إستلم هدايا
bouquet (m)	bokeyh (f)	بوكيه
félicitations (f pl)	tahne'a (f)	تهنئة
féliciter (vt)	hanna	هنّأ
carte (f) de veux	beṭā'et tahne'a (f)	بطاقة تهنئة

envoyer une carte	ba'at beṭā'et tahne'a	بعت بطاقة تهنئة
recevoir une carte	estalam beṭā'a tahne'a	استلم بطاقة تهنئة
toast (m)	naχab (m)	نخب
offrir (un verre, etc.)	ḍayaf	ضيّف
champagne (m)	ʃambania (f)	شمبانيا
s'amuser (vp)	estamta'	إستمتع
gaieté (f)	bahga (f)	بهجة
joie (f) (émotion)	sa'āda (f)	سعادة
danse (f)	ra'ṣa (f)	رقصة
danser (vi, vt)	ra'aṣ	رقص
valse (f)	valles (m)	فالس
tango (m)	tango (m)	تانجو

182. L'enterrement. Le deuil

cimetière (m)	maqbara (f)	مقبرة
tombe (f)	'abr (m)	قبر
croix (f)	ṣalīb (m)	صليب
pierre (f) tombale	ḥagar el ma''bara (m)	حجر المقبرة
clôture (f)	sūr (m)	سور
chapelle (f)	kenīsa saɣīra (f)	كنيسة صغيرة
mort (f)	mote (m)	موت
mourir (vi)	māt	مات
défunt (m)	el motawaffy (m)	المتوّفي
deuil (m)	ḥedād (m)	حداد
enterrer (vt)	dafan	دفن
maison (f) funéraire	maktab mota'ahhed el dafn (m)	مكتب متعهّد الدفن
enterrement (m)	ganāza (f)	جنازة
couronne (f)	eklīl (m)	إكليل
cercueil (m)	tabūt (m)	تابوت
corbillard (m)	na'ʃ (m)	نعش
linceul (m)	kafan (m)	كفن
cortège (m) funèbre	ganāza (f)	جنازة
urne (f) funéraire	garra gana'eziya (f)	جرّة جنائزية
crématoire (m)	maḥra'et gosas el mawta (f)	محرقة جثث الموتى
nécrologue (m)	segel el wafīāt (m)	سجل الوفيات
pleurer (vi)	baka	بكى
sangloter (vi)	nawwaḥ	نوّح

183. La guerre. Les soldats

section (f)	faṣīla (f)	فصيلة
compagnie (f)	serriya (f)	سريّة

régiment (m)	foge (m)	فوج
armée (f)	geyʃ (m)	جيش
division (f)	ferʾa (f)	فرقة
détachement (m)	weḥda (f)	وحدة
armée (f) (Moyen Âge)	geyʃ (m)	جيش
soldat (m) (un militaire)	gondy (m)	جنّدي
officier (m)	ḍābeṭ (m)	ضابط
soldat (m) (grade)	gondy (m)	جنّدي
sergent (m)	raqīb tāny (m)	رقيب تاني
lieutenant (m)	molāzem tāny (m)	ملازم تاني
capitaine (m)	naqīb (m)	نقيب
commandant (m)	rāʾed (m)	رائد
colonel (m)	ʿaqīd (m)	عقيد
général (m)	ʒenerāl (m)	جنرال
marin (m)	baḥḥār (m)	بحّار
capitaine (m)	ʾobṭān (m)	قبطان
maître (m) d'équipage	rabbān (m)	ربّان
artilleur (m)	gondy fe selāḥ el madfaʿiya (m)	جنّدي في سلاح المدفعيّة
parachutiste (m)	selāḥ el maẓallāt (m)	سلاح المظلّلات
pilote (m)	ṭayār (m)	طيّار
navigateur (m)	mallāḥ (m)	ملّاح
mécanicien (m)	mikanīky (m)	ميكانيكي
démineur (m)	mohandes ʿaskary (m)	مهندس عسكري
parachutiste (m)	gondy el baraʃot (m)	جنّدي الباراشوت
éclaireur (m)	kaʃāfet el esteṭlāʿ (f)	كشّافة الإستطلاع
tireur (m) d'élite	qannāṣ (m)	قنّاص
patrouille (f)	dawriya (f)	دوريّة
patrouiller (vi)	ʾām be dawriya	قام بدوريّة
sentinelle (f)	ḥāres (m)	حارس
guerrier (m)	muḥāreb (m)	محارب
patriote (m)	waṭany (m)	وطني
héros (m)	baṭal (m)	بطل
héroïne (f)	baṭala (f)	بطلة
traître (m)	χāyen (m)	خاين
trahir (vt)	χān	خان
déserteur (m)	hāreb men el gondiya (m)	هارب من الجنديّة
déserter (vt)	farr men el geyʃ	فرّ من الجيش
mercenaire (m)	maʾgūr (m)	مأجور
recrue (f)	gondy gedīd (m)	جنّدي جديد
volontaire (m)	motaṭawweʿ (m)	متطوّع
mort (m)	ʾatīl (m)	قتيل
blessé (m)	garīḥ (m)	جريح
prisonnier (m) de guerre	asīr ḥarb (m)	أسير حرب

184. La guerre. Partie 1

guerre (f)	ḥarb (f)	حرب
faire la guerre	ḥārab	حارب
guerre (f) civile	ḥarb ahliya (f)	حرب أهليّة
perfidement (adv)	ɣadran	غدراً
déclaration (f) de guerre	e'lān ḥarb (m)	إعلان حرب
déclarer (la guerre)	a'lan	أعلن
agression (f)	'edwān (m)	عدوان
attaquer (~ un pays)	hagam	هجم
envahir (vt)	eḥtall	إحتلّ
envahisseur (m)	moḥtell (m)	محتلّ
conquérant (m)	fāteḥ (m)	فاتح
défense (f)	defā' (m)	دفاع
défendre (vt)	dāfa'	دافع
se défendre (vp)	dāfa' 'an …	دافع عن …
ennemi (m)	'adeww (m)	عدوّ
adversaire (m)	χeṣm (m)	خصم
ennemi (adj) (territoire ~)	'adeww	عدوّ
stratégie (f)	estrateʒiya (f)	إستراتيجيّة
tactique (f)	taktīk (m)	تكتيك
ordre (m)	amr (m)	أمر
commande (f)	amr (m)	أمر
ordonner (vt)	amar	أمر
mission (f)	mohemma (f)	مهمّة
secret (adj)	serry	سرّي
bataille (f)	ma'raka (f)	معركة
combat (m)	'etāl (m)	قتال
attaque (f)	hogūm (m)	هجوم
assaut (m)	enqeḍāḍ (m)	إنقضاض
prendre d'assaut	enqaḍḍ	إنقضّ
siège (m)	ḥeṣār (m)	حصار
offensive (f)	hogūm (m)	هجوم
passer à l'offensive	hagam	هجم
retraite (f)	enseḥāb (m)	إنسحاب
faire retraite	ensaḥab	إنسحب
encerclement (m)	eḥāṭa (f)	إحاطة
encercler (vt)	aḥāṭ	أحاط
bombardement (m)	'aṣf (m)	قصف
lancer une bombe	asqaṭ qonbola	أسقط قنبلة
bombarder (vt)	'aṣaf	قصف
explosion (f)	enfegār (m)	إنفجار
coup (m) de feu	ṭal'a (f)	طلقة

tirer un coup de feu	aṭlaq el nār	أطلق النار
fusillade (f)	eṭlāq nār (m)	إطلاق نار
viser … (cible)	ṣawwab ʿala …	صوّب على ...
pointer (sur …)	ṣawwab	صوّب
atteindre (cible)	aṣāb el hadaf	أصاب الهدف
faire sombrer	aɣra'	أغرق
trou (m) (dans un bateau)	soqb (m)	ثقب
sombrer (navire)	ɣere'	غرق
front (m)	gabha (f)	جبهة
évacuation (f)	eχlā' (m)	إخلاء
évacuer (vt)	aχla	أخلى
tranchée (f)	χondoq (m)	خندق
barbelés (m pl)	aslāk ʃā'eka (pl)	أسلاك شائكة
barrage (m) (~ antichar)	ḥāgez (m)	حاجز
tour (f) de guet	borg mora'ba (m)	برج مراقبة
hôpital (m)	mostaʃfa ʿaskary (m)	مستشفى عسكري
blesser (vt)	garaḥ	جرح
blessure (f)	garḥ (m)	جرح
blessé (m)	garīḥ (m)	جريح
être blessé	oṣīb bel garḥ	أصيب بالجرح
grave (blessure)	χaṭīr	خطير

185. La guerre. Partie 2

captivité (f)	asr (m)	أسر
captiver (vt)	asar	أسر
être prisonnier	et'asar	أتأسر
être fait prisonnier	we'eʿ fel asr	وقع في الأسر
camp (m) de concentration	moʿaskar eʿteqāl (m)	معسكر إعتقال
prisonnier (m) de guerre	asīr ḥarb (m)	أسير حرب
s'enfuir (vp)	hereb	هرب
trahir (vt)	χān	خان
traître (m)	χāyen (m)	خاين
trahison (f)	χeyāna (f)	خيانة
fusiller (vt)	aʿdam ramyan bel roṣāṣ	أعدم رمياً بالرصاص
fusillade (f) (exécution)	eʿdām ramyan bel roṣāṣ (m)	إعدام رمياً بالرصاص
équipement (m) (uniforme, etc.)	el ʿetād el ʿaskary (m)	العتاد العسكري
épaulette (f)	kattāfa (f)	كتافة
masque (m) à gaz	qenāʿ el ɣāz (m)	قناع الغاز
émetteur (m) radio	gehāz lāselky (m)	جهاز لاسلكي
chiffre (m) (code)	ʃafra (f)	شفرة
conspiration (f)	serriya (f)	سريّة
mot (m) de passe	kelmet el morūr (f)	كلمة مرور

mine (f) terrestre	loɣz arāḍy (m)	لغم أرضي
miner (poser des mines)	lagɣam	لغّم
champ (m) de mines	ḥaql alɣām (m)	حقل ألغام
alerte (f) aérienne	enzār gawwy (m)	إنذار جوّي
signal (m) d'alarme	enzār (m)	إنذار
signal (m)	eʃara (f)	إشارة
fusée signal (f)	eʃāra moḍī'a (f)	إشارة مضيئة
état-major (m)	maqarr (m)	مقرّ
reconnaissance (f)	kaʃāfet el esteṭlāʿ (f)	كشّافة الإستطلاع
situation (f)	ḥāla (f), waḍʿ (m)	حالة, وضع
rapport (m)	ta'rīr (m)	تقرير
embuscade (f)	kamīn (m)	كمين
renfort (m)	emdadāt ʿaskariya (pl)	إمدادات عسكريّة
cible (f)	hadaf (m)	هدف
polygone (m)	arḍ eχtebār (m)	أرض إختبار
manœuvres (f pl)	monawrāt ʿaskariya (pl)	مناورات عسكريّة
panique (f)	zoʿr (m)	ذعر
dévastation (f)	damār (m)	دمار
destructions (f pl) (ruines)	ḥeṭām (pl)	حطام
détruire (vt)	dammar	دمّر
survivre (vi)	negy	نجي
désarmer (vt)	garrad men el selāḥ	جرّد من السلاح
manier (une arme)	estaʿmel	إستعمل
Garde-à-vous! Fixe!	entebāh!	إنتباه!
Repos!	estareḥ!	إسترح!
exploit (m)	ma'sara (f)	مأثرة
serment (m)	qasam (m)	قسم
jurer (de faire qch)	aqsam	أقسم
décoration (f)	wesām (m)	وسام
décorer (de la médaille)	manaḥ	منح
médaille (f)	medalya (f)	ميدالية
ordre (m) (~ du Mérite)	wesām ʿaskary (m)	وسام عسكري
victoire (f)	enteṣār - foze (m)	إنتصار, فوز
défaite (f)	hazīma (f)	هزيمة
armistice (m)	hodna (f)	هدنة
drapeau (m)	rāyet el maʿraka (f)	راية المعركة
gloire (f)	magd (m)	مجد
défilé (m)	mawkeb (m)	موكب
marcher (défiler)	sār	سار

186. Les armes

arme (f)	asleḥa (pl)	أسلحة
armes (f pl) à feu	asleḥa nāriya (pl)	أسلحة ناريّة

armes (f pl) blanches	asleḥa bayḍā' (pl)	أسلحة بيضاء
arme (f) chimique	asleḥa kemawiya (pl)	أسلحة كيماويّة
nucléaire (adj)	nawawy	نووي
arme (f) nucléaire	asleḥa nawawiya (pl)	أسلحة نوويّة
bombe (f)	qonbela (f)	قنبلة
bombe (f) atomique	qonbela nawawiya (f)	قنبلة نوويّة
pistolet (m)	mosaddas (m)	مسدّس
fusil (m)	bondoqiya (f)	بندقيّة
mitraillette (f)	mosaddas rasʃāʃ (m)	مسدّس رشّاش
mitrailleuse (f)	rasʃāʃ (m)	رشّاش
bouche (f)	fawha (f)	فوهة
canon (m)	anbūba (f)	أنبوبة
calibre (m)	ʿeyār (m)	عيار
gâchette (f)	zanād (m)	زناد
mire (f)	moṣawweb (m)	مصوّب
magasin (m)	maχzan (m)	مخزن
crosse (f)	ʿaqab el bondoʾiya (m)	عقب البندقيّة
grenade (f) à main	qonbela yadawiya (f)	قنبلة يدويّة
explosif (m)	mawād motafaggera (pl)	مواد متفجّرة
balle (f)	roṣāṣa (f)	رصاصة
cartouche (f)	χarṭūʃa (f)	خرطوشة
charge (f)	ḥaʃwa (f)	حشوة
munitions (f pl)	zaχīra (f)	ذخيرة
bombardier (m)	qazefet qanābel (f)	قاذفة قنابل
avion (m) de chasse	ṭayāra muqātela (f)	طيّارة مقاتلة
hélicoptère (m)	heliokobter (m)	هليكوبتر
pièce (f) de D.C.A.	madfaʿ moḍād lel ṭaʾerāṭ (m)	مدفع مضاد للطائرات
char (m)	dabbāba (f)	دبّابة
canon (m) d'un char	madfaʿ el dabbāba (m)	مدفع الدبّابة
artillerie (f)	madfaʿiya (f)	مدفعيّة
canon (m)	madfaʿ (m)	مدفع
pointer (~ l'arme)	ṣawwab	صوّب
obus (m)	qazīfa (f)	قذيفة
obus (m) de mortier	qonbela hawn (f)	قنبلة هاون
mortier (m)	hawn (m)	هاون
éclat (m) d'obus	ʃazya (f)	شظية
sous-marin (m)	ɣawwāṣa (f)	غوّاصة
torpille (f)	ṭorbīd (m)	طوربيد
missile (m)	ṣarūχ (m)	صاروخ
charger (arme)	ʿammar	عمّر
tirer (vi)	ḍarab bel nār	ضرب بالنار
viser ... (cible)	ṣawwab ʿala ...	صوّب على ...
baïonnette (f)	ḥerba (f)	حربة
épée (f)	seyf zu ḥaddeyn (m)	سيف ذو حدّين

sabre (m)	seyf monḥany (m)	سيف منحني
lance (f)	remḥ (m)	رمح
arc (m)	qose (m)	قوس
flèche (f)	sahm (m)	سهم
mousquet (m)	musket (m)	مسكيت
arbalète (f)	qose mostaʿraḍ (m)	قوس مستعرض

187. Les hommes préhistoriques

primitif (adj)	bedāʾy	بدائي
préhistorique (adj)	ma qabl el tarīχ	ما قبل التاريخ
ancien (adj)	ʾadīm	قديم
Âge (m) de pierre	el ʿaṣr el ḥagary (m)	العصر الحجري
Âge (m) de bronze	el ʿaṣr el bronzy (m)	العصر البرونزي
période (f) glaciaire	el ʿaṣr el galīdy (m)	العصر الجليدي
tribu (f)	qabīla (f)	قبيلة
cannibale (m)	ʾākel loḥūm el baʃar (m)	آكل لحوم البشر
chasseur (m)	ṣayād (m)	صيّاد
chasser (vi, vt)	eṣṭād	إصطاد
mammouth (m)	mamūθ (m)	ماموث
caverne (f)	kahf (m)	كهف
feu (m)	nār (f)	نار
feu (m) de bois	nār moχayem (m)	نار مخيّم
dessin (m) rupestre	rasm fel kahf (m)	رسم في الكهف
outil (m)	adah (f)	أداة
lance (f)	remḥ (m)	رمح
hache (f) en pierre	faʾs ḥagary (m)	فأس حجري
faire la guerre	ḥārab	حارب
domestiquer (vt)	estaʾnas	استئنس
idole (f)	ṣanam (m)	صنم
adorer, vénérer (vt)	ʿabad	عبد
superstition (f)	χorāfa (f)	خرافة
rite (m)	mansak (m)	منسك
évolution (f)	taṭṭawwor (m)	تطوّر
développement (m)	nomoww (m)	نموّ
disparition (f)	enqerāḍ (m)	إنقراض
s'adapter (vp)	takayaf (maʿ)	(تكيّف (مع
archéologie (f)	ʿelm el ʾāsār (m)	علم الآثار
archéologue (m)	ʿālem āsār (m)	عالم آثار
archéologique (adj)	asary	أثري
site (m) d'excavation	mawqeʿ ḥafr (m)	موقع حفر
fouilles (f pl)	tanqīb (m)	تنقيب
trouvaille (f)	ekteʃāf (m)	إكتشاف
fragment (m)	ʾeṭʿa (f)	قطعة

188. Le Moyen Âge

peuple (m)	ʃaʿb (m)	شعب
peuples (m pl)	ʃoʿūb (pl)	شعوب
tribu (f)	qabīla (f)	قبيلة
tribus (f pl)	qabāʾel (pl)	قبائل
Barbares (m pl)	el barabra (pl)	البرابرة
Gaulois (m pl)	el ɣaliyūn (pl)	الغاليّون
Goths (m pl)	el qūṭiyūn (pl)	القوطيون
Slaves (m pl)	el selāf (pl)	السلاف
Vikings (m pl)	el viking (pl)	الفايكينج
Romains (m pl)	el romān (pl)	الرومان
romain (adj)	romāny	روماني
byzantins (m pl)	bizanṭiyūn (pl)	بيزنطيون
Byzance (f)	bīzanṭa (f)	بيزنطة
byzantin (adj)	bīzanṭy	بيزنطي
empereur (m)	embraṭore (m)	إمبراطور
chef (m)	zaʿīm (m)	زعيم
puissant (adj)	gabbār	جبّار
roi (m)	malek (m)	ملك
gouverneur (m)	ḥākem (m)	حاكم
chevalier (m)	fāres (m)	فارس
féodal (m)	eqṭāʿy (m)	إقطاعي
féodal (adj)	eqṭāʿy	إقطاعي
vassal (m)	ḥākem tābeʿ (m)	حاكم تابع
duc (m)	dūʾ (m)	دوق
comte (m)	earl (m)	ايرل
baron (m)	barūn (m)	بارون
évêque (m)	asqof (m)	أسقف
armure (f)	derʿ (m)	درع
bouclier (m)	derʿ (m)	درع
glaive (m)	seyf (m)	سيف
visière (f)	ḥaffa amamiya lel χoza (f)	حافة أماميّة للخوذة
cotte (f) de mailles	derʿ el zard (m)	درع الزرد
croisade (f)	ḥamla ṣalībiya (f)	حملة صليبيّة
croisé (m)	ṣalīby (m)	صليبي
territoire (m)	arḍ (f)	أرض
attaquer (~ un pays)	hagam	هجم
conquérir (vt)	fataḥ	فتح
occuper (envahir)	eḥtall	إحتلّ
siège (m)	ḥeṣār (m)	حصار
assiégé (adj)	moḥāṣar	محاصر
assiéger (vt)	ḥāṣar	حاصر
inquisition (f)	maḥākem el taftīʃ (pl)	محاكم التفتيش
inquisiteur (m)	mofatteʃ (m)	مفتّش

torture (f)	ta'zīb (m)	تعذيب
cruel (adj)	waḥʃy	وحشي
hérétique (m)	mohar̩teq (m)	مهرطق
hérésie (f)	har̩ta'a (f)	هرطقة
navigation (f) en mer	el safar bel baḥr (m)	السفر بالبحر
pirate (m)	'orṣān (m)	قرصان
piraterie (f)	'arṣana (f)	قرصنة
abordage (m)	mohagmet safīna (f)	مهاجمة سفينة
butin (m)	ɣanīma (f)	غنيمة
trésor (m)	konūz (pl)	كنوز
découverte (f)	ekteʃāf (m)	إكتشاف
découvrir (vt)	ektaʃaf	إكتشف
expédition (f)	be'sa (f)	بعثة
mousquetaire (m)	fāres (m)	فارس
cardinal (m)	kardinal (m)	كاردينال
héraldique (f)	ʃe'ārāt el nabāla (pl)	شعارات النبالة
héraldique (adj)	χāṣṣ be ʃe'arāt el nebāla	خاصّ بشعارات النبالة

189. Les dirigeants. Les responsables. Les autorités

roi (m)	malek (m)	ملك
reine (f)	maleka (f)	ملكة
royal (adj)	malaky	ملكي
royaume (m)	mamlaka (f)	مملكة
prince (m)	amīr (m)	أمير
princesse (f)	amīra (f)	أميرة
président (m)	ra'īs (m)	رئيس
vice-président (m)	nā'eb el ra'īs (m)	نائب الرئيس
sénateur (m)	'oḍw magles el ʃoyūχ (m)	عضو مجلس الشيوخ
monarque (m)	'āhel (m)	عاهل
gouverneur (m)	ḥākem (m)	حاكم
dictateur (m)	dektatore (m)	ديكتاتور
tyran (m)	ṭāɣeya (f)	طاغية
magnat (m)	ra'smāly kebīr (m)	رأسمالي كبير
directeur (m)	modīr (m)	مدير
chef (m)	ra'īs (m)	رئيس
gérant (m)	modīr (m)	مدير
boss (m)	ra'īs (m)	رئيس
patron (m)	ṣāḥeb (m)	صاحب
leader (m)	za'īm (m)	زعيم
chef (m) (~ d'une délégation)	ra'īs (m)	رئيس
autorités (f pl)	solṭāt (pl)	سلطات
supérieurs (m pl)	ro'asā' (pl)	رؤساء
gouverneur (m)	muḥāfeẓ (m)	محافظ
consul (m)	qonṣol (m)	قنصل

diplomate (m)	deblomāsy (m)	دبلوماسي
maire (m)	ra'īs el baladiya (m)	رئيس البلديّة
shérif (m)	ʃerīf (m)	شريف
empereur (m)	embraṭore (m)	إمبراطور
tsar (m)	qayṣar (m)	قيصر
pharaon (m)	fer'one (m)	فرعون
khan (m)	χān (m)	خان

190. L'itinéraire. La direction. Le chemin

route (f)	ṭarī' (m)	طريق
voie (f)	ṭarī' (m)	طريق
autoroute (f)	otostrad (m)	اوتوستراد
grande route (autoroute)	ṭarī' saree' (m)	طريق سريع
route (f) nationale	ṭarī' waṭany (m)	طريق وطني
route (f) principale	ṭarī' ra'īsy (m)	طريق رئيسي
route (f) de campagne	ṭarī' torāby (m)	طريق ترابي
chemin (m) (sentier)	mamarr (m)	ممرّ
sentier (m)	mamarr (m)	ممرّ
Où?	feyn?	فين؟
Où? (~ vas-tu?)	feyn?	فين؟
D'où?	meneyn?	منين؟
direction (f)	ettegāh (m)	إتّجاه
indiquer (le chemin)	ʃāwer	شاور
à gauche (tournez ~)	lel ʃemāl	للشمال
à droite (tournez ~)	lel yemīn	لليمين
tout droit (adv)	'ala ṭūl	على طول
en arrière (adv)	wara'	وراء
virage (m)	mon'aṭaf (m)	منعطف
tourner (~ à gauche)	ḥād	حاد
faire un demi-tour	laff fe u-turn	لفّ في يو تيرن
se dessiner (vp)	ẓahar	ظهر
apparaître (vi)	ẓahar	ظهر
halte (f)	estrāḥa ṭawīla (f)	إستراحة طويلة
se reposer (vp)	rayaḥ	ريّح
repos (m)	rāḥa (f)	راحة
s'égarer (vp)	tāh	تاه
mener à ... (le chemin)	adda ela ...	أدّى إلى...
arriver à ...	weṣel ela ...	وصل إلى...
tronçon (m) (de chemin)	emtedād (m)	إمتداد
asphalte (m)	asfalt (m)	اسفلت
bordure (f)	bardora (f)	بردورة

fossé (m)	ter'a (f)	ترعة
bouche (f) d'égout	fat-ḥa (f)	فتحة
bas-côté (m)	ḥaffet el ṭarī' (f)	حافّة الطريق
nid-de-poule (m)	ḥofra (f)	حفرة
aller (à pied)	meʃy	مشى
dépasser (vt)	egtāz	إجتاز
pas (m)	χaṭwa (f)	خطوة
à pied	maʃyī	مشيّ
barrer (vt)	sadd	سدّ
barrière (f)	ḥāgez ṭarī' (m)	حاجز طريق
impasse (f)	ṭarī' masdūd (m)	طريق مسدود

191. Les crimes. Les criminels. Partie 1

bandit (m)	qāṭe' ṭarī' (m)	قاطع طريق
crime (m)	garīma (f)	جريمة
criminel (m)	mogrem (m)	مجرم
voleur (m)	sāre' (m)	سارق
voler (qch à qn)	sara'	سرق
vol (m)	ser'a (f)	سرقة
kidnapper (vt)	χaṭaf	خطف
kidnapping (m)	χaṭf (m)	خطف
kidnappeur (m)	χāṭef (m)	خاطف
rançon (f)	fedya (f)	فدية
exiger une rançon	ṭalab fedya	طلب فدية
cambrioler (vt)	nahab	نهب
cambriolage (m)	nahb (m)	نهب
cambrioleur (m)	nahhāb (m)	نهّاب
extorquer (vt)	balṭag	بلطج
extorqueur (m)	balṭagy (m)	بلطجي
extorsion (f)	balṭaga (f)	بلطجة
tuer (vt)	'atal	قتل
meurtre (m)	'atl (m)	قتل
meurtrier (m)	qātel (m)	قاتل
coup (m) de feu	ṭal'et nār (f)	طلقة نار
tirer un coup de feu	aṭlaq el nār	أطلق النار
abattre (par balle)	'atal bel roṣāṣ	قتل بالرصاص
tirer (vi)	ḍarab bel nār	ضرب بالنار
coups (m pl) de feu	ḍarb nār (m)	ضرب نار
incident (m)	ḥādes (m)	حادث
bagarre (f)	χenā'a (f)	خناقة
Au secours!	sā'idni	ساعدني!
victime (f)	ḍaḥiya (f)	ضحيّة

endommager (vt)	χarrab	خرّب
dommage (m)	χesāra (f)	خسارة
cadavre (m)	gossa (f)	جثّة
grave (~ crime)	χaṭīra	خطيرة
attaquer (vt)	hagam	هجم
battre (frapper)	ḍarab	ضرب
passer à tabac	ḍarab	ضرب
prendre (voler)	salab	سلب
poignarder (vt)	ṭa'an ḥatta el mote	طعن حتّى الموت
mutiler (vt)	ʃawwah	شوّه
blesser (vt)	garaḥ	جرح
chantage (m)	ebtezāz (m)	إبتزاز
faire chanter	ebtazz	إبتزّ
maître (m) chanteur	mobtazz (m)	مبتزّ
racket (m) de protection	balṭaga (f)	بلطجة
racketteur (m)	mobtazz (m)	مبتزّ
gangster (m)	ragol 'eṣāba (m)	رجل عصابة
mafia (f)	mafia (f)	مافيا
pickpocket (m)	nasʃāl (m)	نشّال
cambrioleur (m)	leṣṣ beyūt (m)	لص بيوت
contrebande (f) (trafic)	tahrīb (m)	تهريب
contrebandier (m)	moharreb (m)	مهرّب
contrefaçon (f)	tazwīr (m)	تزوّير
falsifier (vt)	zawwar	زوّر
faux (falsifié)	mozawwara	مزوّرة

192. Les crimes. Les criminels. Partie 2

viol (m)	eɣteṣāb (m)	إغتصاب
violer (vt)	eɣtaṣab	إغتصب
violeur (m)	moɣtaṣeb (m)	مغتصب
maniaque (m)	mahwūs (m)	مهووس
prostituée (f)	mommos (f)	مومّس
prostitution (f)	da'āra (f)	دعارة
souteneur (m)	qawwād (m)	قوّاد
drogué (m)	modmen moχaddarāt (m)	مدمن مخدّرات
trafiquant (m) de drogue	tāger moχaddarāt (m)	تاجر مخدّرات
faire exploser	faggar	فجّر
explosion (f)	enfegār (m)	إنفجار
mettre feu	aʃal el nār	أشعل النار
incendiaire (m)	moʃel ḥarīq 'an 'amd (m)	مشعل حريق عن عمد
terrorisme (m)	erhāb (m)	إرهاب
terroriste (m)	erhāby (m)	إرهابي
otage (m)	rahīna (m)	رهينة
escroquer (vt)	eḥtāl	إحتال

escroquerie (f)	eḥteyāl (m)	إحتيال
escroc (m)	moḥtāl (m)	محتال
soudoyer (vt)	raʃa	رشا
corruption (f)	erteʃā' (m)	إرتشاء
pot-de-vin (m)	raʃwa (f)	رشوة
poison (m)	semm (m)	سمّ
empoisonner (vt)	sammem	سمّم
s'empoisonner (vp)	sammem nafsoh	سمّم نفسه
suicide (m)	enteḥār (m)	إنتحار
suicidé (m)	montaḥer (m)	منتحر
menacer (vt)	hadded	هدّد
menace (f)	tahdīd (m)	تهديد
attenter (vt)	ḥāwel eɣteyāl	حاول إغتيال
attentat (m)	moḥawlet eɣteyāl (f)	محاولة إغتيال
voler (un auto)	sara'	سرق
détourner (un avion)	eɣtaṭaf	إختطف
vengeance (f)	enteqām (m)	إنتقام
se venger (vp)	entaqam	إنتقم
torturer (vt)	ʿazzeb	عذّب
torture (f)	taʿzīb (m)	تعذيب
tourmenter (vt)	ʿazzeb	عذّب
pirate (m)	'orṣān (m)	قرصان
voyou (m)	wabaʃ (m)	ويش
armé (adj)	mosallaḥ	مسلّح
violence (f)	ʿonf (m)	عنف
illégal (adj)	meʃ qanūniy	مش قانونيّ
espionnage (m)	tagassas (m)	تجسّس
espionner (vt)	tagassas	تجسّس

193. La police. La justice. Partie 1

justice (f)	qaḍā' (m)	قضاء
tribunal (m)	maḥkama (f)	محكمة
juge (m)	qāḍy (m)	قاضي
jury (m)	moḥallafīn (pl)	محلّفين
cour (f) d'assises	qaḍā' el muḥallafīn (m)	قضاء المحلّفين
juger (vt)	ḥakam	حكم
avocat (m)	muḥāmy (m)	محامي
accusé (m)	moddaʿy ʿaleyh (m)	مدّعي عليه
banc (m) des accusés	'afaṣ el ettehām (m)	قفص الإتّهام
inculpation (f)	ettehām (m)	إتّهام
inculpé (m)	mottaham (m)	متّهم

condamnation (f)	ḥokm (m)	حكم
condamner (vt)	ḥakam	حكم
coupable (m)	gāny (m)	جاني
punir (vt)	ʿāqab	عاقب
punition (f)	ʿeqāb (m)	عقاب
amende (f)	ɣarāma (f)	غرامة
détention (f) à vie	segn mada el ḥayah (m)	سجن مدى الحياة
peine (f) de mort	ʿoqūbet ʾeʿdām (f)	عقوبة إعدام
chaise (f) électrique	el korsy el kaharabāʾy (m)	الكرسي الكهربائي
potence (f)	maʃnaʾa (f)	مشنقة
exécuter (vt)	aʿdam	أعدم
exécution (f)	eʿdām (m)	إعدام
prison (f)	segn (m)	سجن
cellule (f)	zenzāna (f)	زنزانة
escorte (f)	ḥerāsa (f)	حراسة
gardien (m) de prison	ḥāres segn (m)	حارس سجن
prisonnier (m)	sagīn (m)	سجين
menottes (f pl)	kalabʃāt (pl)	كلابشات
mettre les menottes	kalbeʃ	كلبش
évasion (f)	horūb men el segn (m)	هروب من السجن
s'évader (vp)	hereb	هرب
disparaître (vi)	eχtafa	إختفى
libérer (vt)	aχla sabīl	أخلى سبيل
amnistie (f)	ʿafw ʿām (m)	عفو عام
police (f)	ʃorṭa (f)	شرطة
policier (m)	ʃorṭy (m)	شرطي
commissariat (m) de police	qesm ʃorṭa (m)	قسم شرطة
matraque (f)	ʿaṣāya maṭṭāṭiya (f)	عصاية مطّاطية
haut parleur (m)	būʾ (m)	بوق
voiture (f) de patrouille	ʿarabiyet dawrīāt (f)	عربيّة دوريات
sirène (f)	sarīna (f)	سرينة
enclencher la sirène	wallaʿ el sarīna	ولّع السرينة
hurlement (m) de la sirène	ṣote sarīna (m)	صوت سرينة
lieu (m) du crime	masraḥ el garīma (m)	مسرح الجريمة
témoin (m)	ʃāhed (m)	شاهد
liberté (f)	ḥorriya (f)	حرّيّة
complice (m)	ʃerīk fel garīma (m)	شريك في الجريمة
s'enfuir (vp)	hereb	هرب
trace (f)	asar (m)	أثر

194. La police. La justice. Partie 2

recherche (f)	baḥs (m)	بحث
rechercher (vt)	dawwar ʿala	دوّر على

suspicion (f)	ʃobha (f)	شبهة
suspect (adj)	maʃbūh	مشبوه
arrêter (dans la rue)	awqaf	أوقف
détenir (vt)	e'taqal	إعتقل
affaire (f) (~ pénale)	ʾaḍiya (f)	قضيّة
enquête (f)	taḥʾīʾ (m)	تحقيق
détective (m)	moḥaqqeq (m)	محقّق
enquêteur (m)	mofatteʃ (m)	مفتّش
hypothèse (f)	rewāya (f)	رواية
motif (m)	dāfeʿ (m)	دافع
interrogatoire (m)	estegwāb (m)	إستجواب
interroger (vt)	estagweb	إستجوّب
interroger (~ les voisins)	estanṭaʾ	إستنطق
inspection (f)	faḥṣ (m)	فحص
rafle (f)	gamʿ (m)	جمع
perquisition (f)	taftīʃ (m)	تفتيش
poursuite (f)	moṭarda (f)	مطاردة
poursuivre (vt)	ṭārad	طارد
dépister (vt)	tatabbaʿ	تتبّع
arrestation (f)	eʿteqāl (m)	إعتقال
arrêter (vt)	eʿtaqal	اعتقل
attraper (~ un criminel)	ʾabaḍ ʿala	قبض على
capture (f)	ʾabḍ (m)	قبض
document (m)	wasīqa (f)	وثيقة
preuve (f)	dalīl (m)	دليل
prouver (vt)	asbat	أثبت
empreinte (f) de pied	baṣma (f)	بصمة
empreintes (f pl) digitales	baṣamāt el aṣābeʿ (pl)	بصمات الأصابع
élément (m) de preuve	ʾeṭʿa men el adella (f)	قطعة من الأدلّة
alibi (m)	ḥegget ɣeyāb (f)	حجّة غياب
innocent (non coupable)	barīʾ	بريء
injustice (f)	ẓolm (m)	ظلم
injuste (adj)	meʃ ʿādel	مش عادل
criminel (adj)	mogrem	مجرم
confisquer (vt)	ṣādar	صادر
drogue (f)	moχaddarāt (pl)	مخدّرات
arme (f)	selāḥ (m)	سلاح
désarmer (vt)	garrad men el selāḥ	جرّد من السلاح
ordonner (vt)	amar	أمر
disparaître (vi)	eχtafa	إختفى
loi (f)	qanūn (m)	قانون
légal (adj)	qanūny	قانوني
illégal (adj)	meʃ qanūny	مش قانوني
responsabilité (f)	mas'oliya (f)	مسؤوليّة
responsable (adj)	mas'ūl (m)	مسؤول

LA NATURE

La Terre. Partie 1

195. L'espace cosmique

cosmos (m)	faḍā' (m)	فضاء
cosmique (adj)	faḍā'y	فضائي
espace (m) cosmique	el faḍā' el χāregy (m)	الفضاء الخارجي
monde (m)	'ālam (m)	عالم
univers (m)	el kōn (m)	الكون
galaxie (f)	el magarra (f)	المجرّة
étoile (f)	negm (m)	نجم
constellation (f)	borg (m)	برج
planète (f)	kawwkab (m)	كوكب
satellite (m)	'amar ṣenā'y (m)	قمر صناعي
météorite (m)	nayzek (m)	نيّزك
comète (f)	mozannab (m)	مذنّب
astéroïde (m)	kowaykeb (m)	كويكب
orbite (f)	madār (m)	مدار
tourner (vi)	dār	دار
atmosphère (f)	el ɣelāf el gawwy (m)	الغلاف الجوّي
Soleil (m)	el ʃams (f)	الشمس
système (m) solaire	el magmū'a el ʃamsiya (f)	المجموعة الشمسيّة
éclipse (f) de soleil	kosūf el ʃams (m)	كسوف الشمس
Terre (f)	el arḍ (f)	الأرض
Lune (f)	el 'amar (m)	القمر
Mars (m)	el marrīχ (m)	المرّيخ
Vénus (f)	el zahra (f)	الزهرة
Jupiter (m)	el moʃtary (m)	المشتري
Saturne (m)	zoḥḥol (m)	زحل
Mercure (m)	'aṭāred (m)	عطارد
Uranus (m)	uranus (m)	اورانوس
Neptune	nibtūn (m)	نبتون
Pluton (m)	bluto (m)	بلوتو
la Voie Lactée	darb el tebbāna (m)	درب التبّانة
la Grande Ours	el dobb el akbar (m)	الدب الأكبر
la Polaire	negm el 'oṭb (m)	نجم القطب
martien (m)	sāken el marrīχ (m)	ساكن المرّيخ
extraterrestre (m)	faḍā'y (m)	فضائي

alien (m)	kā'en faḍā'y (m)	كائن فضائي
soucoupe (f) volante	ṭaba' ṭā'er (m)	طبق طائر
vaisseau (m) spatial	markaba faḍa'iya (f)	مركبة فضائية
station (f) orbitale	maḥaṭṭet faḍā' (f)	محطّة فضاء
lancement (m)	enṭelāq (m)	إنطلاق
moteur (m)	motore (m)	موتور
tuyère (f)	manfaθ (m)	منفث
carburant (m)	woqūd (m)	وقود
cabine (f)	kabīna (f)	كابينة
antenne (f)	hawā'y (m)	هوائي
hublot (m)	kowwa mostadīra (f)	كوّة مستديرة
batterie (f) solaire	lawḥa ʃamsiya (f)	لوحة شمسيّة
scaphandre (m)	badlet el faḍā' (f)	بدلة الفضاء
apesanteur (f)	en'edām wazn (m)	إنعدام الوزن
oxygène (m)	oksiʒīn (m)	أوكسجين
arrimage (m)	rasw (m)	رسو
s'arrimer à ...	rasa	رسى
observatoire (m)	marṣad (m)	مرصد
télescope (m)	teleskop (m)	تلسكوب
observer (vt)	rāqab	راقب
explorer (un cosmos)	estakʃef	إستكشف

196. La Terre

Terre (f)	el arḍ (f)	الأرض
globe (m) terrestre	el kora el arḍiya (f)	الكرة الأرضيّة
planète (f)	kawwkab (m)	كوكب
atmosphère (f)	el ɣelāf el gawwy (m)	الغلاف الجوّي
géographie (f)	goɣrafia (f)	جغرافيا
nature (f)	ṭabee'a (f)	طبيعة
globe (m) de table	namūzag lel kora el arḍiya (m)	نموذج للكرة الأرضيّة
carte (f)	χarīṭa (f)	خريطة
atlas (m)	aṭlas (m)	أطلس
Europe (f)	orobba (f)	أوروبّا
Asie (f)	asya (f)	آسيا
Afrique (f)	afreqia (f)	أفريقيا
Australie (f)	ostorālya (f)	أستراليا
Amérique (f)	amrīka (f)	أمريكا
Amérique (f) du Nord	amrīka el ʃamaliya (f)	أمريكا الشماليّة
Amérique (f) du Sud	amrīka el ganūbiya (f)	أمريكا الجنوبيّة
l'Antarctique (m)	el qoṭb el ganūby (m)	القطب الجنوبي
l'Arctique (m)	el qoṭb el ʃamāly (m)	القطب الشمالي

197. Les quatre parties du monde

nord (m)	ʃemāl (m)	شمال
vers le nord	lel ʃamāl	للشمال
au nord	fel ʃamāl	في الشمال
du nord (adj)	ʃamāly	شمالي
sud (m)	ganūb (m)	جنوب
vers le sud	lel ganūb	للجنوب
au sud	fel ganūb	في الجنوب
du sud (adj)	ganūby	جنوبي
ouest (m)	ɣarb (m)	غرب
vers l'occident	lel ɣarb	للغرب
à l'occident	fel ɣarb	في الغرب
occidental (adj)	ɣarby	غربي
est (m)	ʃarʾ (m)	شرق
vers l'orient	lel ʃarʾ	للشرق
à l'orient	fel ʃarʾ	في الشرق
oriental (adj)	ʃarʾy	شرقي

198. Les océans et les mers

mer (f)	baḥr (m)	بحر
océan (m)	moḥīṭ (m)	محيط
golfe (m)	χalīg (m)	خليج
détroit (m)	maḍīq (m)	مضيق
terre (f) ferme	barr (m)	برّ
continent (m)	qārra (f)	قارّة
île (f)	gezīra (f)	جزيرة
presqu'île (f)	ʃebh gezeyra (f)	شبه جزيرة
archipel (m)	magmūʿet gozor (f)	مجموعة جزر
baie (f)	χalīg (m)	خليج
port (m)	mināʾ (m)	ميناء
lagune (f)	lagūn (m)	لاجون
cap (m)	raʾs (m)	رأس
atoll (m)	gezīra morganiya estwaʾiya (f)	جزيرة مرجانية إستوائيّة
récif (m)	ʃoʿāb (pl)	شعاب
corail (m)	morgān (m)	مرجان
récif (m) de corail	ʃoʿāb morganiya (pl)	شعاب مرجانية
profond (adj)	ʿamīq	عميق
profondeur (f)	ʿomq (m)	عمق
abîme (m)	el ʿomq el saḥīq (m)	العمق السحيق
fosse (f) océanique	χondoq (m)	خندق
courant (m)	tayār (m)	تيّار
baigner (vt) (mer)	ḥāṭ	حاط
littoral (m)	sāḥel (m)	ساحل

côte (f)	sāḥel (m)	ساحل
marée (f) haute	tayār (m)	تيّار
marée (f) basse	gozor (m)	جزر
banc (m) de sable	meyāh ḍaḥla (f)	مياه ضحلة
fond (m)	qā' (m)	قاع
vague (f)	mouga (f)	موجة
crête (f) de la vague	qemma (f)	قمّة
mousse (f)	zabad el baḥr (m)	زبد البحر
tempête (f) en mer	'āṣefa (f)	عاصفة
ouragan (m)	e'ṣār (m)	إعصار
tsunami (m)	tsunāmy (m)	تسونامي
calme (m)	hodū' (m)	هدوء
calme (tranquille)	hady	هادئ
pôle (m)	'oṭb (m)	قطب
polaire (adj)	'oṭby	قطبي
latitude (f)	'arḍ (m)	عرض
longitude (f)	χaṭṭ ṭūl (m)	خطّ طول
parallèle (f)	motawāz (m)	متواز
équateur (m)	χaṭṭ el estewā' (m)	خطّ الإستواء
ciel (m)	samā' (f)	سماء
horizon (m)	ofoq (m)	أفق
air (m)	hawā' (m)	هواء
phare (m)	manāra (f)	منارة
plonger (vi)	ɣāṣ	غاص
sombrer (vi)	ɣere'	غرق
trésor (m)	konūz (pl)	كنوز

199. Les noms des mers et des océans

océan (m) Atlantique	el moḥeyṭ el aṭlanṭy (m)	المحيط الأطلنطي
océan (m) Indien	el moḥeyṭ el hendy (m)	المحيط الهندي
océan (m) Pacifique	el moḥeyṭ el hādy (m)	المحيط الهادي
océan (m) Glacial	el moḥeyṭ el motagammed el ʃamāly (m)	المحيط المتجمّد الشمالي
mer (f) Noire	el baḥr el aswad (m)	البحر الأسود
mer (f) Rouge	el baḥr el aḥmar (m)	البحر الأحمر
mer (f) Jaune	el baḥr el aṣfar (m)	البحر الأصفر
mer (f) Blanche	el baḥr el abyaḍ (m)	البحر الأبيض
mer (f) Caspienne	baḥr qazwīn (m)	بحر قزوين
mer (f) Morte	el baḥr el mayet (m)	البحر الميّت
mer (f) Méditerranée	el baḥr el abyaḍ el motawasseṭ (m)	البحر الأبيض المتوسّط
mer (f) Égée	baḥr eygah (m)	بحر إيجة
mer (f) Adriatique	el baḥr el adreyatīky (m)	البحر الأدرياتيكي
mer (f) Arabique	baḥr el 'arab (m)	بحر العرب

mer (f) du Japon	baḥr el yabān (m)	بحر اليابان
mer (f) de Béring	baḥr bering (m)	بحر بيرينغ
mer (f) de Chine Méridionale	baḥr el ṣeyn el ganūby (m)	بحر الصين الجنوبي
mer (f) de Corail	baḥr el morgān (m)	بحر المرجان
mer (f) de Tasman	baḥr tazman (m)	بحر تسمان
mer (f) Caraïbe	el baḥr el karību (m)	البحر الكاريبي
mer (f) de Barents	baḥr barents (m)	بحر بارنتس
mer (f) de Kara	baḥr kara (m)	بحر كارا
mer (f) du Nord	baḥr el ʃamāl (m)	بحر الشمال
mer (f) Baltique	baḥr el balṭīq (m)	بحر البلطيق
mer (f) de Norvège	baḥr el nerwīg (m)	بحر النرويج

200. Les montagnes

montagne (f)	gabal (m)	جبل
chaîne (f) de montagnes	selselet gebāl (f)	سلسلة جبال
crête (f)	noṭū' el gabal (m)	نتوء الجبل
sommet (m)	qemma (f)	قمّة
pic (m)	qemma (f)	قمّة
pied (m)	asfal (m)	أسفل
pente (f)	monḥadar (m)	منحدر
volcan (m)	borkān (m)	بركان
volcan (m) actif	borkān naʃeṭ (m)	بركان نشط
volcan (m) éteint	borkān χāmed (m)	بركان خامد
éruption (f)	sawarān (m)	ثوّران
cratère (m)	fawhet el borkān (f)	فوهة البركان
magma (m)	magma (f)	ماجما
lave (f)	ḥomam borkāniya (pl)	حمم بركانية
en fusion (lave ~)	monṣahera	منصهرة
canyon (m)	wādy ḍaye' (m)	وادي ضيّق
défilé (m) (gorge)	mamarr ḍaye' (m)	ممرّ ضيّق
crevasse (f)	ʃa'' (m)	شقّ
précipice (m)	hāwya (f)	هاوية
col (m) de montagne	mamarr gabaly (m)	ممرّ جبلي
plateau (m)	haḍaba (f)	هضبة
rocher (m)	garf (m)	جرف
colline (f)	tall (m)	تلّ
glacier (m)	nahr galīdy (m)	نهر جليدي
chute (f) d'eau	ʃallāl (m)	شلّال
geyser (m)	nabʿ maya ḥāra (m)	نبع ميّة حارة
lac (m)	boḥeyra (f)	بحيرة
plaine (f)	sahl (m)	سهل
paysage (m)	manzar ṭabeeʿy (m)	منظر طبيعي
écho (m)	ṣada (m)	صدى

alpiniste (m)	motasalleq el gebāl (m)	متسلّق الجبال
varappeur (m)	motasalleq ṣoχūr (m)	متسلّق صخور
conquérir (vt)	taɣallab ʿala	تغلّب على
ascension (f)	tasalloq (m)	تسلّق

201. Les noms des chaînes de montagne

Alpes (f pl)	gebāl el alb (pl)	جبال الألب
Mont Blanc (m)	mōn blōn (m)	مون بلون
Pyrénées (f pl)	gebāl el barānes (pl)	جبال البرانس
Carpates (f pl)	gebāl el karbāt (pl)	جبال الكاربات
Monts Oural (m pl)	gebāl el urāl (pl)	جبال الأورال
Caucase (m)	gebāl el qoqāz (pl)	جبال القوقاز
Elbrous (m)	gabal elbrus (m)	جبل إلبروس
Altaï (m)	gebāl altāy (pl)	جبال ألتاي
Tian Chan (m)	gebāl tian ʃan (pl)	جبال تيان شان
Pamir (m)	gebāl bamir (pl)	جبال بامير
Himalaya (m)	himalāya (pl)	هيمالايا
Everest (m)	gabal everest (m)	جبل افرست
Andes (f pl)	gebāl el andīz (pl)	جبال الأنديز
Kilimandjaro (m)	gabal kilimanʒaro (m)	جبل كليمنجارو

202. Les fleuves

rivière (f), fleuve (m)	nahr (m)	نهر
source (f)	ʿeyn (m)	عين
lit (m) (d'une rivière)	magra el nahr (m)	مجرى النهر
bassin (m)	ḥoḍe (m)	حوض
se jeter dans ...	ṣabb fe ...	صبّ في...
affluent (m)	rāfed (m)	رافد
rive (f)	ḍaffa (f)	ضفّة
courant (m)	tayār (m)	تيّار
en aval	maʿ ettigāh magra el nahr	مع إتّجاه مجرى النهر
en amont	ḍed el tayār	ضد التيار
inondation (f)	ɣamr (m)	غمر
les grandes crues	fayaḍān (m)	فيضان
déborder (vt)	fāḍ	فاض
inonder (vt)	ɣamar	غمر
bas-fond (m)	meyāh ḍaḥla (f)	مياه ضحلة
rapide (m)	monḥadar el nahr (m)	منحدر النهر
barrage (m)	sadd (m)	سدّ
canal (m)	qanah (f)	قناة
lac (m) de barrage	χazzān māʾy (m)	خزّان مائي
écluse (f)	bawwāba qanṭara (f)	بوّابة قنطرة

plan (m) d'eau	berka (f)	بركة
marais (m)	mostanqa' (m)	مستنقع
fondrière (f)	mostanqa' (m)	مستنقع
tourbillon (m)	dawwāma (f)	دوّامة
ruisseau (m)	gadwal (m)	جدوّل
potable (adj)	el ʃorb	الشرب
douce (l'eau ~)	ʿazb	عذب
glace (f)	galīd (m)	جليد
être gelé	etgammed	إتجمّد

203. Les noms des fleuves

Seine (f)	el seyn (m)	السين
Loire (f)	el lua:r (m)	اللوار
Tamise (f)	el teymz (m)	التيمز
Rhin (m)	el rayn (m)	الراين
Danube (m)	el danūb (m)	الدانوب
Volga (f)	el volga (m)	الفولغا
Don (m)	el done (m)	الدون
Lena (f)	lena (m)	لينا
Huang He (m)	el nahr el aṣfar (m)	النهر الأصفر
Yangzi Jiang (m)	el yangesty (m)	اليانغستي
Mékong (m)	el mekong (m)	الميكونغ
Gange (m)	el ɣang (m)	الغانج
Nil (m)	el nīl (m)	النيل
Congo (m)	el kongo (m)	الكونغو
Okavango (m)	okavango (m)	أوكافانجو
Zambèze (m)	el zambizi (m)	الزمبيزي
Limpopo (m)	limbobo (m)	ليمبوبو
Mississippi (m)	el mississibbi (m)	الميسيسيبي

204. La forêt

forêt (f)	ɣāba (f)	غابة
forestier (adj)	ɣāba	غابة
fourré (m)	ɣāba kasīfa (f)	غابة كثيفة
bosquet (m)	bostān (m)	بستان
clairière (f)	ezālet el ɣābāt (f)	إزالة الغابات
broussailles (f pl)	agama (f)	أجمة
taillis (m)	arāḍy el ʃogayrāt (pl)	أراضي الشجيرات
sentier (m)	mamarr (m)	ممرّ
ravin (m)	wādy ḍaye' (m)	وادي ضيّق
arbre (m)	ʃagara (f)	شجرة

feuille (f)	wara'a (f)	ورقة
feuillage (m)	wara' (m)	ورق
chute (f) de feuilles	tasā'oṭ el awrā' (m)	تساقط الأوراق
tomber (feuilles)	saqaṭ	سقط
sommet (m)	ra's (m)	رأس
rameau (m)	ɣoṣn (m)	غصن
branche (f)	ɣoṣn ra'īsy (m)	غصن رئيسي
bourgeon (m)	bor'om (m)	برعم
aiguille (f)	ʃawka (f)	شوكة
pomme (f) de pin	kūz el ṣnowbar (m)	كوز الصنوبر
creux (m)	gofe (m)	جوف
nid (m)	'eʃ (m)	عشّ
terrier (m) (~ d'un renard)	goḥr (m)	جحر
tronc (m)	gez' (m)	جذع
racine (f)	gezr (m)	جذر
écorce (f)	leḥā' (m)	لحاء
mousse (f)	ṭaḥlab (m)	طحلب
déraciner (vt)	eqtala'	إقتلع
abattre (un arbre)	'aṭṭa'	قطّع
déboiser (vt)	azāl el ɣabāt	أزال الغابات
souche (f)	gez' el ʃagara (m)	جذع الشجرة
feu (m) de bois	nār moχayem (m)	نار مخيّم
incendie (m)	ḥarī' ɣāba (m)	حريق غابة
éteindre (feu)	ṭaffa	طفّى
garde (m) forestier	ḥāres el ɣāba (m)	حارس الغابة
protection (f)	ḥemāya (f)	حماية
protéger (vt)	ḥama	حمى
braconnier (m)	sāre' el ṣeyd (m)	سارق الصيد
piège (m) à mâchoires	maṣyada (f)	مصيّدة
cueillir (vt)	gamma'	جمّع
s'égarer (vp)	tāh	تاه

205. Les ressources naturelles

ressources (f pl) naturelles	sarawāt ṭabi'iya (pl)	ثروات طبيعيّة
minéraux (m pl)	ma'āden (pl)	معادن
gisement (m)	rawāseb (pl)	رواسب
champ (m) (~ pétrolifère)	ḥaql (m)	حقل
extraire (vt)	estaχrag	إستخرج
extraction (f)	esteχrāg (m)	إستخراج
minerai (m)	χām (m)	خام
mine (f) (site)	mangam (m)	منجم
puits (m) de mine	mangam (m)	منجم
mineur (m)	'āmel mangam (m)	عامل منجم
gaz (m)	ɣāz (m)	غاز

gazoduc (m)	χaṭṭ anabīb ɣāz (m)	خطّ أنابيب غاز
pétrole (m)	nafṭ (m)	نفط
pipeline (m)	anabīb el nafṭ (pl)	أنابيب النفط
tour (f) de forage	bīr el nafṭ (m)	بير النفط
derrick (m)	ḥaffāra (f)	حفّارة
pétrolier (m)	nāqelet betrūl (f)	ناقلة بترول
sable (m)	raml (m)	رمل
calcaire (m)	ḥagar el kals (m)	حجر الكلس
gravier (m)	ḥaṣa (m)	حصى
tourbe (f)	χaθ faḥm nabāty (m)	خث فحم نباتي
argile (f)	ṭīn (m)	طين
charbon (m)	faḥm (m)	فحم
fer (m)	ḥadīd (m)	حديد
or (m)	dahab (m)	ذهب
argent (m)	faḍḍa (f)	فضّة
nickel (m)	nikel (m)	نيكل
cuivre (m)	neḥās (m)	نحاس
zinc (m)	zink (m)	زنك
manganèse (m)	manganīz (m)	منجنيز
mercure (m)	ze'baq (m)	زئبق
plomb (m)	roṣāṣ (m)	رصاص
minéral (m)	ma'dan (m)	معدن
cristal (m)	kristāl (m)	كريستال
marbre (m)	roχām (m)	رخام
uranium (m)	yuranuim (m)	يورانيوم

La Terre. Partie 2

206. Le temps

temps (m)	ṭa's (m)	طقس
météo (f)	naʃra gawiya (f)	نشرة جويّة
température (f)	ḥarāra (f)	حرارة
thermomètre (m)	termometr (m)	ترمومتر
baromètre (m)	barometr (m)	بارومتر
humide (adj)	roṭob	رطب
humidité (f)	roṭūba (f)	رطوبة
chaleur (f) (canicule)	ḥarāra (f)	حرارة
torride (adj)	ḥarr	حارّ
il fait très chaud	el gaww ḥarr	الجّو حرّ
il fait chaud	el gaww dafa	الجّو دفا
chaud (modérément)	dāfe'	دافئ
il fait froid	el gaww bāred	الجّو بارد
froid (adj)	bāred	بارد
soleil (m)	ʃams (f)	شمس
briller (soleil)	nawwar	نوّر
ensoleillé (jour ~)	moʃmes	مشمس
se lever (vp)	ʃara'	شرق
se coucher (vp)	ɣarab	غرب
nuage (m)	saḥāba (f)	سحابة
nuageux (adj)	meɣayem	مغيّم
nuée (f)	saḥābet maṭar (f)	سحابة مطر
sombre (adj)	meɣayem	مغيّم
pluie (f)	maṭar (m)	مطر
il pleut	el donia betmaṭṭar	الدنيا بتمطّر
pluvieux (adj)	momṭer	ممطر
bruiner (v imp)	maṭṭaret razāz	مطّرت رذاذ
pluie (f) torrentielle	maṭar monhamer (f)	مطر منهمر
averse (f)	maṭar ɣazīr (m)	مطر غزير
forte (la pluie ~)	ʃedīd	شديد
flaque (f)	berka (f)	بركة
se faire mouiller	ettbal	إتّبل
brouillard (m)	ʃabbūra (f)	شبّورة
brumeux (adj)	fih ʃabbūra	فيه شبّورة
neige (f)	talg (m)	ثلج
il neige	fih talg	فيه ثلج

207. Les intempéries. Les catastrophes naturelles

orage (m)	'āṣefa ra'diya (f)	عاصفة رعدية
éclair (m)	bar' (m)	برق
éclater (foudre)	baraq	برق
tonnerre (m)	ra'd (m)	رعد
gronder (tonnerre)	dawa	دوّى
le tonnerre gronde	el samā' dawat ra'd (f)	السماء دوّت رعد
grêle (f)	maṭar bard (m)	مطر برد
il grêle	maṭṭaret bard	مطّرت برد
inonder (vt)	ɣamar	غمر
inondation (f)	fayaḍān (m)	فيضان
tremblement (m) de terre	zelzāl (m)	زلزال
secousse (f)	hazza arḍiya (f)	هزّة أرضية
épicentre (m)	markaz el zelzāl (m)	مركز الزلزال
éruption (f)	sawarān (m)	ثوّران
lave (f)	ḥomam borkāniya (pl)	حمم بركانية
tourbillon (m), tornade (f)	e'ṣār (m)	إعصار
typhon (m)	tyfūn (m)	طوفان
ouragan (m)	e'ṣār (m)	إعصار
tempête (f)	'āṣefa (f)	عاصفة
tsunami (m)	tsunāmy (m)	تسونامي
cyclone (m)	e'ṣār (m)	إعصار
intempéries (f pl)	ṭa's saye' (m)	طقس سيئ
incendie (m)	ḥarī' (m)	حريق
catastrophe (f)	karsa (f)	كارثة
météorite (m)	nayzek (m)	نيّزك
avalanche (f)	enheyār talgy (m)	إنهيار ثلجي
éboulement (m)	enheyār talgy (m)	إنهيار ثلجي
blizzard (m)	'āṣefa talgiya (f)	عاصفة ثلجيّة
tempête (f) de neige	'āṣefa talgiya (f)	عاصفة ثلجيّة

208. Les bruits. Les sons

silence (m)	ṣamt (m)	صمت
son (m)	ṣote (m)	صوت
bruit (m)	dawʃa (f)	دوشة
faire du bruit	'amal dawʃa	عمل دوشة
bruyant (adj)	moz'eg	مزعج
fort (adv)	beṣote 'āly	بصوت عالي
fort (voix ~e)	'āly	عالي
constant (bruit, etc.)	mostamerr	مستمرّ
cri (m)	ṣarχa (f)	صرخة

crier (vi)	ṣarraχ	صرّخ
chuchotement (m)	hamsa (f)	همسة
chuchoter (vi, vt)	hamas	همس
aboiement (m)	nebāḥ (m)	نباح
aboyer (vi)	nabaḥ	نبح
gémissement (m)	anīn (m)	أنين
gémir (vi)	ann	أنّ
toux (f)	koḥḥa (f)	كحّة
tousser (vi)	kaḥḥ	كحّ
sifflement (m)	taṣfīr (m)	تصفير
siffler (vi)	ṣaffar	صفّر
coups (m pl) à la porte	ṭar', da'' (m)	طرق, دقّ
frapper (~ à la porte)	da''	دقّ
craquer (vi)	far'a'	فرقع
craquement (m)	far'a'a (f)	فرقعة
sirène (f)	sarīna (f)	سرينة
sifflement (m) (de train)	ṣafīr (m)	صفير
siffler (train, etc.)	ṣaffar	صفّر
coup (m) de klaxon	tazmīr (m)	تزمير
klaxonner (vi)	zammar	زمّر

209. L'hiver

hiver (m)	ʃetā' (m)	شتاء
d'hiver (adj)	ʃetwy	شتوي
en hiver	fel ʃetā'	في الشتاء
neige (f)	talg (m)	ثلج
il neige	fih talg	فيه ثلج
chute (f) de neige	tasā'oṭ el tolūg (m)	تساقط الثلوج
congère (f)	rokma talgiya (f)	ركمة ثلجية
flocon (m) de neige	nadfet talg (f)	ندفة ثلج
boule (f) de neige	koret talg (f)	كرة ثلج
bonhomme (m) de neige	rāgel men el talg (m)	راجل من الثلج
glaçon (m)	'eṭ'et galīd (f)	قطعة جليد
décembre (m)	desember (m)	ديسمبر
janvier (m)	yanāyer (m)	يناير
février (m)	febrāyer (m)	فبراير
gel (m)	ṣaqee' (m)	صقيع
glacial (nuit ~)	ṣā'e'	صاقع
au-dessous de zéro	taḥt el ṣefr	تحت الصفر
premières gelées (f pl)	ṣaqee' (m)	صقيع
givre (m)	ṣaqee' motagammed (m)	صقيع متجمّد
froid (m)	bard (m)	برد
il fait froid	el gaww bāred	الجوّ بارد

manteau (m) de fourrure	balṭo farww (m)	بالطو فروّ
moufles (f pl)	gwanty men ɣeyr aṣābe' (m)	جوانتي من غير أصابع
tomber malade	mereḍ	مرض
refroidissement (m)	zokām (m)	زكام
prendre froid	gālo bard	جاله برد
glace (f)	galīd (m)	جليد
verglas (m)	ɣaṭā' galīdy 'lal arḍ (m)	غطاء جليدي على الأرض
être gelé	etgammed	إتجمّد
bloc (m) de glace	roqāqet galīd (f)	رقاقة جليد
skis (m pl)	zallagāt (pl)	زلّاجات
skieur (m)	motazaḥleq 'alal galīd (m)	متزحلق على الجليد
faire du ski	tazallag	تزلّج
patiner (vi)	tazallag	تزلّج

La faune

210. Les mammifères. Les prédateurs

prédateur (m)	moftares (m)	مفترس
tigre (m)	nemr (m)	نمر
lion (m)	asad (m)	أسد
loup (m)	ze'b (m)	ذئب
renard (m)	ta'lab (m)	ثعلب
jaguar (m)	nemr amrīky (m)	نمر أمريكي
léopard (m)	fahd (m)	فهد
guépard (m)	fahd ṣayād (m)	فهد صيّاد
panthère (f)	nemr aswad (m)	نمر أسوّد
puma (m)	asad el gebāl (m)	أسد الجبال
léopard (m) de neiges	nemr el tolūg (m)	نمر الثلوج
lynx (m)	waʃaq (m)	وشق
coyote (m)	qayūṭ (m)	قيوط
chacal (m)	ebn 'āwy (m)	ابن آوى
hyène (f)	ḍeb' (m)	ضبع

211. Les animaux sauvages

animal (m)	ḥayawān (m)	حيوان
bête (f)	waḥʃ (m)	وحش
écureuil (m)	sengāb (m)	سنجاب
hérisson (m)	qonfoz (m)	قنفذ
lièvre (m)	arnab barry (m)	أرنب بريّ
lapin (m)	arnab (m)	أرنب
blaireau (m)	ɣarīr (m)	غرير
raton (m)	rakūn (m)	راكون
hamster (m)	hamster (m)	هامستر
marmotte (f)	marmoṭ (m)	مرموط
taupe (f)	χold (m)	خلد
souris (f)	fār (m)	فأر
rat (m)	gerz (m)	جرذ
chauve-souris (f)	χoffāʃ (m)	خفّاش
hermine (f)	qāqem (m)	قاقم
zibeline (f)	sammūr (m)	سمّور
martre (f)	fara'īāt (m)	فرائيات
belette (f)	ebn 'ers (m)	ابن عرس
vison (m)	mink (m)	منك

castor (m)	qondos (m)	قندس
loutre (f)	ta'lab maya (m)	ثعلب الميّة
cheval (m)	ḥoṣān (m)	حصان
élan (m)	eyl el mūz (m)	أيّل الموظ
cerf (m)	ayl (m)	أيل
chameau (m)	gamal (m)	جمل
bison (m)	bison (m)	بيسون
aurochs (m)	byson orobby (m)	بيسون أوروبي
buffle (m)	gamūs (m)	جاموس
zèbre (m)	ḥomār waḥʃy (m)	حمار وحشي
antilope (f)	ẓaby (m)	ظبي
chevreuil (m)	yaḥmūr orobby (m)	يحمورأوروبيّ
biche (f)	eyl asmar orobby (m)	أيّل أسمر أوروبي
chamois (m)	ʃamwah (f)	شامواه
sanglier (m)	χenzīr barry (m)	خنزير برّي
baleine (f)	ḥūt (m)	حوت
phoque (m)	foqma (f)	فقمة
morse (m)	el kab' (m)	الكبع
ours (m) de mer	foqmet el farā' (f)	فقمة الفراء
dauphin (m)	dolfīn (m)	دولفين
ours (m)	dobb (m)	دبّ
ours (m) blanc	dobb 'oṭṭby (m)	دبّ قطبي
panda (m)	banda (m)	باندا
singe (m)	'erd (m)	قرد
chimpanzé (m)	ʃimbanzy (m)	شيمبانزي
orang-outang (m)	orangutan (m)	أورنغوتان
gorille (m)	ɣorella (f)	غوريلا
macaque (m)	'erd el makāk (m)	قرد المكاك
gibbon (m)	gibbon (m)	جيبون
éléphant (m)	fīl (m)	فيل
rhinocéros (m)	χartīt (m)	خرتيت
girafe (f)	zarāfa (f)	زرافة
hippopotame (m)	faras el nahr (m)	فرس النهر
kangourou (m)	kangarū (m)	كانجّارو
koala (m)	el koala (m)	الكوالا
mangouste (f)	nems (m)	نمس
chinchilla (m)	ʃenʃila (f)	شنشيلة
mouffette (f)	ẓerbān (m)	ظربان
porc-épic (m)	nīṣ (m)	نيص

212. Les animaux domestiques

chat (m) (femelle)	'oṭṭa (f)	قطّة
chat (m) (mâle)	'oṭṭ (m)	قطّ
chien (m)	kalb (m)	كلب

cheval (m)	ḥoṣān (m)	حصان
étalon (m)	χeyl faḥl (m)	خيل فحل
jument (f)	faras (f)	فرس
vache (f)	ba'ara (f)	بقرة
taureau (m)	sore (m)	ثور
bœuf (m)	sore (m)	ثور
brebis (f)	χarūf (f)	خروف
mouton (m)	kebʃ (m)	كبش
chèvre (f)	me'za (f)	معزة
bouc (m)	mā'ez zakar (m)	ماعز ذكر
âne (m)	ḥomār (m)	حمار
mulet (m)	baɣl (m)	بغل
cochon (m)	χenzīr (m)	خنزير
pourceau (m)	χannūṣ (m)	خنّوص
lapin (m)	arnab (m)	أرنب
poule (f)	farχa (f)	فرخة
coq (m)	dīk (m)	ديك
canard (m)	baṭṭa (f)	بطّة
canard (m) mâle	dakar el baṭṭ (m)	ذكر البط
oie (f)	wezza (f)	وزّة
dindon (m)	dīk rūmy (m)	ديك رومي
dinde (f)	dīk rūmy (m)	ديك رومي
animaux (m pl) domestiques	ḥayawānāt dawāgen (pl)	حيوانات دواجن
apprivoisé (adj)	alīf	أليف
apprivoiser (vt)	rawweḍ	روّض
élever (vt)	rabba	ربّى
ferme (f)	mazra'a (f)	مزرعة
volaille (f)	dawāgen (pl)	دواجن
bétail (m)	māʃeya (f)	ماشية
troupeau (m)	qaṭee' (m)	قطيع
écurie (f)	esṭabl χeyl (m)	إسطبل خيل
porcherie (f)	ḥazīret χanazīr (f)	حظيرة الخنازير
vacherie (f)	zerībet el ba'ar (f)	زريبة البقر
cabane (f) à lapins	qan el arāneb (m)	قن الأرانب
poulailler (m)	qan el ferāχ (m)	قن الفراخ

213. Le chien. Les races

chien (m)	kalb (m)	كلب
berger (m)	kalb rā'y (m)	كلب رعي
berger (m) allemand	kalb rā'y almāny (m)	كلب راعي ألمانيّ
caniche (f)	būdle (m)	بودل
teckel (m)	daʃhund (m)	داشهند
bouledogue (m)	bulldog (m)	بولدوج

boxer (m)	bokser (m)	بوكسر
mastiff (m)	mastiff (m)	ماستيف
rottweiler (m)	rottfeyler (m)	روت فايلر
doberman (m)	doberman (m)	دوبرمان
basset (m)	basset (m)	باسيت
bobtail (m)	bobtayl (m)	بوبتيل
dalmatien (m)	delmāṭy (m)	دلماطي
cocker (m)	kokker spaniel (m)	كوكر سبانييل
terre-neuve (m)	nyu faundland (m)	نيوفاوندلاند
saint-bernard (m)	sant bernard (m)	سانت بيرنارد
husky (m)	hasky (m)	هاسكي
chow-chow (m)	tʃaw tʃaw (m)	تشاوتشاو
spitz (m)	esbitz (m)	إسبتز
carlin (m)	bug (m)	بج

214. Les cris des animaux

aboiement (m)	nebāḥ (m)	نباح
aboyer (vi)	nabaḥ	نبح
miauler (vi)	mawmaw	موّمو
ronronner (vi)	χarχar	خرخر
meugler (vi)	χār	خار
beugler (taureau)	χār	خار
rugir (chien)	damdam	دمدم
hurlement (m)	ʿawāʾ (m)	عواء
hurler (loup)	ʿawa	عوى
geindre (vi)	ann	أنّ
bêler (vi)	maʾmaʾ	مأمأ
grogner (cochon)	qabaʿ	قبع
glapir (cochon)	qabaʿ	قبع
coasser (vi)	naʾʾ	نقّ
bourdonner (vi)	ṭann	طنّ
striduler (vi)	ʿarʿar	عرعر

215. Les jeunes animaux

bébé (m) (≈ lapin)	ḥayawān ṣaɣīr (m)	حيوان صغير
chaton (m)	ʾoṭṭa saɣīra (f)	قطّة صغيرة
souriceau (m)	fār ṣaɣīr (m)	فار صغير
chiot (m)	garww (m)	جرو
levraut (m)	χarnaʾ (m)	خرنق
lapereau (m)	arnab saɣīr (m)	أرنب صغير
louveteau (m)	garmūza (m)	جرموزا
renardeau (m)	hagras (m)	هجرس

ourson (m)	daysam (m)	ديّسم
lionceau (m)	ʃebl el asad (m)	شبل الأسد
bébé (m) tigre	farz (m)	فرز
éléphanteau (m)	dayfal (m)	دغفل
pourceau (m)	χannūṣ (m)	خنّوص
veau (m)	ʻegl (m)	عجل
chevreau (m)	gady (m)	جدي
agneau (m)	ḥaml (m)	حمل
faon (m)	el raʃa (m)	الرشا
bébé (m) chameau	ṣaɣīr el gamal (m)	صغير الجمل
serpenteau (m)	ḥerbeʃ (m)	حربش
bébé (m) grenouille	ḍeffḍaʻ saɣīr (m)	ضفدع صغير
oisillon (m)	farχ (m)	فرخ
poussin (m)	katkūt (m)	كتكوت
canardeau (m)	baṭṭa ṣaɣīra (f)	بطّة صغيرة

216. Les oiseaux

oiseau (m)	ṭā'er (m)	طائر
pigeon (m)	ḥamāma (f)	حمامة
moineau (m)	ʻaṣfūr dawri (m)	عصفور دوري
mésange (f)	qarqaf (m)	قرقف
pie (f)	ʻaʼʻaʼ (m)	عقعق
corbeau (m)	ɣorāb aswad (m)	غراب أسود
corneille (f)	ɣorāb (m)	غراب
choucas (m)	zāɣ zarʻy (m)	زاغ زرعي
freux (m)	ɣorāb el qeyẓ (m)	غراب القيظ
canard (m)	baṭṭa (f)	بطّة
oie (f)	wezza (f)	وزّة
faisan (m)	tadarrog (m)	تدرج
aigle (m)	ʻeqāb (m)	عقاب
épervier (m)	el bāz (m)	الباز
faucon (m)	ṣa'r (m)	صقر
vautour (m)	nesr (m)	نسر
condor (m)	kondor (m)	كندور
cygne (m)	el temm (m)	التمّ
grue (f)	karkiya (m)	كركية
cigogne (f)	loqloq (m)	لقلق
perroquet (m)	babaɣā' (m)	ببغاء
colibri (m)	ṭannān (m)	طنّان
paon (m)	ṭawūs (m)	طاووس
autruche (f)	naʻāma (f)	نعامة
héron (m)	belʃone (m)	بلشون
flamant (m)	flamingo (m)	فلامينجو
pélican (m)	bagʻa (f)	بجعة

rossignol (m)	ʻandalīb (m)	عندليب
hirondelle (f)	el sonūnū (m)	السنونو
merle (m)	somnet el ḥoqūl (m)	سمنة الحقول
grive (f)	somna moɣarreda (m)	سمنة مغرّدة
merle (m) noir	ʃaḥrūr aswad (m)	شحرور أسود
martinet (m)	semmāma (m)	سمّامة
alouette (f) des champs	qabra (f)	قبرة
caille (f)	semmān (m)	سمّان
pivert (m)	na'ār el χaʃab (m)	نقار الخشب
coucou (m)	weqwāq (m)	وقواق
chouette (f)	būma (f)	بومة
hibou (m)	būm orāsy (m)	بوم أوراسي
tétras (m)	dīk el χalang (m)	ديك الخلنج
tétras-lyre (m)	ṭyhūg aswad (m)	طيهوج أسود
perdrix (f)	el ḥagal (m)	الحجل
étourneau (m)	zerzūr (m)	زرزور
canari (m)	kanāry (m)	كناري
gélinotte (f) des bois	ṭyhūg el bondo' (m)	طيهوج البندق
pinson (m)	ʃarʃūr (m)	شرشور
bouvreuil (m)	deɣnāʃ (m)	دغناش
mouette (f)	nawras (m)	نورس
albatros (m)	el qoṭros (m)	القطرس
pingouin (m)	beṭrīq (m)	بطريق

217. Les oiseaux. Le chant, les cris

chanter (vi)	ɣanna	غنّى
crier (vi)	nāda	نادى
chanter (le coq)	ṣāḥ	صاح
cocorico (m)	kokokūko	كوكوكوكو
glousser (vi)	kāky	كاكي
croasser (vi)	naʻaq	نعق
cancaner (vi)	baṭbaṭ	بطبط
piauler (vi)	ṣawṣaw	صوّصو
pépier (vi)	za'za'	زقزق

218. Les poissons. Les animaux marins

brème (f)	abramīs (m)	أبراميس
carpe (f)	ʃabbūṭ (m)	شبّوط
perche (f)	farχ (m)	فرخ
silure (m)	'armūṭ (m)	قرموط
brochet (m)	karāky (m)	كراكي
saumon (m)	salamon (m)	سلمون
esturgeon (m)	ḥafʃ (m)	حفش

hareng (m)	renga (f)	رنجة
saumon (m) atlantique	salamon aṭlasy (m)	سلمون أطلسي
maquereau (m)	makerel (m)	ماكريل
flet (m)	samak mefalṭah (f)	سمك مفلطح
sandre (f)	samak sandar (m)	سمك سندر
morue (f)	el qadd (m)	القد
thon (m)	tuna (f)	تونة
truite (f)	salamon mera''aṭ (m)	سلمون مرقّط
anguille (f)	ḥankalīs (m)	حنكليس
torpille (f)	ra'ād (m)	رعاد
murène (f)	moraya (f)	مورايية
piranha (m)	bīrana (f)	بيرانا
requin (m)	'erʃ (m)	قرش
dauphin (m)	dolfīn (m)	دولفين
baleine (f)	ḥūt (m)	حوت
crabe (m)	kaboria (m)	كابوريا
méduse (f)	'andīl el baḥr (m)	قنديل البحر
pieuvre (f), poulpe (m)	aχṭabūṭ (m)	أخطبوط
étoile (f) de mer	negmet el baḥr (f)	نجمة البحر
oursin (m)	qonfoz el baḥr (m)	قنفذ البحر
hippocampe (m)	ḥoṣān el baḥr (m)	حصان البحر
huître (f)	maḥār (m)	محار
crevette (f)	gammbary (m)	جمّبري
homard (m)	estakoza (f)	استكوزا
langoustine (f)	estakoza (m)	استاكوزا

219. Les amphibiens. Les reptiles

serpent (m)	te'bān (m)	ثعبان
venimeux (adj)	sām	سام
vipère (f)	af'a (f)	أفعى
cobra (m)	kobra (m)	كوبرا
python (m)	te'bān byton (m)	ثعبان بايثون
boa (m)	bawā' el 'aṣera (f)	بواء العاصرة
couleuvre (f)	te'bān el 'oʃb (m)	ثعبان العشب
serpent (m) à sonnettes	af'a megalgela (f)	أفعى مجلجلة
anaconda (m)	anakonda (f)	أناكوندا
lézard (m)	seḥliya (f)	سحليّة
iguane (m)	eɣwana (f)	إغوانة
varan (m)	warl (m)	ورل
salamandre (f)	salamander (m)	سلمندر
caméléon (m)	ḥerbāya (f)	حرباية
scorpion (m)	'a'rab (m)	عقرب
tortue (f)	solḥefah (f)	سلحفاة
grenouille (f)	ḍeffḍa' (m)	ضفدع

crapaud (m)	ḍeffḍa' el ṭeyn (m)	ضفدع الطين
crocodile (m)	temsāḥ (m)	تمساح

220. Les insectes

insecte (m)	ḥaʃara (f)	حشرة
papillon (m)	farāʃa (f)	فراشة
fourmi (f)	namla (f)	نملة
mouche (f)	debbāna (f)	دبّانة
moustique (m)	namūsa (f)	ناموسة
scarabée (m)	χonfesa (f)	خنفسة
guêpe (f)	dabbūr (m)	دبّور
abeille (f)	naḥla (f)	نحلة
bourdon (m)	naḥla ṭannāna (f)	نحلة طنّانة
œstre (m)	na'ra (f)	نعرة
araignée (f)	'ankabūt (m)	عنكبوت
toile (f) d'araignée	nasīg 'ankabūt (m)	نسيج عنكبوت
libellule (f)	ya'sūb (m)	يعسوب
sauterelle (f)	garād (m)	جراد
papillon (m)	'etta (f)	عثّة
cafard (m)	ṣarṣūr (m)	صرصور
tique (f)	qarāda (f)	قرادة
puce (f)	barɣūt (m)	برغوث
moucheron (m)	ba'ūḍa (f)	بعوضة
criquet (m)	garād (m)	جراد
escargot (m)	ḥalazōn (m)	حلزون
grillon (m)	ṣarṣūr el ḥaql (m)	صرصور الحقل
luciole (f)	yarā'a (f)	يراعة
coccinelle (f)	χonfesa mena'ṭṭa (f)	خنفسة منقّطة
hanneton (m)	χonfesa motlefa lel nabāt (f)	خنفسة متلفة للنبات
sangsue (f)	'alaqa (f)	علقة
chenille (f)	yasrū' (m)	يسروع
ver (m)	dūda (f)	دودة
larve (f)	yaraqa (f)	يرقة

221. Les parties du corps des animaux

bec (m)	monqār (m)	منقار
ailes (f pl)	agneḥa (pl)	أجنحة
patte (f)	regl (f)	رجل
plumage (m)	rīʃ (m)	ريش
plume (f)	rīʃa (f)	ريشة
houppe (f)	'orf el dīk (m)	عرف الديك
ouïes (f pl)	χāyaʃīm (pl)	خياشيم
œufs (m pl)	beyḍ el samak (pl)	بيض السمك

larve (f)	yaraqa (f)	يرقة
nageoire (f)	za'nafa (f)	زعنفة
écaille (f)	ḥarāfeʃ (pl)	حرافش
croc (m)	nāb (m)	ناب
patte (f)	yad (f)	يد
museau (m)	χaṭm (m)	خطم
gueule (f)	bo' (m)	بوء
queue (f)	deyl (m)	ذيل
moustaches (f pl)	ʃawāreb (pl)	شوارب
sabot (m)	ḥāfer (m)	حافر
corne (f)	'arn (m)	قرن
carapace (f)	der' (m)	درع
coquillage (m)	maḥāra (f)	محارة
coquille (f) d'œuf	'eʃret beyḍa (f)	قشرة بيضة
poil (m)	ʃa'r (m)	شعر
peau (f)	geld (m)	جلد

222. Les mouvements des animaux

voler (vi)	ṭār	طار
faire des cercles	ḥallaq	حلّق
s'envoler (vp)	ṭār	طار
battre des ailes	rafraf	رفرف
picorer (vt)	na'ar	نقر
couver (vt)	'a'ad 'alal beyḍ	قعد على البيض
éclore (vt)	fa'as	فقس
faire un nid	bana 'esʃa	بنى عشّة
ramper (vi)	zaḥaf	زحف
piquer (insecte)	lasa'	لسع
mordre (animal)	'aḍḍ	عضّ
flairer (vt)	taʃammam	تشمّم
aboyer (vi)	nabaḥ	نبح
siffler (serpent)	has-hes	هسهس
effrayer (vt)	χawwef	خوّف
attaquer (vt)	hagam	هجم
ronger (vt)	'araḍ	قرض
griffer (vt)	χarbeʃ	خربش
se cacher (vp)	estaχabba	إستخبّى
jouer (chatons, etc.)	le'eb	لعب
chasser (vi, vt)	eṣṭād	إصطاد
être en hibernation	kān di sobār el ʃetā'	كان في سبات الشتاء
disparaître (dinosaures)	enqaraḍ	إنقرض

223. Les habitats des animaux

habitat (m) naturel	mawṭen (m)	موّطن
migration (f)	hegra (f)	هجرة
montagne (f)	gabal (m)	جبل
récif (m)	ʃoʻāb (pl)	شعاب
rocher (m)	garf (m)	جرف
forêt (f)	ɣāba (f)	غابة
jungle (f)	adɣāl (pl)	أدغال
savane (f)	savanna (f)	سافانّا
toundra (f)	tundra (f)	تندرا
steppe (f)	barāry (pl)	براري
désert (m)	ṣaḥra' (f)	صحراء
oasis (f)	wāḥa (f)	واحة
mer (f)	baḥr (m)	بحر
lac (m)	boḥeyra (f)	بحيرة
océan (m)	moḥīṭ (m)	محيط
marais (m)	mostanqaʻ (m)	مستنقع
d'eau douce (adj)	maya ʻazba	ميّة عذبة
étang (m)	berka (f)	بركة
rivière (f), fleuve (m)	nahr (m)	نهر
tanière (f)	wekr (m)	وكر
nid (m)	ʻeʃ (m)	عشّ
creux (m)	gofe (m)	جوف
terrier (m) (~ d'un renard)	goḥr (m)	جحر
fourmilière (f)	ʻeʃ naml (m)	عش نمل

224. Les soins aux animaux

zoo (m)	ḥadīqet el ḥayawān (f)	حديقة حيوان
réserve (f) naturelle	maḥmiya ṭabeʻiya (f)	محمية طبيعية
pépinière (f)	morabby (m)	مربّي
volière (f)	'afaṣ fel hawā' el ṭal' (m)	قفص في الهواء الطلق
cage (f)	'afaṣ (m)	قفص
niche (f)	beyt el kalb (m)	بيت الكلب
pigeonnier (m)	borg el ḥamām (m)	برج الحمام
aquarium (m)	ḥoḍe samak (m)	حوض سمك
delphinarium (m)	ḥoḍe dolfīn (m)	حوض دولفين
élever (vt)	rabba	ربّي
nichée (f), portée (f)	zorriya (f)	ذرية
apprivoiser (vt)	rawweḍ	روّض
dresser (un chien)	darrab	درّب
aliments (pl) pour animaux	ʻalaf (m)	علف
nourrir (vt)	akkel	أكّل

magasin (m) d'animaux	maḥal ḥayawanāt (m)	محل حيوانات
muselière (f)	kamāma (f)	كمامة
collier (m)	ṭo'e (m)	طوق
nom (m) (d'un animal)	esm (m)	اسم
pedigree (m)	selselet el nasab (f)	سلسلة النسب

225. Les animaux. Divers

meute (f) (~ de loups)	qaṭee' (m)	قطيع
volée (f) d'oiseaux	serb (m)	سرب
banc (m) de poissons	serb (m)	سرب
troupeau (m)	qaṭee' (m)	قطيع
mâle (m)	dakar (m)	ذكر
femelle (f)	onsa (f)	أنثى
affamé (adj)	ge'ān	جعان
sauvage (adj)	barry	برّي
dangereux (adj)	χaṭīr	خطير

226. Les chevaux

cheval (m)	ḥoṣān (m)	حصان
race (f)	solāla (f)	سلالة
poulain (m)	mahr (m)	مهر
jument (f)	faras (f)	فرس
mustang (m)	mustān (m)	موستان
poney (m)	ḥoṣān qazam (m)	حصان قزم
cheval (m) de trait	ḥoṣān el na'l (m)	حصان النقل
crin (m)	'orf (m)	عرف
queue (f)	deyl (m)	ذيل
sabot (m)	ḥāfer (m)	حافر
fer (m) à cheval	na'l (m)	نعل
ferrer (vt)	na''al	نعّل
maréchal-ferrant (m)	ḥaddād (m)	حدّاد
selle (f)	serg (m)	سرج
étrier (m)	rekāb (m)	ركاب
bride (f)	legām (m)	لجام
rênes (f pl)	'anān (m)	عنان
fouet (m)	korbāg (m)	كرباج
cavalier (m)	fāres (m)	فارس
seller (vt)	asrag	أسرج
se mettre en selle	rekeb ḥoṣān	ركب حصان
galop (m)	ramāḥa (f)	رماحة
aller au galop	gery bel ḥoṣān	جري بالحصان

trot (m)	harwala (f)	هروّلة
au trot (adv)	harwel	هروّل
aller au trot	harwel	هروّل
cheval (m) de course	ḥoṣān sebā' (m)	حصان سباق
courses (f pl) à chevaux	sebā' el χeyl (m)	سباق الخيل
écurie (f)	esṭabl χeyl (m)	إسطبل خيل
nourrir (vt)	akkel	أكّل
foin (m)	'asʃ (m)	قشّ
abreuver (vt)	sa'a	سقى
laver (le cheval)	naḍḍaf	نظّف
charrette (f)	'arabet χayl (f)	عربة خيل
paître (vi)	erta'a	إرتعى
hennir (vi)	ṣahal	صهل
ruer (vi)	rafas	رفس

La flore

227. Les arbres

arbre (m)	ʃagara (f)	شجرة
à feuilles caduques	nafḍiya	نفضيّة
conifère (adj)	ṣonoberiya	صنوبرية
à feuilles persistantes	dā'emet el χoḍra	دائمة الخضرة
pommier (m)	ʃagaret toffāḥ (f)	شجرة تفّاح
poirier (m)	ʃagaret komettra (f)	شجرة كمثّرى
merisier (m), cerisier (m)	ʃagaret karaz (f)	شجرة كرز
prunier (m)	ʃagaret bar'ū' (f)	شجرة برقوق
bouleau (m)	batola (f)	بتولا
chêne (m)	ballūṭ (f)	بلّوط
tilleul (m)	zayzafūn (f)	زيزفون
tremble (m)	ḥūr rāgef	حور راجف
érable (m)	qayqab (f)	قيقب
épicéa (m)	rateng (f)	راتينج
pin (m)	ṣonober (f)	صنوبر
mélèze (m)	arziya (f)	أرزية
sapin (m)	tanūb (f)	تنوب
cèdre (m)	el orz (f)	الأرز
peuplier (m)	ḥūr (f)	حور
sorbier (m)	ɣobayrā' (f)	غبيراء
saule (m)	ṣefsāf (f)	صفصاف
aune (m)	gār el mā' (m)	جار الماء
hêtre (m)	el zān (f)	الزان
orme (m)	derdar (f)	دردار
frêne (m)	marān (f)	مران
marronnier (m)	kastanā' (f)	كستناء
magnolia (m)	maɣnolia (f)	ماغنوليا
palmier (m)	naχla (f)	نخلة
cyprès (m)	el soro (f)	السرو
palétuvier (m)	mangrūf (f)	مانجروف
baobab (m)	baobab (f)	باوباب
eucalyptus (m)	eukalyptus (f)	أوكالبتوس
séquoia (m)	sequoia (f)	سيكويا

228. Les arbustes

buisson (m)	ʃogeyra (f)	شجيرة
arbrisseau (m)	ʃogayrāt (pl)	شجيرات

vigne (f)	karma (f)	كرمة
vigne (f) (vignoble)	karam (m)	كرم
framboise (f)	zar'et tūt el 'alī' el aḥmar (f)	زرعة توت العليق الأحمر
groseille (f) rouge	keʃmeʃ aḥmar (m)	كشمش أحمر
groseille (f) verte	'enab el sa'lab (m)	عنب الثعلب
acacia (m)	aqaqia (f)	أقاقيا
berbéris (m)	berbarīs (m)	بربريس
jasmin (m)	yasmīn (m)	ياسمين
genévrier (m)	'ar'ar (m)	عرعر
rosier (m)	ʃogeyret ward (f)	شجيرة ورد
églantier (m)	ward el seyāg (pl)	ورد السياج

229. Les champignons

champignon (m)	feṭr (f)	فطر
champignon (m) comestible	feṭr ṣāleḥ lel akl (m)	فطر صالح للأكل
champignon (m) vénéneux	feṭr sām (m)	فطر سام
chapeau (m)	ṭarbūʃ el feṭr (m)	طربوش الفطر
pied (m)	sāq el feṭr (m)	ساق الفطر
cèpe (m)	feṭr boleṭe ma'kūl (m)	فطر بوليط مأكول
bolet (m) orangé	feṭr aḥmar (m)	فطر أحمر
bolet (m) bai	feṭr boleṭe (m)	فطر بوليط
girolle (f)	feṭr el ʃanterel (m)	فطر الشانتريل
russule (f)	feṭr russula (m)	فطر روسولا
morille (f)	feṭr el ɣoʃna (m)	فطر الغوشنة
amanite (f) tue-mouches	feṭr amanīt el ṭā'er (m)	فطر أمانيت الطائر
oronge (f) verte	feṭr amanīt falusyāny el sām (m)	فطر أمانيت فالوسياني السام

230. Les fruits. Les baies

fruit (m)	tamra (f)	تمرة
fruits (m pl)	tamr (m)	تمر
pomme (f)	toffāḥa (f)	تفّاحة
poire (f)	komettra (f)	كمّثرى
prune (f)	bar'ū' (m)	برقوق
fraise (f)	farawla (f)	فراولة
merise (f), cerise (f)	karaz (m)	كرز
raisin (m)	'enab (m)	عنب
framboise (f)	tūt el 'alī' el aḥmar (m)	توت العليق الأحمر
cassis (m)	keʃmeʃ aswad (m)	كشمش أسود
groseille (f) rouge	keʃmeʃ aḥmar (m)	كشمش أحمر
groseille (f) verte	'enab el sa'lab (m)	عنب الثعلب
canneberge (f)	'enabiya ḥāda el χebā' (m)	عنبية حادة الخباء
orange (f)	bortoqāl (m)	برتقال

mandarine (f)	yosfy (m)	يوسفي
ananas (m)	ananās (m)	أناناس
banane (f)	moze (m)	موز
datte (f)	tamr (m)	تمر
citron (m)	lymūn (m)	ليمون
abricot (m)	meʃmeʃ (f)	مشمش
pêche (f)	χawχa (f)	خوخة
kiwi (m)	kiwi (m)	كيوي
pamplemousse (m)	grabe frūt (m)	جريب فروت
baie (f)	tūt (m)	توت
baies (f pl)	tūt (pl)	توت
airelle (f) rouge	ʿenab el sore (m)	عنب الثور
fraise (f) des bois	farawla barriya (f)	فراولة برّيّة
myrtille (f)	ʿenab al aḥrāg (m)	عنب الأحراج

231. Les fleurs. Les plantes

fleur (f)	zahra (f)	زهرة
bouquet (m)	bokeyh (f)	بوكيه
rose (f)	warda (f)	وردة
tulipe (f)	tolīb (f)	توليب
oeillet (m)	ʾoronfol (m)	قرنفل
glaïeul (m)	el dalbūs (f)	الدَلبُوث
bleuet (m)	qanṭeryūn ʿanbary (m)	قنطريون عنبري
campanule (f)	garīs mostadīr el awrāʾ (m)	جريس مستدير الأوراق
dent-de-lion (f)	handabāʾ (f)	هندباء
marguerite (f)	kamomile (f)	كاموميل
aloès (m)	el alowa (m)	الألوّة
cactus (m)	ṣabbār (m)	صبّار
ficus (m)	faykas (m)	فيكس
lis (m)	zanbaq (f)	زنبق
géranium (m)	ɣarnūqy (f)	غرنوقي
jacinthe (f)	el lavender (f)	اللافندر
mimosa (m)	mimoza (f)	ميموزا
jonquille (f)	nerges (f)	نرجس
capucine (f)	abo χangar (f)	أبو خنجر
orchidée (f)	orkid (f)	أوركيد
pivoine (f)	fawnia (f)	فاوانيا
violette (f)	el banafseg (f)	البنفسج
pensée (f)	bansy (f)	بانسي
myosotis (m)	ʾāzān el faʾr (pl)	آذان الفأر
pâquerette (f)	aqwaḥān (f)	أقحوان
coquelicot (m)	el χoʃχāʃ (f)	الخشخاش
chanvre (m)	qanb (m)	قنب

menthe (f)	ne'nā' (m)	نعناع
muguet (m)	zanbaq el wādy (f)	زنبق الوادي
perce-neige (f)	zahrat el laban (f)	زهرة اللبن
ortie (f)	'arrāṣ (m)	قرّاص
oseille (f)	ḥammāḍ bostāny (m)	حمّاض بستاني
nénuphar (m)	niloferiya (f)	نيلوفرية
fougère (f)	sarχas (m)	سرخس
lichen (m)	aʃna (f)	أشنة
serre (f) tropicale	ṣoba (f)	صوبة
gazon (m)	'oʃb aχḍar (m)	عشب أخضر
parterre (m) de fleurs	geneynet zohūr (f)	جنينة زهور
plante (f)	nabāt (m)	نبات
herbe (f)	'oʃb (m)	عشب
brin (m) d'herbe	'oʃba (f)	عشبة
feuille (f)	wara'a (f)	ورقة
pétale (m)	wara'et el zahra (f)	ورقة الزهرة
tige (f)	sāq (f)	ساق
tubercule (m)	darna (f)	درنة
pousse (f)	nabta saɣīra (f)	نبتة صغيرة
épine (f)	ʃawka (f)	شوكة
fleurir (vi)	fattaḥet	فتّحت
se faner (vp)	debel	ذبل
odeur (f)	rīḥa (f)	ريحة
couper (vt)	'aṭa'	قطع
cueillir (fleurs)	'aṭaf	قطف

232. Les céréales

grains (m pl)	ḥobūb (pl)	حبوب
céréales (f pl) (plantes)	maḥaṣīl el ḥubūb (pl)	محاصيل الحبوب
épi (m)	sonbola (f)	سنبلة
blé (m)	'amḥ (m)	قمح
seigle (m)	ʃelm mazrū' (m)	شيلم مزروع
avoine (f)	ʃofān (m)	شوفان
millet (m)	el deχn (m)	الدُخن
orge (f)	ʃe'īr (m)	شعير
maïs (m)	dora (f)	ذرة
riz (m)	rozz (m)	رز
sarrasin (m)	ḥanṭa soda' (f)	حنطة سوداء
pois (m)	besella (f)	بسلّة
haricot (m)	faṣolya (f)	فاصوليا
soja (m)	fūl el ṣoya (m)	فول الصويا
lentille (f)	'ads (m)	عدس
fèves (f pl)	fūl (m)	فول

233. Les légumes

légumes (m pl)	xoḍār (pl)	خضار
verdure (f)	xoḍrawāt waraqiya (pl)	خضروات ورقية
tomate (f)	ṭamāṭem (f)	طماطم
concombre (m)	xeyār (m)	خيار
carotte (f)	gazar (m)	جزر
pomme (f) de terre	baṭāṭes (f)	بطاطس
oignon (m)	baṣal (m)	بصل
ail (m)	tūm (m)	ثوم
chou (m)	koronb (m)	كرنب
chou-fleur (m)	'arnabīṭ (m)	قرنبيط
chou (m) de Bruxelles	koronb broksel (m)	كرنب بروكسل
brocoli (m)	brūkuli (m)	بروكلي
betterave (f)	bangar (m)	بنجر
aubergine (f)	bātengān (m)	باذنجان
courgette (f)	kōsa (f)	كوسة
potiron (m)	qar' 'asaly (m)	قرع عسلي
navet (m)	left (m)	لفت
persil (m)	ba'dūnes (m)	بقدونس
fenouil (m)	ʃabat (m)	شبت
laitue (f) (salade)	xass (m)	خسّ
céleri (m)	karfas (m)	كرفس
asperge (f)	helione (m)	هليون
épinard (m)	sabānex (m)	سبانخ
pois (m)	besella (f)	بسلّة
fèves (f pl)	fūl (m)	فول
maïs (m)	dora (f)	ذرة
haricot (m)	faṣolya (f)	فاصوليا
poivron (m)	felfel (m)	فلفل
radis (m)	fegl (m)	فجل
artichaut (m)	xarʃūf (m)	خرشوف

LA GÉOGRAPHIE RÉGIONALE

Les pays du monde. Les nationalités

234. L'Europe de l'Ouest

Europe (f)	orobba (f)	أوروبّا
Union (f) européenne	el etteḥād el orobby (m)	الإتّحاد الأوروبّي
européen (m)	orobby (m)	أوروبّي
européen (adj)	orobby	أوروبّي
Autriche (f)	el nemsa (f)	النمسا
Autrichien (m)	nemsāwy (m)	نمساوي
Autrichienne (f)	nemsāwiya (f)	نمساويّة
autrichien (adj)	nemsāwy	نمساوي
Grande-Bretagne (f)	briṭaniya el ʿozma (f)	بريطانيا العظمى
Angleterre (f)	engeltera (f)	إنجلّترا
Anglais (m)	briṭāny (m)	بريطاني
Anglaise (f)	briṭaniya (f)	بريطانيّة
anglais (adj)	englīzy	إنجليزي
Belgique (f)	balʒīka (f)	بلجيكا
Belge (m)	balʒīky (m)	بلجيكي
Belge (f)	balʒīkiya (f)	بلجيكيّة
belge (adj)	balʒīky	بلجيكي
Allemagne (f)	almānya (f)	ألمانيا
Allemand (m)	almāny (m)	ألماني
Allemande (f)	almaniya (f)	ألمانيّة
allemand (adj)	almāniya	ألمانية
Pays-Bas (m)	holanda (f)	هولندا
Hollande (f)	holanda (f)	هولندا
Hollandais (m)	holandy (m)	هولندي
Hollandaise (f)	holandiya (f)	هولنديّة
hollandais (adj)	holandy	هولندي
Grèce (f)	el yunān (f)	اليونان
Grec (m)	yunāny (m)	يوناني
Grecque (f)	yunaniya (f)	يونانيّة
grec (adj)	yunāny	يوناني
Danemark (m)	el denmark (f)	الدنمارك
Danois (m)	denmarky (m)	دنماركي
Danoise (f)	denmarkiya (f)	دانماركيّة
danois (adj)	denemarky	دانماركي
Irlande (f)	irelanda (f)	أيرلندا
Irlandais (m)	irelandy (m)	أيرلندي

Irlandaise (f)	irelandiya (f)	أيرلنديّة
irlandais (adj)	irelandy	أيرلندي
Islande (f)	'āyslanda (f)	آيسلندا
Islandais (m)	'āyslandy (m)	آيسلندي
Islandaise (f)	'āyslandiya (f)	آيسلنديّة
islandais (adj)	'āyslandy	آيسلندي
Espagne (f)	asbānya (f)	إسبانيا
Espagnol (m)	asbāny (m)	إسباني
Espagnole (f)	asbaniya (f)	إسبانيّة
espagnol (adj)	asbāny	إسباني
Italie (f)	eṭālia (f)	إيطاليا
Italien (m)	eṭāly (m)	إيطالي
Italienne (f)	eṭaliya (f)	إيطاليّة
italien (adj)	eṭāly	إيطالي
Chypre (m)	'obroṣ (f)	قبرص
Chypriote (m)	'obroṣy (m)	قبرصي
Chypriote (f)	'obroṣiya (f)	قبرصية
chypriote (adj)	'obroṣy	قبرصي
Malte (f)	malṭa (f)	مالطا
Maltais (m)	malṭy (m)	مالطي
Maltaise (f)	malṭiya (f)	مالطيّة
maltais (adj)	malṭy	مالطي
Norvège (f)	el nerwīg (f)	النرويج
Norvégien (m)	nerwīgy (m)	نرويجي
Norvégienne (f)	nerwīgiya (f)	نرويجية
norvégien (adj)	nerwīgy	نرويجي
Portugal (m)	el bortoɣāl (f)	البرتغال
Portugais (m)	bortoɣāly (m)	برتغالي
Portugaise (f)	bortoɣaliya (f)	برتغاليّة
portugais (adj)	bortoɣāly	برتغالي
Finlande (f)	finlanda (f)	فنّلندا
Finlandais (m)	finlandy (m)	فنّلندي
Finlandaise (f)	finlandiya (f)	فنّلنديّة
finlandais (adj)	finlandy	فنّلندي
France (f)	faransa (f)	فرنسا
Français (m)	faransāwy (m)	فرنساوي
Française (f)	faransawiya (f)	فرنساويّة
français (adj)	faransāwy	فرنساوي
Suède (f)	el sweyd (f)	السويد
Suédois (m)	sweydy (m)	سويدي
Suédoise (f)	sweydiya (f)	سويديّة
suédois (adj)	sweydy	سويدي
Suisse (f)	swesra (f)	سويسرا
Suisse (m)	swesry (m)	سويسري
Suissesse (f)	swesriya (f)	سويسريّة

suisse (adj)	swesry	سويسري
Écosse (f)	oskotlanda (f)	اسكتلندا
Écossais (m)	oskotlandy (m)	اسكتلندي
Écossaise (f)	oskotlandiya (f)	اسكتلندية
écossais (adj)	oskotlandy	اسكتلندي
Vatican (m)	el vatikān (m)	الفاتيكان
Liechtenstein (m)	liʃtenʃtayn (m)	ليشتنشتاين
Luxembourg (m)	luksemburg (f)	لوكسمبورج
Monaco (m)	monako (f)	موناكو

235. L'Europe Centrale et l'Europe de l'Est

Albanie (f)	albānia (f)	ألبانيا
Albanais (m)	albāny (m)	ألباني
Albanaise (f)	albaniya (f)	ألبانية
albanais (adj)	albāny	ألباني
Bulgarie (f)	bolɣāria (f)	بلغاريا
Bulgare (m)	bolɣāry (m)	بلغاري
Bulgare (f)	bolɣariya (f)	بلغارية
bulgare (adj)	bolɣāry	بلغاري
Hongrie (f)	el magar (f)	المجر
Hongrois (m)	magary (m)	مجري
Hongroise (f)	magariya (f)	مجرية
hongrois (adj)	magary	مجري
Lettonie (f)	latvia (f)	لاتفيا
Letton (m)	latvy (m)	لاتفي
Lettonne (f)	latviya (f)	لاتفية
letton (adj)	latvy	لاتفي
Lituanie (f)	litwānia (f)	ليتوانيا
Lituanien (m)	litwāny (m)	لتواني
Lituanienne (f)	litwaniya (f)	لتوانية
lituanien (adj)	litwāny	لتواني
Pologne (f)	bolanda (f)	بولندا
Polonais (m)	bolandy (m)	بولندي
Polonaise (f)	bolandiya (f)	بولندية
polonais (adj)	bolanndy	بولندي
Roumanie (f)	romānia (f)	رومانيا
Roumain (m)	romāny (m)	روماني
Roumaine (f)	romaniya (f)	رومانية
roumain (adj)	romāny	روماني
Serbie (f)	ṣerbia (f)	صربيا
Serbe (m)	ṣerby (m)	صربي
Serbe (f)	ṣerbiya (f)	صربية
serbe (adj)	ṣarby	صربي
Slovaquie (f)	slovākia (f)	سلوفاكيا
Slovaque (m)	slovāky (m)	سلوفاكي

Slovaque (f)	slovakiya (f)	سلوفاكيّة
slovaque (adj)	slovāky	سلوفاكي
Croatie (f)	kroātya (f)	كرواتيا
Croate (m)	kroāty (m)	كرواتي
Croate (f)	kroatiya (f)	كرواتية
croate (adj)	kroāty	كرواتي
République (f) Tchèque	gomhoriya el tʃīk (f)	جمهورية التشيك
Tchèque (m)	tʃīky (m)	تشيكي
Tchèque (f)	tʃīkiya (f)	تشيكية
tchèque (adj)	tʃīky	تشيكي
Estonie (f)	estūnia (f)	إستونيا
Estonien (m)	estūny (m)	إستوني
Estonienne (f)	estuniya (f)	إستونية
estonien (adj)	estūny	إستوني
Bosnie (f)	el bosna wel harsek (f)	البوسنة والهرسك
Macédoine (f)	maqdūnia (f)	مقدونيا
Slovénie (f)	slovenia (f)	سلوفينيا
Monténégro (m)	el gabal el aswad (m)	الجبل الأسوّد

236. Les pays de l'ex-U.R.S.S.

Azerbaïdjan (m)	azrabiʒān (m)	أذربيجان
Azerbaïdjanais (m)	azrabiʒāny (m)	أذربيجاني
Azerbaïdjanaise (f)	azrabiʒaniya (f)	أذربيجانية
azerbaïdjanais (adj)	azrabiʒāny	أذربيجاني
Arménie (f)	armīnia (f)	أرمينيا
Arménien (m)	armīny (m)	أرميني
Arménienne (f)	arminiya (f)	أرمينية
arménien (adj)	armīny	أرميني
Biélorussie (f)	belarūsia (f)	بيلاروسيا
Biélorusse (m)	belarūsy (m)	بيلاروسي
Biélorusse (f)	belarūsiya (f)	بيلاروسية
biélorusse (adj)	belarūsy	بيلاروسي
Géorgie (f)	ʒorʒia (f)	جورجيا
Géorgien (m)	ʒorʒy (m)	جورجي
Géorgienne (f)	ʒorʒiya (f)	جورجية
géorgien (adj)	ʒorʒy	جورجي
Kazakhstan (m)	kazaχistān (f)	كازاخستّان
Kazakh (m)	kazaχistāny (m)	كازاخستّاني
Kazakhe (f)	kazaχistaniya (f)	كازاخستّانية
kazakh (adj)	kazaχistāny	كازاخستّاني
Kirghizistan (m)	qirɣizestān (f)	قيرغيزستان
Kirghiz (m)	qirɣizestāny (m)	قيرغيزستاني
Kirghize (f)	qirɣizestaniya (f)	قيرغيزستانية
kirghiz (adj)	qirɣizestāny	قيرغيزستاني

Moldavie (f)	moldāvia (f)	مولدافيا
Moldave (m)	moldāvy (m)	مولدافي
Moldave (f)	moldaviya (f)	مولدافية
moldave (adj)	moldāvy	مولدافي
Russie (f)	rūsya (f)	روسيا
Russe (m)	rūsy (m)	روسي
Russe (f)	rusiya (f)	روسية
russe (adj)	rūsy	روسي
Tadjikistan (m)	ṭaʒīkistan (f)	طاجيكستان
Tadjik (m)	ṭaʒīky (m)	طاجيكي
Tadjik (f)	ṭaʒikiya (f)	طاجيكية
tadjik (adj)	ṭaʒīky	طاجيكي
Turkménistan (m)	turkmānistān (f)	تركمانستان
Turkmène (m)	turkmāny (m)	تركماني
Turkmène (f)	turkmaniya (f)	تركمانية
turkmène (adj)	turkmāny	تركماني
Ouzbékistan (m)	uzbakistān (f)	أوزبكستان
Ouzbek (m)	uzbaky (m)	أوزبكي
Ouzbek (f)	uzbakiya (f)	أوزبكية
ouzbek (adj)	uzbaky	أوزبكي
Ukraine (f)	okrānia (f)	أوكرانيا
Ukrainien (m)	okrāny (m)	أوكراني
Ukrainienne (f)	okraniya (f)	أوكرانية
ukrainien (adj)	okrāny	أوكراني

237. L'Asie

Asie (f)	asya (f)	آسيا
asiatique (adj)	'āsyawy	آسيوي
Vietnam (m)	vietnām (f)	فيتنام
Vietnamien (m)	vietnāmy (m)	فيتنامي
Vietnamienne (f)	vietnāmiya (f)	فيتنامية
vietnamien (adj)	vietnāmy	فيتنامي
Inde (f)	el hend (f)	الهند
Indien (m)	hendy (m)	هندي
Indienne (f)	hendiya (f)	هنديّة
indien (adj)	hendy	هندي
Israël (m)	isra'īl (f)	إسرائيل
Israélien (m)	isra'īly (m)	إسرائيلي
Israélienne (f)	isra'iliya (f)	إسرائيلية
israélien (adj)	israīly	إسرائيلي
Juif (m)	yahūdy (m)	يهودي
Juive (f)	yahudiya (f)	يهوديّة
juif (adj)	yahūdy	يهودي
Chine (f)	el ṣīn (f)	الصين

Chinois (m)	ṣīny (m)	صيني
Chinoise (f)	ṣīniya (f)	صينية
chinois (adj)	ṣīny	صيني
Coréen (m)	kūry (m)	كوري
Coréenne (f)	kuriya (f)	كوريّة
coréen (adj)	kūry	كوري
Liban (m)	lebnān (f)	لبنان
Libanais (m)	lebnāny (m)	لبناني
Libanaise (f)	lebnāniya (f)	لبنانيّة
libanais (adj)	lebnāny	لبناني
Mongolie (f)	manɣūlia (f)	منغوليا
Mongole (m)	manɣūly (m)	منغولي
Mongole (f)	manɣuliya (f)	منغوليّة
mongole (adj)	manɣūly	منغولي
Malaisie (f)	malīzya (f)	ماليزيا
Malaisien (m)	malīzy (m)	ماليزي
Malaisienne (f)	maliziya (f)	ماليزيّة
malais (adj)	malīzy	ماليزي
Pakistan (m)	bakistān (f)	باكستان
Pakistanais (m)	bakistāny (m)	باكستاني
Pakistanaise (f)	bakistaniya (f)	باكستانيّة
pakistanais (adj)	bakistāny	باكستاني
Arabie (f) Saoudite	el soʿodiya (f)	السعوديّة
Arabe (m)	ʿaraby (m)	عربي
Arabe (f)	ʿarabiya (f)	عربيّة
arabe (adj)	ʿaraby	عربي
Thaïlande (f)	tayland (f)	تايلاند
Thaïlandais (m)	taylandy (m)	تايلاندي
Thaïlandaise (f)	taylandiya (f)	تايلانديّة
thaïlandais (adj)	taylandy	تايلاندي
Taïwan (m)	taywān (f)	تايوان
Taïwanais (m)	taywāny (m)	تايواني
Taïwanaise (f)	taywaniya (f)	تايوانية
taïwanais (adj)	taywāny	تايواني
Turquie (f)	turkia (f)	تركيا
Turc (m)	turky (m)	تركي
Turque (f)	turkiya (f)	تركيّة
turc (adj)	turky	تركي
Japon (m)	el yabān (f)	اليابان
Japonais (m)	yabāny (m)	ياباني
Japonaise (f)	yabaniya (f)	يابانية
japonais (adj)	yabāny	ياباني
Afghanistan (m)	afɣanistan (f)	أفغانستان
Bangladesh (m)	bangladeʃ (f)	بنجلاديش
Indonésie (f)	indonisya (f)	إندونيسيا

Jordanie (f)	el ordon (m)	الأردن
Iraq (m)	el 'erāq (m)	العراق
Iran (m)	iran (f)	إيران
Cambodge (m)	kambodya (f)	كمبوديا
Koweït (m)	el kuweyt (f)	الكويت
Laos (m)	laos (f)	لاوس
Myanmar (m)	myanmar (f)	ميانمار
Népal (m)	nebāl (f)	نيبال
Fédération (f) des Émirats Arabes Unis	el emārāt el 'arabiya el mottaḥeda (pl)	الإمارات العربية المتّحدة
Syrie (f)	soria (f)	سوريا
Palestine (f)	felesṭīn (f)	فلسطين
Corée (f) du Sud	korea el ganūbiya (f)	كوريا الجنوبيّة
Corée (f) du Nord	korea el ʃamāliya (f)	كوريا الشماليّة

238. L'Amérique du Nord

Les États Unis	el welayāt el mottaḥda el amrīkiya (pl)	الولايات المتّحدة الأمريكيّة
Américain (m)	amrīky (m)	أمريكي
Américaine (f)	amrīkiya (f)	أمريكيّة
américain (adj)	amrīky	أمريكي
Canada (m)	kanada (f)	كندا
Canadien (m)	kanady (m)	كندي
Canadienne (f)	kanadiya (f)	كنديّة
canadien (adj)	kanady	كندي
Mexique (m)	el maksīk (f)	المكسيك
Mexicain (m)	maksīky (m)	مكسيكي
Mexicaine (f)	maksīkiya (f)	مكسيكيّة
mexicain (adj)	maksīky	مكسيكي

239. L'Amérique Centrale et l'Amérique du Sud

Argentine (f)	arʒantīn (f)	الأرجنتين
Argentin (m)	arʒantīny (m)	أرجنتيني
Argentine (f)	arʒantiniya (f)	أرجنتينيّة
argentin (adj)	arʒantīny	أرجنتيني
Brésil (m)	el barazīl (f)	البرازيل
Brésilien (m)	barazīly (m)	برازيلي
Brésilienne (f)	baraziliya (f)	برازيليّة
brésilien (adj)	barazīly	برازيلي
Colombie (f)	kolombia (f)	كولومبيا
Colombien (m)	kolomby (m)	كولومبي
Colombienne (f)	kolombiya (f)	كولومبيّة
colombien (adj)	kolomby	كولومبي
Cuba (f)	kūba (f)	كوبا

Cubain (m)	kūby (m)	كوبي
Cubaine (f)	kūbiya (f)	كوبية
cubain (adj)	kūby	كوبي
Chili (m)	tʃīly (f)	تشيلي
Chilien (m)	tʃīly (m)	تشيلي
Chilienne (f)	tʃīliya (f)	تشيلية
chilien (adj)	tʃīly	تشيلي
Bolivie (f)	bolivia (f)	بوليفيا
Venezuela (f)	venzweyla (f)	فنزويلا
Paraguay (m)	baraguay (f)	باراجواي
Pérou (m)	beru (f)	بيرو
Surinam (m)	surinam (f)	سورينام
Uruguay (m)	uruguay (f)	أوروجواي
Équateur (m)	el equador (f)	الإكوادور
Bahamas (f pl)	gozor el bahāmas (pl)	جزر البهاماس
Haïti (m)	haīti (f)	هايتي
République (f) Dominicaine	gomhoriya el dominikan (f)	جمهوريّة الدومينيكان
Panamá (m)	banama (f)	بنما
Jamaïque (f)	ʒamayka (f)	جامايكا

240. L'Afrique

Égypte (f)	maṣr (f)	مصر
Égyptien (m)	maṣry (m)	مصري
Égyptienne (f)	maṣriya (f)	مصريّة
égyptien (adj)	maṣry	مصري
Maroc (m)	el maɣreb (m)	المغرب
Marocain (m)	maɣreby (m)	مغربي
Marocaine (f)	maɣrebiya (f)	مغربية
marocain (adj)	maɣreby	مغربي
Tunisie (f)	tunis (f)	تونس
Tunisien (m)	tunsy (m)	تونسي
Tunisienne (f)	tunesiya (f)	تونسية
tunisien (adj)	tunsy	تونسي
Ghana (m)	ɣana (f)	غانا
Zanzibar (m)	zanʒibār (f)	زنجبار
Kenya (m)	kenya (f)	كينيا
Libye (f)	libya (f)	ليبيا
Madagascar (f)	madaɣaʃkar (f)	مدغشقر
Namibie (f)	namibia (f)	ناميبيا
Sénégal (m)	el senɣāl (f)	السنغال
Tanzanie (f)	tanznia (f)	تنزانيا
République (f) Sud-africaine	afreqia el ganūbiya (f)	أفريقيا الجنوبيّة
Africain (m)	afrīqy (m)	أفريقي
Africaine (f)	afriqiya (f)	أفريقيّة
africain (adj)	afrīqy	أفريقي

241. L'Australie et Océanie

Australie (f)	ostorālya (f)	أستراليا
Australien (m)	ostorāly (m)	أسترالي
Australienne (f)	ostoraleya (f)	أستراليّة
australien (adj)	ostorāly	أسترالي
Nouvelle Zélande (f)	nyu zelanda (f)	نيوزيلندا
Néo-Zélandais (m)	nyu zelandy (m)	نيوزيلندي
Néo-Zélandaise (f)	nyu zelandiya (f)	نيوزيلنديّة
néo-zélandais (adj)	nyu zelandy	نيوزيلندي
Tasmanie (f)	tasmania (f)	تاسمانيا
Polynésie (f) Française	bolenezia el faransiya (f)	بولينزيا الفرنسيّة

242. Les grandes villes

Amsterdam (f)	amesterdam (f)	امستردام
Ankara (m)	ankara (f)	أنقرة
Athènes (m)	atīna (f)	أثينا
Bagdad (m)	baɣdād (f)	بغداد
Bangkok (m)	bangkok (f)	بانكوك
Barcelone (f)	barʃelona (f)	برشلونة
Berlin (m)	berlin (f)	برلين
Beyrouth (m)	beyrut (f)	بيروت
Bombay (m)	bombay (f)	بومباى
Bonn (f)	bonn (f)	بون
Bordeaux (f)	bordu (f)	بوردو
Bratislava (m)	bratislava (f)	براتيسلافا
Bruxelles (m)	broksel (f)	بروكسل
Bucarest (m)	buχarest (f)	بوخارست
Budapest (m)	budabest (f)	بودابست
Caire (m)	el qahera (f)	القاهرة
Calcutta (f)	kalkutta (f)	كلكتا
Chicago (f)	ʃikāgo (f)	شيكاجو
Copenhague (f)	kobenhāgen (f)	كوبنهاجن
Dar es-Salaam (f)	dar el salām (f)	دار السلام
Delhi (f)	delhi (f)	دلهي
Dubaï (f)	dubaī (f)	دبي
Dublin (f)	dablin (f)	دبلن
Düsseldorf (f)	dusseldorf (f)	دوسلدورف
Florence (f)	florensa (f)	فلورنسا
Francfort (f)	frankfurt (f)	فرانكفورت
Genève (f)	ʒenive (f)	جنيف
Hague (f)	lahāy (f)	لاهاى
Hambourg (f)	hamburg (m)	هامبورج
Hanoi (f)	hanoy (f)	هانوى

Havane (f)	havana (f)	هافانا
Helsinki (f)	helsinki (f)	هلسنكي
Hiroshima (f)	hiroʃima (f)	هيروشيما
Hong Kong (m)	hong kong (f)	هونج كونج
Istanbul (f)	iṣtanbul (f)	إسطنبول
Jérusalem (f)	el qods (f)	القدس
Kiev (f)	kyiv (f)	كييف
Kuala Lumpur (f)	kuala lumpur (f)	كوالالمبور
Lisbonne (f)	laʃbūna (f)	لشبونة
Londres (m)	london (f)	لندن
Los Angeles (f)	los anʒeles (f)	لوس أنجلوس
Lyon (f)	lyon (f)	ليون
Madrid (f)	madrīd (f)	مدريد
Marseille (f)	marsilia (f)	مرسيليا
Mexico (f)	madīnet meksiko (f)	مدينة مكسيكو
Miami (f)	mayami (f)	ميامي
Montréal (f)	montreal (f)	مونتريال
Moscou (f)	moskū (f)	موسكو
Munich (f)	muniχ (f)	ميونخ
Nairobi (f)	nayrobi (f)	نيروبي
Naples (f)	naboli (f)	نابولي
New York (f)	nyu york (f)	نيويورك
Nice (f)	nīs (f)	نيس
Oslo (m)	oslo (f)	أوسلو
Ottawa (m)	ottawa (f)	أوتاوا
Paris (m)	baris (f)	باريس
Pékin (m)	bekīn (f)	بيكين
Prague (m)	braɣ (f)	براغ
Rio de Janeiro (m)	rio de ʒaneyro (f)	ريو دي جانيرو
Rome (f)	roma (f)	روما
Saint-Pétersbourg (m)	sant betersburɣ (f)	سانت بطرسبرغ
Séoul (m)	seūl (f)	سيول
Shanghai (m)	ʃanghay (f)	شنجهاي
Sidney (m)	sydney (f)	سيدني
Singapour (f)	sinɣafūra (f)	سنغافورة
Stockholm (m)	stokχolm (f)	ستوكهولم
Taipei (m)	taybey (f)	تايبيه
Tokyo (m)	ṭokyo (f)	طوكيو
Toronto (m)	toronto (f)	تورونتو
Varsovie (f)	warsaw (f)	وارسو
Venise (f)	venesya (f)	فينيسيا
Vienne (f)	vienna (f)	فيينا
Washington (f)	waʃinṭon (f)	واشنطن

243. La politique. Le gouvernement. Partie 1

politique (f)	seyāsa (f)	سياسة
politique (adj)	seyāsy	سياسي

homme (m) politique	seyāsy (m)	سياسي
état (m)	dawla (f)	دولة
citoyen (m)	mowāṭen (m)	مواطن
citoyenneté (f)	mewaṭna (f)	مواطنة
armoiries (f pl) nationales	ʃeʿār waṭany (m)	شعار وطني
hymne (m) national	naʃīd waṭany (m)	نشيد وطني
gouvernement (m)	ḥokūma (f)	حكومة
chef (m) d'état	ra’s el dawla (m)	رأس الدولة
parlement (m)	barlamān (m)	برلمان
parti (m)	ḥezb (m)	حزب
capitalisme (m)	ra’smaliya (f)	رأسماليّة
capitaliste (adj)	ra’smāly	رأسمالي
socialisme (m)	eʃterakiya (f)	إشتراكيّة
socialiste (adj)	eʃterāky	إشتراكي
communisme (m)	ʃeyūʿiya (f)	شيوعيّة
communiste (adj)	ʃeyūʿy	شيوعي
communiste (m)	ʃeyūʿy (m)	شيوعي
démocratie (f)	dīmoqraṭiya (f)	ديموقراطيّة
démocrate (m)	demoqrāṭy (m)	ديموقراطي
démocratique (adj)	demoqrāṭy	ديموقراطي
parti (m) démocratique	el ḥezb el demokrāṭy (m)	الحزب الديموقراطي
libéral (m)	librāly (m)	ليبرالي
libéral (adj)	librāly	ليبرالي
conservateur (m)	moḥāfeẓ (m)	محافظ
conservateur (adj)	moḥāfeẓ	محافظ
république (f)	gomhoriya (f)	جمهورية
républicain (m)	gomhūry (m)	جمهوري
parti (m) républicain	el ḥezb el gomhūry (m)	الحزب الجمهوري
élections (f pl)	entaχabāt (pl)	إنتخابات
élire (vt)	entaχab	إنتخب
électeur (m)	nāχeb (m)	ناخب
campagne (f) électorale	ḥamla enteχabiya (f)	حملة إنتخابيّة
vote (m)	taṣwīt (m)	تصويت
voter (vi)	ṣawwat	صوّت
droit (m) de vote	ḥa’ el enteχāb (m)	حق الإنتخاب
candidat (m)	morasʃaḥ (m)	مرشّح
poser sa candidature	rasʃaḥ nafsoh	رشّح نفسه
campagne (f)	ḥamla (f)	حملة
d'opposition (adj)	moʿāreḍ	معارض
opposition (f)	moʿarḍa (f)	معارضة
visite (f)	zeyāra (f)	زيارة
visite (f) officielle	zeyāra rasmiya (f)	زيارة رسميّة
international (adj)	dawly	دوّلي

négociations (f pl)	mofawḍāt (pl)	مفاوضات
négocier (vi)	tafāwaḍ	تفاوض

244. La politique. Le gouvernement. Partie 2

société (f)	mogtama' (m)	مجتمع
constitution (f)	dostūr (m)	دستور
pouvoir (m)	solṭa (f)	سلطة
corruption (f)	fasād (m)	فساد
loi (f)	qanūn (m)	قانون
légal (adj)	qanūny	قانوني
justice (f)	'adāla (f)	عدالة
juste (adj)	'ādel	عادل
comité (m)	lagna (f)	لجنة
projet (m) de loi	maʃrū' qanūn (m)	مشروع قانون
budget (m)	mowazna (f)	موازنة
politique (f)	seyāsa (f)	سياسة
réforme (f)	eṣlāḥ (m)	إصلاح
radical (adj)	oṣūly	أصولي
puissance (f)	'owwa (f)	قوّة
puissant (adj)	'awy	قوّي
partisan (m)	mo'ayed (m)	مؤيد
influence (f)	ta'sīr (m)	تأثير
régime (m)	nezām ḥokm (m)	نظام حكم
conflit (m)	χelāf (m)	خلاف
complot (m)	mo'amra (f)	مؤامرة
provocation (f)	estefzāz (m)	إستفزاز
renverser (le régime)	asqaṭ	أسقط
renversement (m)	esqāṭ (m)	إسقاط
révolution (f)	sawra (f)	ثوّرة
coup (m) d'État	enqelāb (m)	إنقلاب
coup (m) d'État militaire	enqelāb 'askary (m)	إنقلاب عسكري
crise (f)	azma (f)	أزمة
baisse (f) économique	rokūd eqteṣādy (m)	ركود إقتصادي
manifestant (m)	motaẓāher (m)	متظاهر
manifestation (f)	mozahra (f)	مظاهرة
loi (f) martiale	ḥokm 'orfy (m)	حكم عرفي
base (f) militaire	qa'eda 'askariya (f)	قاعدة عسكريّة
stabilité (f)	esteqrār (m)	إستقرار
stable (adj)	mostaqerr	مستقرّ
exploitation (f)	esteɣlāl (m)	إستغلال
exploiter (vt)	estaɣall	إستغلّ
racisme (m)	'onṣoriya (f)	عنصريّة
raciste (m)	'onṣory (m)	عنصري

fascisme (m)	faʃiya (f)	فاشيّة
fasciste (m)	fāʃy (m)	فاشي

245. Les différents pays du monde. Divers

étranger (m)	agnaby (m)	أجنبي
étranger (adj)	agnaby	أجنبي
à l'étranger (adv)	fel χāreg	في الخارج
émigré (m)	mohāger (m)	مهاجر
émigration (f)	hegra (f)	هجرة
émigrer (vi)	hāgar	هاجر
Ouest (m)	el ɣarb (m)	الغرب
Est (m)	el ʃar' (m)	الشرق
Extrême Orient (m)	el ʃar' el aqṣa (m)	الشرق الأقصى
civilisation (f)	ḥaḍāra (f)	حضارة
humanité (f)	el baʃariya (f)	البشريّة
monde (m)	el 'ālam (m)	العالم
paix (f)	salām (m)	سلام
mondial (adj)	'ālamy	عالمي
patrie (f)	waṭan (m)	وطن
peuple (m)	ʃa'b (m)	شعب
population (f)	sokkān (pl)	سكّان
gens (m pl)	nās (pl)	ناس
nation (f)	omma (f)	أمّة
génération (f)	gīl (m)	جيل
territoire (m)	arḍ (f)	أرض
région (f)	mante'a (f)	منطقة
état (m) (partie du pays)	welāya (f)	ولاية
tradition (f)	ta'līd (m)	تقليد
coutume (f)	'āda (f)	عادة
écologie (f)	'elm el bī'a (m)	علم البيئة
indien (m)	hendy aḥmar (m)	هندي أحمر
bohémien (m)	ɣagary (m)	غجري
bohémienne (f)	ɣagariya (f)	غجريّة
bohémien (adj)	ɣagary	غجري
empire (m)	embraṭoriya (f)	إمبراطورية
colonie (f)	mosta'mara (f)	مستعمرة
esclavage (m)	'obūdiya (f)	عبودية
invasion (f)	ɣazw (m)	غزو
famine (f)	magā'a (f)	مجاعة

246. Les groupes religieux. Les confessions

religion (f)	dīn (m)	دين
religieux (adj)	dīny	ديني

foi (f)	emān (m)	إيمان
croire (en Dieu)	aman	أمن
croyant (m)	mo'men (m)	مؤمن
athéisme (m)	el elḥād (m)	الإلحاد
athée (m)	molḥed (m)	ملحد
christianisme (m)	el masīḥiya (f)	المسيحيّة
chrétien (m)	mesīḥy (m)	مسيحي
chrétien (adj)	mesīḥy	مسيحي
catholicisme (m)	el kasolekiya (f)	الكاثوليكيّة
catholique (m)	kasolīky (m)	كاثوليكي
catholique (adj)	kasolīky	كاثوليكي
protestantisme (m)	brotestantiya (f)	بروتستانتية
Église (f) protestante	el kenīsa el brotestantiya (f)	الكنيسة البروتستانتية
protestant (m)	brotestanty (m)	بروتستانتي
Orthodoxie (f)	orsozeksiya (f)	الأرثوذكسيّة
Église (f) orthodoxe	el kenīsa el orsozeksiya (f)	الكنيسة الأرثوذكسيّة
orthodoxe (m)	arsazoksy (m)	أرثوذكسي
Presbytérianisme (m)	maʃīχiya (f)	مشيخية
Église (f) presbytérienne	el kenīsa el maʃīχiya (f)	الكنيسة المشيخية
presbytérien (m)	maʃīχiya (f)	مشيخية
Église (f) luthérienne	el luseriya (f)	اللوثرية
luthérien (m)	luterriya (m)	لوثرية
Baptisme (m)	el kenīsa el meʿmedaniya (f)	الكنيسة المعمدانية
baptiste (m)	meʿmedāny (m)	معمداني
Église (f) anglicane	el kenīsa el anʒlekaniya (f)	الكنيسة الإنجليكانية
anglican (m)	enʒelikāny (m)	أنجليكاني
Mormonisme (m)	el moromoniya (f)	المورمونية
mormon (m)	mesīḥy mormōn (m)	مسيحي مرمون
judaïsme (m)	el yahūdiya (f)	اليهودية
juif (m)	yahūdy (m)	يهودي
Bouddhisme (m)	el būziya (f)	البوذية
bouddhiste (m)	būzy (m)	بوذي
hindouisme (m)	el hindūsiya (f)	الهندوسية
hindouiste (m)	hendūsy (m)	هندوسي
islam (m)	el islām (m)	الإسلام
musulman (m)	muslim (m)	مسلم
musulman (adj)	islāmy	إسلامي
Chiisme (m)	el mazhab el ʃeeʿy (m)	المذهب الشيعي
chiite (m)	ʃeeʿy (m)	شيعي
Sunnisme (m)	el mazhab el sunny (m)	المذهب السنّي
sunnite (m)	sunni (m)	سنّي

247. Les principales religions. Le clergé

prêtre (m)	kāhen (m)	كاهن
Pape (m)	el bāba (m)	البابا
moine (m)	rāheb (m)	راهب
bonne sœur (f)	rāheba (f)	راهبة
pasteur (m)	'essīs (m)	قسّيس
abbé (m)	ra'īs el deyr (m)	رئيس الدير
vicaire (m)	viqār (m)	فيقار
évêque (m)	asqof (m)	أسقف
cardinal (m)	kardinal (m)	كاردينال
prédicateur (m)	mobasʃer (m)	مبشّر
sermon (m)	tabʃīr (f)	تبشير
paroissiens (m pl)	ra'yet el abraʃiya (f)	رعية الأبرشية
croyant (m)	mo'men (m)	مؤمن
athée (m)	molḥed (m)	ملحد

248. La foi. Le Christianisme. L'Islam

Adam	'ādam (m)	آدم
Ève	ḥawwā' (f)	حوّاء
Dieu (m)	allah (m)	الله
le Seigneur	el rabb (m)	الربّ
le Tout-Puissant	el qadīr (m)	القدير
péché (m)	zanb (m)	ذنب
pécher (vi)	aznab	أذنب
pécheur (m)	mozneb (m)	مذنب
pécheresse (f)	mozneba (f)	مذنبة
enfer (m)	el gaḥīm (f)	الجحيم
paradis (m)	el ganna (f)	الجنّة
Jésus	yasū' (m)	يسوع
Jésus Christ	yasū' el masīḥ (m)	يسوع المسيح
le Saint-Esprit	el rūḥ el qods (m)	الروح القدس
le Sauveur	el masīḥ (m)	المسيح
la Sainte Vierge	maryem el 'azrā' (f)	مريم العذراء
le Diable	el ʃayṭān (m)	الشيطان
diabolique (adj)	ʃeyṭāny	شيطاني
Satan	el ʃayṭān (m)	الشيطان
satanique (adj)	ʃeyṭāny	شيطاني
ange (m)	malāk (m)	ملاك
ange (m) gardien	malāk ḥāres (m)	ملاك حارس
angélique (adj)	malā'eky	ملائكي

apôtre (m)	rasūl (m)	رسول
archange (m)	el malāk el raʾīsy (m)	الملاك الرئيسي
antéchrist (m)	el masīḥ el daggāl (m)	المسيح الدجّال
Église (f)	el kenīsa (f)	الكنيسة
Bible (f)	el ketāb el moqaddas (m)	الكتاب المقدّس
biblique (adj)	tawrāty	توراتي
Ancien Testament (m)	el ʿaḥd el ʾadīm (m)	العهد القديم
Nouveau Testament (m)	el ʿaḥd el gedīd (m)	العهد الجديد
Évangile (m)	engīl (m)	إنجيل
Sainte Écriture (f)	el ketāb el moqaddas (m)	الكتاب المقدّس
Cieux (m pl)	el ganna (f)	الجنّة
commandement (m)	waṣiya (f)	وصيّة
prophète (m)	naby (m)	نبي
prophétie (f)	nobūʾa (f)	نبوءة
Allah	allah (m)	الله
Mahomet	moḥammed (m)	محمّد
le Coran	el qorʾān (m)	القرآن
mosquée (f)	masged (m)	مسجد
mulla (m)	mullah (m)	ملا
prière (f)	ṣalāh (f)	صلاة
prier (~ Dieu)	ṣalla	صلّى
pèlerinage (m)	ḥagg (m)	حج
pèlerin (m)	ḥagg (m)	حاج
La Mecque	makka el mokarrama (f)	مكة المكرّمة
église (f)	kenīsa (f)	كنيسة
temple (m)	maʿbad (m)	معبد
cathédrale (f)	katedraʾiya (f)	كاتدرائية
gothique (adj)	qūṭy	قوطي
synagogue (f)	kenīs (m)	كنيس
mosquée (f)	masged (m)	مسجد
chapelle (f)	kenīsa saɣīra (f)	كنيسة صغيرة
abbaye (f)	deyr (m)	دير
couvent (m)	deyr (m)	دير
monastère (m)	deyr (m)	دير
cloche (f)	garas (m)	جرس
clocher (m)	borg el garas (m)	برج الجرس
sonner (vi)	daʾʾ	دق
croix (f)	ṣalīb (m)	صليب
coupole (f)	ʾobba (f)	قبّة
icône (f)	ramz (m)	رمز
âme (f)	nafs (f)	نفس
sort (m) (destin)	maṣīr (m)	مصير
mal (m)	ʃarr (m)	شرّ
bien (m)	χeyr (m)	خير
vampire (m)	maṣṣāṣ demāʾ (m)	مصّاص دماء

sorcière (f)	sāḥera (f)	ساحرة
démon (m)	ʃeṭān (m)	شيطان
esprit (m)	roḥe (m)	روح
rachat (m)	takfīr (m)	تكفير
racheter (pécheur)	kaffar ʻan	كفّر عن
office (m), messe (f)	qedās (m)	قداس
dire la messe	ʼām be χedma dīniya	قام بخدمة دينية
confession (f)	eʻterāf (m)	إعتراف
se confesser (vp)	eʻtaraf	إعترف
saint (m)	qeddīs (m)	قدّيس
sacré (adj)	moqaddas (m)	مقدّس
l'eau bénite	maya moqaddesa (f)	ماية مقدّسة
rite (m)	ʃaʻāʼer (pl)	شعائر
rituel (adj)	ʃaʻāʼery	شعائري
sacrifice (m)	zabīḥa (f)	ذبيحة
superstition (f)	χorāfa (f)	خرافة
superstitieux (adj)	moʼmen bel χorafāt (m)	مؤمن بالخرافات
vie (f) après la mort	aχra (f)	الآخرة
vie (f) éternelle	ḥayat el abadiya (f)	حياة الأبدية

DIVERS

249. Quelques mots et formules utiles

aide (f)	mosa'da (f)	مساعدة
arrêt (m) (pause)	estrāḥa (f)	إستراحة
balance (f)	tawāzon (m)	توازن
barrière (f)	ḥāgez (m)	حاجز
base (f)	asās (m)	أساس
catégorie (f)	fe'a (f)	فئة
cause (f)	sabab (m)	سبب
choix (m)	eχteyār (m)	إختيار
chose (f) (objet)	ḥāga (f)	حاجة
coïncidence (f)	ṣodfa (f)	صدفة
comparaison (f)	moqarna (f)	مقارنة
compensation (f)	ta'wīḍ (m)	تعويض
confortable (adj)	morīḥ	مريح
croissance (f)	nomoww (m)	نمو
début (m)	bedāya (f)	بداية
degré (m) (~ de liberté)	daraga (f)	درجة
développement (m)	tanmeya (f)	تنمية
différence (f)	far' (m)	فرق
d'urgence (adv)	be ʃakl 'āgel	بشكل عاجل
effet (m)	ta'sīr (m)	تأثير
effort (m)	mag-hūd (m)	مجهود
élément (m)	'onṣor (m)	عنصر
exemple (m)	mesāl (m)	مثال
fait (m)	ḥa'ī'a (f)	حقيقة
faute, erreur (f)	χaṭa' (m)	خطأ
fin (f)	nehāya (f)	نهاية
fond (m) (arrière-plan)	χalefiya (f)	خلفية
forme (f)	ʃakl (m)	شكل
fréquent (adj)	motakarrer (m)	متكرر
genre (m) (type, sorte)	nū' (m)	نوع
idéal (m)	mesāl (m)	مثال
labyrinthe (m)	matāha (f)	متاهة
mode (m) (méthode)	ṭarī'a (f)	طريقة
moment (m)	laḥẓa (f)	لحظة
objet (m)	mawḍū' (m)	موضوع
obstacle (m)	'aqaba (f)	عقبة
original (m)	aṣl (m)	أصل
part (f)	goz' (m)	جزء
particule (f)	goz' (m)	جزء

pause (f)	estrāḥa (f)	إستراحة
position (f)	mawqef (m)	موّقف
principe (m)	mabda' (m)	مبدأ
problème (m)	moʃkela (f)	مشكلة
processus (m)	'amaliya (f)	عمليّة
progrès (m)	ta'addom (m)	تقدّم
propriété (f) (qualité)	xaṣṣa (f)	خاصّة
réaction (f)	radd fe'l (m)	ردّ فعل
risque (m)	moxaṭra (f)	مخاطرة
secret (m)	serr (m)	سرّ
série (f)	selsela (f)	سلسلة
situation (f)	ḥāla (f), waḍ' (m)	حالة, وضع
solution (f)	ḥall (m)	حلّ
standard (adj)	'ādy -qeyāsy	عادي, قياسي
standard (m)	'eyās (m)	قياس
style (m)	oslūb (m)	أسلوب
système (m)	nezām (m)	نظام
tableau (m) (grille)	gadwal (m)	جدوّل
tempo (m)	eqā' (m)	إيقاع
terme (m)	moṣṭalaḥ (m)	مصطلح
tour (m) (attends ton ~)	dore (m)	دور
type (m) (~ de sport)	nū' (m)	نوع
urgent (adj)	mesta'gel	مستعجل
utilité (f)	manf'a (f)	منفعة
vérité (f)	ḥa'ī'a (f)	حقيقة
version (f)	ʃakl moxtalef (m)	شكل مختلف
zone (f)	mante'a (f)	منطقة

250. Les adjectifs. Partie 1

affamé (adj)	ge'ān	جعان
agréable (la voix)	laṭīf	لطيف
aigre (fruits ~s)	ḥāmeḍ	حامض
amer (adj)	morr	مرّ
ancien (adj)	'adīm	قديم
arrière (roue, feu)	xalfy	خلفي
artificiel (adj)	ṣenā'y	صناعي
attentionné (adj)	mohtamm	مهتمّ
aveugle (adj)	a'ma	أعمى
bas (voix ~se)	wāṭy	واطي
basané (adj)	asmar	أسمر
beau (homme)	gamīl	جميل
beau, magnifique (adj)	gamīl	جميل
bien affilé (adj)	ḥād	حاد
bon (~ voyage!)	kewayes	كويّس
bon (au bon cœur)	ṭayeb	طيّب

bon (savoureux)	ṭaʿmo ḥelw	طعمه حلو
bon marché (adj)	reχīṣ	رخيص
bronzé (adj)	asmar	أسمر
calme (tranquille)	hady	هادئ
central (adj)	markazy	مركزي
chaud (modérément)	dāfeʾ	دافئ
cher (adj)	ɣāly	غالي
civil (droit ~)	madany	مدني
clair (couleur)	fāteḥ	فاتح
clair (explication ~e)	wāḍeḥ	واضح
clandestin (adj)	serry	سرّي
commun (projet ~)	moʃtarak	مشترك
compatible (adj)	motawāfaq	متوافق
considérable (adj)	mohemm	مهمّ
content (adj)	rāḍy	راضي
continu (incessant)	motawāṣal	متواصل
continu (usage ~)	momtad	ممتد
convenu (approprié)	monāseb	مناسب
court (de taille)	ʾaṣīr	قصير
court (en durée)	ʾaṣīr	قصير
cru (non cuit)	nayī	نيّ
d'à côté, voisin	ʾarīb	قريب
dangereux (adj)	χaṭīr	خطير
d'enfant (adj)	lel aṭfāl	للأطفال
dense (brouillard ~)	kasīf	كثيف
dernier (final)	ʾāχer	آخر
différent (adj)	moχtalef	مختلف
difficile (complexe)	ṣaʿb	صعب
difficile (décision)	ṣaʿb	صعب
divers (adj)	moχtalef	مختلف
d'occasion (adj)	mostaʿmal	مستعمل
douce (l'eau ~)	ʿazb	عذب
droit (pas courbe)	mostaqīm	مستقيم
droit (situé à droite)	el yemīn	اليمين
dur (pas mou)	gāmed	جامد
éloigné (adj)	beʿīd	بعيد
ensoleillé (jour ~)	moʃmes	مشمس
entier (adj)	koll el nās	كلّ
épais (brouillard ~)	kasīf	كثيف
épais (mur, etc.)	teχīn	تخين
étranger (adj)	agnaby	أجنبي
étroit (passage, etc.)	ḍayeʾ	ضيّق
excellent (adj)	momtāz	ممتاز
excessif (adj)	mofreṭ	مفرط
extérieur (adj)	χāregy	خارجي
facile (adj)	sahl	سهل
faible (lumière)	bāhet	باهت

fatiguant (adj)	mot'eb	متعب
fatigué (adj)	ta'bān	تعبان
fermé (adj)	ma'fūl	مقفول
fertile (le sol ~)	χeṣb	خصب
fort (homme ~)	'awy	قويّ
fort (voix ~e)	'āly	عالي
fragile (vaisselle, etc.)	qābel lel kasr	قابل للكسر
frais (adj) (légèrement froid)	mon'eʃ	منعش
frais (du pain ~)	ṭāza	طازة
froid (boisson ~e)	bāred	بارد
gauche (adj)	el ʃemāl	الشمال
géant (adj)	ḍaχm	ضخم
gentil (adj)	laṭīf	لطيف
grand (dimension)	kebīr	كبير
gras (repas ~)	dasem	دسم
gratuit (adj)	be balāʃ	ببلاش
heureux (adj)	sa'īd	سعيد
hostile (adj)	meʃ weddy	مش ودّي
humide (adj)	roṭob	رطب
immobile (adj)	sābet	ثابت
important (adj)	mohemm	مهمّ
impossible (adj)	mostaḥīl	مستحيل
indéchiffrable (adj)	meʃ wāḍeḥ	مش واضح
indispensable (adj)	ḍarūry	ضروري
intelligent (adj)	zaky	ذكي
intérieur (adj)	dāχely	داخلي
jeune (adj)	ʃāb	شاب
joyeux (adj)	farḥān	فرحان
juste, correct (adj)	ṣaḥīḥ	صحيح

251. Les adjectifs. Partie 2

large (~ route)	wāse'	واسع
le même, pareil (adj)	momāsel	مماثل
le plus important	ahamm	أهمّ
le plus proche	a''rab	أقرب
légal (adj)	qanūny	قانوني
léger (pas lourd)	χafīf	خفيف
libre (accès, etc.)	ḥorr	حرّ
limité (adj)	maḥdūd	محدود
liquide (adj)	sā'el	سائل
lisse (adj)	amlas	أملس
lointain (adj)	be'īd	بعيد
long (~ chemin)	ṭawīl	طويل
lourd (adj)	te'īl	ثقيل
maigre (adj)	rofaya'	رفيّع
malade (adj)	'ayān	عيّان

mat (couleur)	maṭfy	مطفي
mauvais (adj)	weḥeʃ	وحش
méticuleux (~ travail)	motqan	متقن
miséreux (adj)	moʿdam	معدم
mort (adj)	mayet	ميّت
mou (souple)	nāʿem	ناعم
mûr (fruit ~)	mestewy	مستوِي
myope (adj)	ʾaṣīr el naẓar	قصير النظر
mystérieux (adj)	ɣāmeḍ	غامض
natal (ville, pays)	aṣly	أصلي
nécessaire (adj)	lāzem	لازم
négatif (adj)	salby	سلبي
négligent (adj)	mohmel	مهمل
nerveux (adj)	ʿaṣaby	عصبي
neuf (adj)	gedīd	جديد
normal (adj)	ʿādy	عادي
obligatoire (adj)	ḍarūry	ضروري
opposé (adj)	moqābel	مقابل
ordinaire (adj)	ʿādy	عادي
original (peu commun)	aṣly	أصلي
ouvert (adj)	maftūḥ	مفتوح
parfait (adj)	momtāz	ممتاز
pas clair (adj)	meʃ wāḍeḥ	مش واضح
pas difficile (adj)	meʃ ṣaʿb	مش صعب
pas grand (adj)	meʃ kebīr	مش كبير
passé (le mois ~)	māḍy	ماضي
passé (participe ~)	elly fāt	اللي فات
pauvre (adj)	faʾīr	فقير
permanent (adj)	dāʾem	دائم
personnel (adj)	ʃaχṣy	شخصي
petit (adj)	ṣoɣeyyir	صغيّر
peu expérimenté (adj)	ʾalīl el χebra	قليل الخبرة
peu important (adj)	meʃ mohemm	مش مهِم
peu profond (adj)	ḍaḥl	ضحل
plat (l'écran ~)	mosaṭṭaḥ	مسطّح
plat (surface ~e)	mosaṭṭaḥ	مسطّح
plein (rempli)	malyān	مليان
poli (adj)	moʾaddab	مؤدّب
ponctuel (adj)	daqīq	دقيق
possible (adj)	momken	ممكن
précédent (adj)	elly fāt	اللي فات
précis, exact (adj)	maẓbūṭ	مظبوط
présent (moment ~)	ḥāḍer	حاضر
principal (adj)	raʾīsy	رئيسي
principal (idée ~e)	asāsy	أساسي
privé (réservé)	χāṣṣa	خاصّة
probable (adj)	moḥtamal	محتمل

proche (pas lointain)	ʾarīb	قريب
propre (chemise ~)	neḍīf	نظيف
public (adj)	ʿām	عام
rapide (adj)	sareeʿ	سريع
rare (adj)	nāder	نادر
reconnaissant (adj)	ʃāker	شاكر
risqué (adj)	mogāzef	مجازف
salé (adj)	māleḥ	مالح
sale (pas propre)	weseχ	وسخ
sans nuages (adj)	ṣāfy	صافي
satisfait (client, etc.)	rāḍy	راضي
sec (adj)	nāʃef	ناشف
serré, étroit (vêtement)	ḍayeʾ	ضيّق
similaire (adj)	ʃabīh	شبيه
simple (adj)	basīṭ	بسيط
solide (bâtiment, etc.)	matīn	متين
sombre (paysage ~)	moẓlem	مظلم
sombre (pièce ~)	ḍalma	ظلمة
spacieux (adj)	wāseʿ	واسع
spécial (adj)	χāṣṣ	خاصّ
stupide (adj)	ɣaby	غبي
sucré (adj)	mesakkar	مسكّر
suivant (vol ~)	elly gayī	اللي جاي
supplémentaire (adj)	eḍāfy	إضافي
suprême (adj)	aʿla	أعلى
sûr (pas dangereux)	ʾāmen	آمن
surgelé (produits ~s)	mogammad	مجمّد
tendre (affectueux)	ḥanūn	حنون
tranquille (adj)	hady	هادئ
transparent (adj)	ʃaffāf	شفّاف
trempé (adj)	mablūl	مبلول
très chaud (adj)	soχn	سخن
triste (adj)	zaʿlān	زعلان
triste (regard ~)	zaʿlān	زعلان
trop maigre (émacié)	rofayaʿ	رفيّع
unique (exceptionnel)	farīd	فريد
vide (bouteille, etc.)	χāly	خالي
vieux (bâtiment, etc.)	ʾadīm	قديم
voisin (maison ~e)	mogāwer	مجاور

LES 500 VERBES LES PLUS UTILISÉS

252. Les verbes les plus courants (de A à C)

abaisser (vt)	nazzel	نزّل
accompagner (vt)	rāfaq	رافق
accoster (vi)	rasa	رسا
accrocher (suspendre)	'alla'	علّق
accuser (vt)	ettaham	إتّهم
acheter (vt)	eʃtara	إشترى
admirer (vt)	o'gab be	أعجب بـ
affirmer (vt)	aṣarr	أصرّ
agir (vi)	'amal	عمل
agiter (les bras)	ʃāwer	شاور
aider (vt)	sā'ed	ساعد
aimer (apprécier)	ḥabb	حبّ
aimer (qn)	ḥabb	حبّ
ajouter (vt)	aḍāf	أضاف
aller (à pied)	meʃy	مشى
aller (en voiture, etc.)	rāḥ	راح
aller bien (robe, etc.)	nāseb	ناسب
aller se coucher	nām	نام
allumer (~ la cheminée)	walla'	ولّع
allumer (la radio, etc.)	fataḥ, ʃagɣal	فتح, شغّل
amener, apporter (vt)	gāb	جاب
amputer (vt)	batr	بتر
amuser (vt)	salla	سلّى
annoncer (qch a qn)	'āl le	قال لـ
annuler (vt)	alɣa	ألغى
apercevoir (vt)	lāḥaẓ	لاحظ
apparaître (vi)	ẓahar	ظهر
appartenir à ...	xaṣṣ	خصّ
appeler (au secours)	estaɣās	إستغاث
appeler (dénommer)	samma	سمّى
appeler (vt)	nāda	نادى
applaudir (vi)	ṣaffa'	صفّق
apprendre (qch à qn)	darres	درّس
arracher (vt)	'aṭa'	قطع
arriver (le train)	weṣel	وصل
arroser (plantes)	sa'a	سقى
aspirer à ...	sa'a	سعى
assister (vt)	sā'ed	ساعد

attacher à ...	rabaṭ be ...	ربط بـ....
attaquer (mil.)	hagam	هجم
atteindre (lieu)	weṣel	وصل
atteindre (objectif)	balaɣ	بلغ
attendre (vt)	estanna	إستنّى
attraper (vt)	mesek	مسك
attraper ... (maladie)	etʿada	إتعدى
augmenter (vi)	ezdād	إزداد
augmenter (vt)	zawwed	زوّد
autoriser (vt)	samaḥ	سمح
avertir (du danger)	ḥazzar	حذّر
aveugler (par les phares)	ʿama	عمى
avoir (vt)	malak	ملك
avoir confiance	wasaq	وثق
avoir peur	χāf	خاف
avouer (vi, vt)	eʿtaraf	إعترف
baigner (~ les enfants)	ḥammem	حمّم
battre (frapper)	ḍarab	ضرب
boire (vt)	ʃereb	شرب
briller (vi)	lemʿ	لمع
briser, casser (vt)	kasar	كسر
brûler (des papiers)	ḥaraʾ	حرق
cacher (vt)	χabba	خبّأ
calmer (enfant, etc.)	ṭamʾan	طمأن
caresser (vt)	masaḥ ʿala	مسح على
céder (vt)	estaslam	إستسلم
cesser (vt)	baṭṭal	بطّل
changer (~ d'avis)	ɣayar	غيّر
changer (échanger)	ṣarraff	صرّف
charger (arme)	ʿammar	عمّر
charger (véhicule, etc.)	ʃaḥn	شحن
charmer (vt)	fatan	فتن
chasser (animaux)	eṣṭād	إصطاد
chasser (faire partir)	χawwef	خوّف
chauffer (vt)	sakχan	سخّن
chercher (vt)	dawwar ʿala	دوّر على
choisir (vt)	eχtār	إختار
citer (vt)	estaʃ-hed	إستشهد
combattre (vi)	qātal	قاتل
commander (~ le menu)	ṭalab	طلب
commencer (vt)	badaʾ	بدأ
comparer (vt)	qāran	قارن
compenser (vt)	ʿawwaḍ	عوّض
compliquer (vt)	ʿaʾʾad	عقّد
composer (musique)	laḥḥan	لحّن
comprendre (vt)	fehem	فهم

compromettre (vt)	sawwa' som'etoh	سوّء سمعته
compter (l'argent, etc.)	'add	عدّ
compter sur ...	e'tamad 'ala ...	إعتمد على...
concevoir (créer)	ṣammam	صمّم
concurrencer (vt)	nāfes	نافس
condamner (vt)	ḥakam	حكم
conduire une voiture	sā' 'arabiya	ساق عربية
confondre (vt)	etlaχbaṭ	إتلخبط
connaître (qn)	'eref	عرف
conseiller (vt)	naṣaḥ	نصح
consulter (docteur, etc.)	estaʃār ...	إستشار...
contaminer (vt)	'ada	عدى
continuer (vt)	estamar	إستمر
contrôler (vt)	et-ḥakkem	إتحكّم
convaincre (vt)	aqna'	أقنع
coopérer (vi)	ta'āwan	تعاون
coordonner (vt)	nassaq	نسّق
corriger (une erreur)	ṣaḥḥaḥ	صحّح
couper (avec une hache)	'aṭṭa'	قطّع
couper (un doigt, etc.)	'aṭṭa'	قطّع
courir (vi)	gery	جري
coûter (vt)	kallef	كلّف
cracher (vi)	taff	تفّ
créer (vt)	'amal	عمل
creuser (vt)	ḥafar	حفر
crier (vi)	ṣarraχ	صرّخ
croire (vi, vt)	e'taqad	إعتقد
cueillir (fleurs, etc.)	'aṭaf	قطف
cultiver (plantes)	anbat	أنبت

253. Les verbes les plus courants (de D à E)

dater de ...	tarīχo	تاريخه
décider (vt)	'arrar	قرّر
décoller (avion)	aqla'	أقلع
décorer (~ la maison)	zayen	زيّن
décorer (de la médaille)	manaḥ	منح
découvrir (vt)	ektaʃaf	إكتشف
dédier (vt)	karras	كرّس
défendre (vt)	dāfa'	دافع
déjeuner (vi)	etɣadda	إتغدى
demander (de faire qch)	ṭalab	طلب
dénoncer (vt)	estankar	إستنكر
dépasser (village, etc.)	marr be	مرّ بـ
dépendre de ...	e'tamad 'ala ...	إعتمد على...
déplacer (des meubles)	ḥarrak	حرّك
déranger (vt)	az'ag	أزعج

descendre (vi)	nezel	نزل
désirer (vt)	kān ʿāyez	كان عايز
détacher (vt)	fakk	فكّ
détruire (~ des preuves)	atlaf	أتلف
devenir (vi)	ba'a	بقى
devenir pensif	saraḥ	سرح
deviner (vt)	χammen	خمّن
devoir (v aux)	kān lāzem	كان لازم
diffuser (distribuer)	wazzaʿ	وزّع
diminuer (vt)	'allel	قلّل
dîner (vi)	etʿasʃa	إتعشّى
dire (vt)	'āl	قال
diriger (~ une usine)	adār	أدار
diriger (vers …)	waggeh	وجّه
discuter (vt)	nā'eʃ	ناقش
disparaître (vi)	eχtafa	إختفى
distribuer (bonbons, etc.)	wazzaʿ ʿala	وزّع على
diviser (~ par 2)	'asam	قسم
dominer (château, etc.)	ertafaʿ	إرتفع
donner (qch à qn)	edda	أدّى
doubler (la mise, etc.)	ḍāʿaf	ضاعف
douter (vt)	ʃakk fe	شكّ في
dresser (~ une liste)	gammaʿ	جمّع
dresser (un chien)	darrab	درّب
éclairer (soleil)	nawwar	نوّر
écouter (vt)	semeʿ	سمع
écouter aux portes	tanaṣṣat	تنصّت
écraser (cafard, etc.)	faʿʿaṣ	فعّص
écrire (vt)	katab	كتب
effacer (vt)	masaḥ	مسح
éliminer (supprimer)	ʃāl, azāl	شال, أزال
embaucher (vt)	waẓẓaf	وظّف
employer (utiliser)	estaχdam	إستخدم
emporter (vt)	rāḥ be	راح بـ
emprunter (vt)	estalaf	إستلف
enlever (~ des taches)	ʃāl	شال
enlever (un objet)	ʃāl	شال
enlever la boue	naḍḍaf	نظّف
entendre (bruit, etc.)	semeʿ	سمع
entraîner (vt)	darrab	درّب
entreprendre (vt)	'ām be	قام بـ
entrer (vi)	daχal	دخل
envelopper (vt)	laff	لفّ
envier (vt)	ḥasad	حسد
envoyer (vt)	arsal	أرسل
épier (vt)	etgasses ʿala	إتجسس على

équiper (vt)	gahhez	جهّز
espérer (vi)	tamanna	تمنّى
essayer (de faire qch)	ḥāwel	حاول
éteindre (~ la lumière)	ṭaffa	طفّى
éteindre (incendie)	ṭaffa	طفّى
étonner (vt)	fāga'	فاجئ
être (vi)	kān	كان
être allongé (personne)	ra'ad	رقد
être assez (suffire)	kaffa	كفّى
être assis	'a'ad	قعد
être basé (sur ...)	estanad 'ala	إستند على
être convaincu de ...	eqtana'	إقتنع
être d'accord	ettafa'	إتّفق
être différent	eχtalaf	إختلف
être en tête (de ...)	ra's	رأس
être fatigué	te'eb	تعب
être indispensable	maṭlūb	مطلوب
être la cause de ...	sabbeb	سبّب
être nécessaire	maṭlūb	مطلوب
être perplexe	eḥtār	إحتار
être pressé	esta'gel	إستعجل
étudier (vt)	daras	درس
éviter (~ la foule)	tagannab	تجنّب
examiner (une question)	baḥs fi	بحث في
exclure, expulser (vt)	faṣal	فصل
excuser (vt)	'azar	عذر
exiger (vt)	ṭāleb	طالب
exister (vi)	kān mawgūd	كان موّجود
expliquer (vt)	ʃaraḥ	شرح
exprimer (vt)	'abbar	عبّر

254. Les verbes les plus courants (de F à N)

fâcher (vt)	narfez	نرفز
faciliter (vt)	sahhal	سهّل
faire (vt)	'amal	عمل
faire allusion	lammaḥ	لمّح
faire connaissance	ta'arraf	تعرّف
faire de la publicité	a'lan	أعلن
faire des copies	ṣawwar	صوّر
faire la guerre	ḥārab	حارب
faire la lessive	ɣasal el malābes	غسل الملابس
faire le ménage	ratteb	رتّب
faire surface (sous-marin)	ertafa' le saṭ-ḥ el maya	إرتفع لسطح الميّة
faire tomber	wa''a'	وقّع

faire un rapport	'addem taqrīr	قدّم تقرير
fatiguer (vt)	ta'ab	تعّب
féliciter (vt)	hanna	هنّأ
fermer (vt)	'afal	قفل
finir (vt)	χallaṣ	خلّص
flatter (vt)	gāmal	جامل
forcer (obliger)	agbar	أجبر
former (composer)	ʃakkal	شكّل
frapper (~ à la porte)	da''	دقّ
garantir (vt)	ḍaman	ضمن
garder (lettres, etc.)	eḥtafaẓ	إحتفظ
garder le silence	seket	سكت
griffer (vt)	χarbeʃ	خربش
gronder (qn)	wabbeχ	وبّخ
habiter (vt)	seken	سكن
hériter (vt)	waras	ورث
imaginer (vt)	taṣawwar	تصوّر
imiter (vt)	'alled	قلّد
importer (vt)	estawrad	إستوّرد
indiquer (le chemin)	ʃāwer	شاور
influer (vt)	assar fi	أثّر في
informer (vt)	'āl ly	قال لي
inquiéter (vt)	a'la'	أقلق
inscrire (sur la liste)	saggel	سجّل
insérer (~ la clé)	dakχal	دخّل
insister (vi)	aṣarr	أصرّ
inspirer (vt)	alham	ألهم
instruire (vt)	'allem	علّم
insulter (vt)	ahān	أهان
interdire (vt)	mana'	منع
intéresser (vt)	hamm	همّ
intervenir (vi)	etdakχal	إتدخل
inventer (machine, etc.)	eχtara'	إخترع
inviter (vt)	'azam	عزم
irriter (vt)	estafazz	إستفزّ
isoler (vt)	'azal	عزل
jeter (une pierre)	rama	رمى
jouer (acteur)	massel	مثّل
jouer (s'amuser)	le'eb	لعب
laisser (oublier)	sāb	ساب
lancer (un projet)	aṭlaq	أطلق
larguer les amarres	aqla'	أقلع
laver (vt)	ɣasal	غسل
libérer (ville, etc.)	ḥarrar	حرّر
ligoter (vt)	rabaṭ	ربط
limiter (vt)	ḥadded	حدّد

lire (vi, vt)	'ara	قرأ
louer (barque, etc.)	aggar	أجّر
louer (prendre en location)	est'gar	إستأجر
lutter (~ contre …)	qātal	قاتل
lutter (sport)	ṣāra'	صارع
manger (vi, vt)	akal	أكل
manquer (l'école)	ɣāb	غاب
marquer (sur la carte)	'allem	علّم
mélanger (vt)	χalaṭ	خلط
mémoriser (vt)	ḥafaẓ	حفظ
menacer (vt)	hadded	هدّد
mentionner (vt)	zakar	ذكر
mentir (vi)	kedeb	كذب
mépriser (vt)	eḥtaqar	إحتقر
mériter (vt)	estaḥaqq	إستحقّ
mettre (placer)	ḥaṭṭ	حطّ
montrer (vt)	'araḍ	عرض
multiplier (math)	ḍarab	ضرب
nager (vi)	'ām, sabaḥ	عام, سبح
négocier (vi)	tafāwaḍ	تفاوض
nettoyer (vt)	naḍḍaf	نظّف
nier (vt)	ankar	أنكر
nommer (à une fonction)	'ayen	عيّن
noter (prendre en note)	katab molaḥẓa	كتب ملاحظة
nourrir (vt)	akkel	أكّل

255. Les verbes les plus courants (de O à R)

obéir (vt)	ṭā'	طاع
objecter (vt)	e'taraḍ	إعترض
observer (vt)	rāqab	راقب
offenser (vt)	ahān	أهان
omettre (vt)	ḥazaf	حذف
ordonner (mil.)	amar	أمر
organiser (concert, etc.)	nazzam	نظّم
oser (vt)	etthadda	إتّحدّى
oublier (vt)	nesy	نسي
ouvrir (vt)	fataḥ	فتح
paraître (livre)	ṣadar	صدر
pardonner (vt)	'afa	عفا
parler avec …	kallem …	كلّم...
participer à …	ʃārek	شارك
partir (~ en voiture)	sāb	ساب
payer (régler)	dafa'	دفع
pécher (vi)	aznab	أذنب
pêcher (vi)	eṣṭād samak	إصطاد سمك

pénétrer (vt)	dakχal	دخّل
penser (croire)	e'taqad	إعتقد
penser (vi, vt)	fakkar	فكّر
perdre (les clefs, etc.)	ḍaya'	ضيّع
permettre (vt)	samaḥ	سمح
peser (~ 100 kilos)	wazan	وزن
photographier (vt)	ṣawwar	صوّر
placer (mettre)	ḥaṭṭ	حطّ
plaire (être apprécié)	'agab	عجب
plaisanter (vi)	hazzar	هزّر
planifier (vt)	χaṭṭeṭ	خطّط
pleurer (vi)	baka	بكى
plonger (vi)	ɣāṣ	غاص
posséder (vt)	malak	ملك
pousser (les gens)	za''	زقّ
pouvoir (v aux)	'eder	قدر
prédominer (vi)	ɣalab	غلب
préférer (vt)	faḍḍal	فضّل
prendre (vt)	aχad	أخذ
prendre en note	katab	كتب
prendre le petit déjeuner	feṭer	فطر
prendre un risque	χāṭar	خاطر
préparer (le dîner)	ḥaḍḍar	حضّر
préparer (vt)	ḥaḍḍar	حضّر
présenter (faire connaître)	'arraf	عرّف
présenter (qn)	'addem	قدّم
préserver (~ la paix)	ḥafaẓ	حفظ
pressentir (le danger)	ḥass be	حسّ بـ
presser (qn)	esta'gel	إستعجل
prévoir (vt)	tanabba'	تنبّأ
prier (~ Dieu)	ṣalla	صلّى
priver (vt)	ḥaram men	حرم من
progresser (vi)	ta'addam	تقدّم
promettre (vt)	wa'ad	وعد
prononcer (vt)	naṭa'	نطق
proposer (vt)	'araḍ	عرض
protéger (la nature)	ḥama	حمي
protester (vi, vt)	eḥtagg	إحتجّ
prouver (une théorie, etc.)	asbat	أثبت
provoquer (vt)	estafazz	إستفزّ
punir (vt)	'āqab	عاقب
quitter (famille, etc.)	sāb	ساب
raconter (une histoire)	ḥaka	حكى
ranger (jouets, etc.)	ʃāl	شال
rappeler (évoquer un souvenir)	fakkar be …	فكّر بـ...

réaliser (vt)	ḥa''a'	حقّق
recommander (vt)	naṣaḥ	نصح
reconnaître (erreurs)	e'taraf	إعترف
reconnaître (qn)	mayez	ميّز
refaire (vt)	'ād	عاد
refuser (vt)	rafaḍ	رفض
regarder (vi, vt)	baṣṣ	بصّ
régler (~ un conflit)	sawwa	سوّى
regretter (vt)	nedem	ندم
remarquer (qn)	lamaḥ	لمح
remercier (vt)	ʃakar	شكر
remettre en ordre	nazzam	نظّم
remplir (une bouteille)	mala	ملأ
renforcer (vt)	'azzez	عزّز
renverser (liquide)	dala'	دلق
renvoyer (colis, etc.)	a'ād	أعاد
répandre (odeur)	fāḥ	فاح
réparer (vt)	ṣallaḥ	صلّح
repasser (vêtement)	kawa	كوى
répéter (dire encore)	karrar	كرّر
répondre (vi, vt)	gāwab	جاوب
reprocher (qch à qn)	lām	لام
réserver (une chambre)	ḥagaz	حجز
résoudre (le problème)	ḥall	حلّ
respirer (vi)	ettnaffes	إتّنفّس
ressembler à ...	kān yeʃbeh	كان يشبه
retenir (empêcher)	mana' nafso	منع نفسه
retourner (pierre, etc.)	'alab	قلب
réunir (regrouper)	waḥḥed	وحّد
réveiller (vt)	ṣaḥḥa	صحّى
revenir (vi)	rege'	رجع
rêver (en dormant)	ḥelem	حلم
rêver (faut pas ~!)	ḥelem	حلم
rire (vi)	ḍeḥek	ضحك
rougir (vi)	eḥmarr	إحمرّ

256. Les verbes les plus courants (de S à V)

s'adresser (vp)	χāṭab	خاطب
saluer (vt)	sallem 'ala	سلّم على
s'amuser (vp)	estamta'	إستمتع
s'approcher (vp)	'arrab	قرّب
s'arrêter (vp)	wa''af	وقّف
s'asseoir (vp)	'a'ad	قعد
satisfaire (vt)	rāḍa	راضى
s'attendre (vp)	tawaqqa'	توقّع

sauver (la vie à qn)	anqaz	أنقذ
savoir (qch)	ʿeref	عرف
se baigner (vp)	sebeḥ	سبح
se battre (vp)	etχāneʾ	إتخانق
se concentrer (vp)	rakkez	ركّز
se conduire (vp)	taṣarraf	تصرّف
se conserver (vp)	ḥafaẓ	حفظ
se débarrasser de ...	ettχallaṣ min ...	إتّخلّص من...
se défendre (vp)	dāfaʿ ʿan nafsoh	دافع عن نفسه
se détourner (vp)	aʿraḍ ʿan	أعرض عن
se fâcher (contre ...)	ettḍāyeʾ	إتّضايق
se fendre (mur, sol)	etʃaʾʾeʾ	إتشقّق
se joindre (vp)	enḍamm le	إنضمّ لـ
se laver (vp)	estaḥamma	إستحمّى
se lever (tôt, tard)	ʾām	قام
se marier (prendre pour épouse)	ettgawwez	إتّجوّز
se moquer (vp)	saχar	سخر
se noyer (vp)	ɣereʾ	غرق
se peigner (vp)	masʃaṭ	مشّط
se plaindre (vp)	ʃaka	شكا
se préoccuper (vp)	ʾeleʾ	قلق
se rappeler (vp)	eftakar	إفتكر
se raser (vp)	ḥalaʾ	حلق
se renseigner (sur ...)	estafsar	إستفسر
se renverser (du sucre)	saʾaṭ	سقط
se reposer (vp)	ertāḥ	إرتاح
se rétablir (vp)	ʃefy	شفي
se rompre (la corde)	etʾaṭaʿ	إتقطع
se salir (vp)	ettwassaχ	إتّوسّخ
se servir de ...	estanfaʿ	إستنفع
se souvenir (vp)	eftakar	إفتكر
se taire (vp)	seket	سكت
se tromper (vp)	ɣeleṭ	غلط
se trouver (sur ...)	kān mawgūd	كان موجود
se vanter (vp)	tabāha	تباهى
se venger (vp)	entaqam	إنتقم
s'échanger (des ...)	tabādal	تبادل
sécher (vt)	gaffaf	جفّف
secouer (vt)	ragg	رجّ
sélectionner (vt)	eχtār	إختار
semer (des graines)	bezr	بذر
s'ennuyer (vp)	zeheʾ	زهق
sentir (~ les fleurs)	ʃamm	شمّ
sentir (avoir une odeur)	fāḥ	فاح
s'entraîner (vp)	etdarrab	إتدرّب

serrer dans ses bras	ḥaḍan	حضن
servir (au restaurant)	χaddem	خدّم
s'étonner (vp)	etfāge'	إتفاجئ
s'excuser (vp)	e'tazar	إعتذر
signer (vt)	waqqa'	وقّع
signifier (avoir tel sens)	dallel	دلّل
signifier (vt)	'aṣad	قصد
simplifier (vt)	bassaṭ	بسّط
s'indigner (vp)	estā'	إستاء
s'inquiéter (vp)	'ala'	قلق
s'intéresser (vp)	ehtamm be	إهتمّ بـ
s'irriter (vp)	enza'ag	إنزعج
soigner (traiter)	'ālag	عالج
sortir (aller dehors)	χarag	خرج
souffler (vent)	habb	هبّ
souffrir (vi)	'āna	عاني
souligner (vt)	ḥaṭṭ χaṭṭ taḥt	حطّ خطّ تحت
soupirer (vi)	tanahhad	تنهّد
sourire (vi)	ebtasam	إبتسم
sous-estimer (vt)	estaχaff	إستخفّ
soutenir (vt)	ayed	أيّد
suivre ... (suivez-moi)	tatabba'	تتبّع
supplier (vt)	etwassel	إتوسّل
supporter (la douleur)	etthammel	إتّحمّل
supposer (vt)	eftaraḍ	إفترض
surestimer (vt)	bāleɣ fel ta'dīr	بالغ في التقدير
suspecter (vt)	eʃtabah fi	إشتبه في
tenter (vt)	ḥāwel	حاول
tirer (~ un coup de feu)	ḍarab bel nār	ضرب بالنار
tirer (corde)	ʃadd	شدّ
tirer une conclusion	estantag	إستنتج
tomber amoureux	ḥabb	حبّ
toucher (de la main)	lamas	لمس
tourner (~ à gauche)	ḥād	حاد
traduire (vt)	targem	ترجم
transformer (vt)	ḥawwel	حوّل
travailler (vi)	eʃtaɣal	إشتغل
trembler (de froid)	erta'aʃ	إرتعش
tressaillir (vi)	erta'aʃ	ارتعش
tromper (vt)	χada'	خدع
trouver (vt)	la'a	لقى
tuer (vt)	'atal	قتل
vacciner (vt)	laqqaḥ	لقّح
vendre (vt)	bā'	باع
verser (à boire)	ṣabb	صبّ

viser ... (cible)	ṣawwab ʿala ...	... صوّب على
vivre (vi)	ʿāʃ	عاش
voler (avion, oiseau)	ṭār	طار
voler (qch à qn)	saraʾ	سرق
voter (vi)	ṣawwat	صوّت
vouloir (vt)	ʿāyez	عايز

www.ingramcontent.com/pod-product-compliance
Lightning Source LLC
Chambersburg PA
CBHW071331090426
42738CB00012B/2859
* 9 7 8 1 7 8 7 1 6 6 9 7 4 *